やさしくてよくわかる！

# はじめての将《しょう》棋《ぎ》レッスン

女流棋士
北尾まどか



日本文芸社

# はじめに

みなさん、こんにちは！　北尾《きたお》まどかです。

これから私《わたし》といっしょに、楽《たの》しく将棋《しょうぎ》をはじめましょう！

この本《ほん》は、私《わたし》の主宰《しゅさい》している「ねこまど将棋教室《しょうぎきょうしつ》」でのレッスンをまとめたものです。まずは道具《どうぐ》になれ親《した》しむように駒《こま》あそびからはじめ、次《つぎ》に勝《か》ち負《ま》けを理解《りかい》するために王《おう》さまをつかまえるゲームをします。そして、ルールを少《すこ》しずつおぼえながら本将棋《ほんしょうぎ》へと進《すす》めるように工夫《くふう》しました。

おうちのかたが将棋《しょうぎ》を知《し》らなくても、この本《ほん》と将棋《しょうぎ》の道具《どうぐ》があればお子《こ》さまに将棋《しょうぎ》の指《さ》しかたを説明《せつめい》することができます。

ご家庭《かてい》で親子《おやこ》の会話《かいわ》を楽《たの》しみながら、いっしょに取《と》り組《く》んでいただければ幸《さいわ》いです。

ねこまど将棋教室《しょうぎきょうしつ》　代表《だいひょう》
日本将棋連盟《にほんしょうぎれんめい》　女流二段《じょりゅうにだん》　北尾《きたお》まどか

**まどか先生《せんせい》**
この本《ほん》で将棋《しょうぎ》を教《おし》えます

# もくじ

## レッスン2・駒《こま》を動《うご》かしてみよう

## レッスン3・王《おう》のつかまえかた

## レッスン4・大駒《おおごま》の使《つか》いかた

## レッスン5・小駒《こごま》の使《つか》いかた

## レッスン6・駒落《こまお》ちで対局《たいきょく》しよう

## レッスン7・本将棋《ほんしょうぎ》で対局《たいきょく》しよう

装丁／工藤 雄介
イラスト／今田 貴之進
本文デザイン／太田 康士(Hitricco Graphic Service)
DTP／株式会社セリオール
編集協力／株式会社砧書房
取材協力／今田 幸之進　今田 貴之進
画像提供／将棋ウォーズ
STUDIO-K Infinity
資料提供／読売新聞東京本社

# レッスン1

# 将棋《しょうぎ》をはじめよう

将棋《しょうぎ》の道具《どうぐ》にふれながら、ゲームを楽《たの》しみましょう。

「飛《ひ》」　「龍《りゅう》」

(レッスンが進《すす》むたびに駒《こま》のなかまが増《ふ》えるよ)

ステップ1

# 将棋《しょうぎ》の道具《どうぐ》

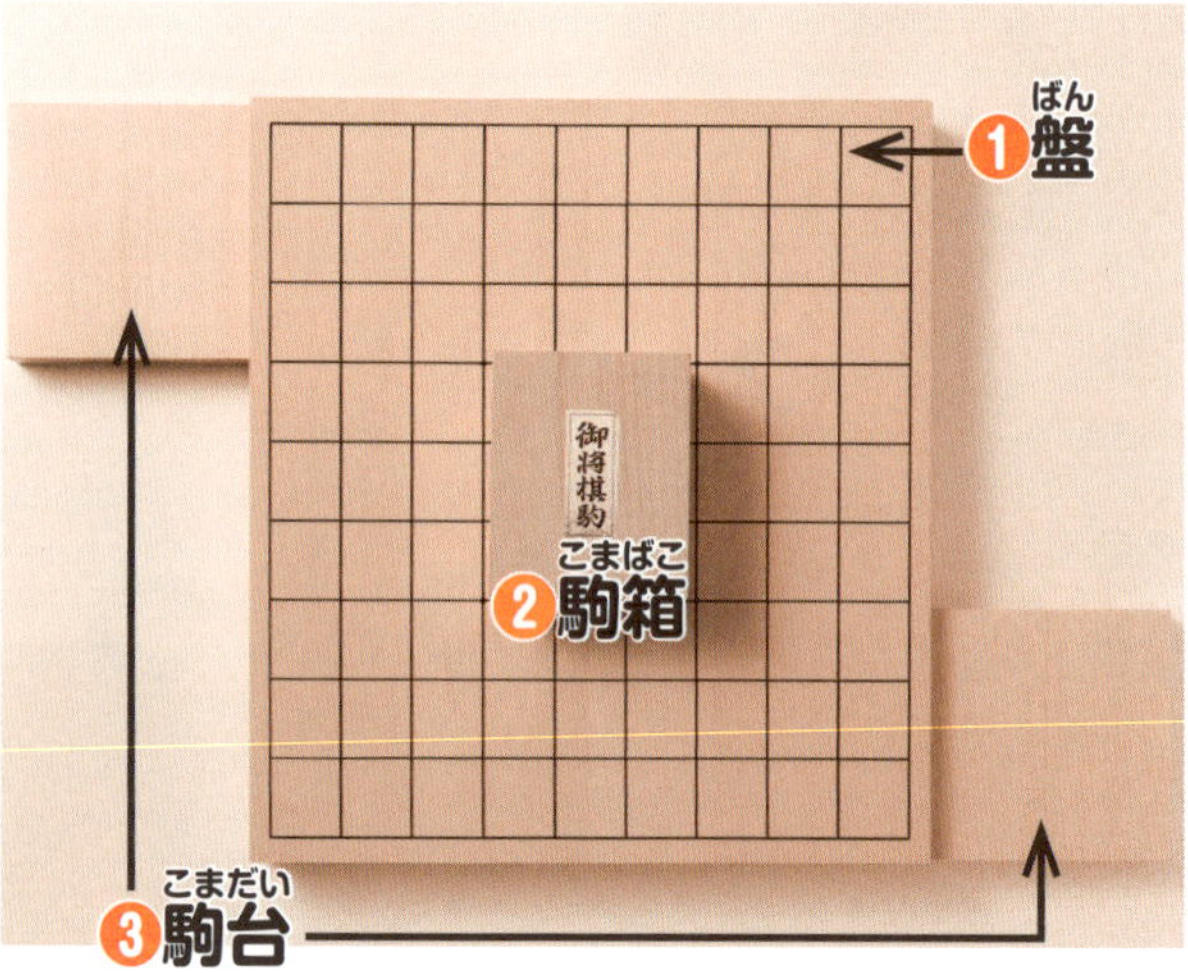


## 道具《どうぐ》のじゅんび

みなさん、こんにちは!

これから将棋《しょうぎ》のレッスンをはじめます。まずは道具《どうぐ》を用意《ようい》しましょう。

使《つか》うのは次《つぎ》の3つです。

1 盤《ばん》
2 駒箱《こまばこ》（中《なか》に駒《こま》が入《はい》っています）
3 駒台《こまだい》

じゅんびができたら、向《む》かい合《あ》ってしせいを正《ただ》し、「よろしくおねがいします」とあいさつをしてはじめましょう。

## おうちのかたへ

### 道具《どうぐ》の選《えら》びかた

**盤《ばん》**　木《き》でつくられたものが一般的《いっぱんてき》です。ビニール製《せい》の安価《あんか》なものもありますが、できれば2000円《えん》～3000円程度《えんていど》の木《き》の盤《ばん》がおすすめです。
少《すこ》しタテ長《なが》につくられていて、木目《もくめ》がタテになるのが正《ただ》しい置《お》き方《かた》です。

**駒《こま》**　木《き》や樹脂製《じゅしせい》のものがあります。書体《しょたい》によってだいぶ見《み》た目《め》が違《ちが》い、製法《せいほう》によって値段《ねだん》が大《おお》きく異《こと》なります。最初《さいしょ》はなるべく文字《もじ》が見《み》やすいものをおすすめします。この本《ほん》で使《つか》っているのは表《おもて》が黒《くろ》、裏《うら》が赤《あか》の一字駒《いちじこま》です。

**駒台《こまだい》**　盤《ばん》や駒《こま》に比《くら》べて取《と》り扱《あつ》っているお店《みせ》が少《すく》ないので、もし手《て》に入《はい》らなければコースター等《など》で代用《だいよう》してもかまいません。盤《ばん》の厚《あつ》みよりも少《すこ》し薄《うす》いものを選《えら》びましょう。自分《じぶん》から見《み》て盤《ばん》の右側《みぎがわ》、手前《てまえ》の端《はし》にそろえ、盤《ばん》と同《おな》じように木《き》の目《め》がタテになるように置《お》きます。

ステップ 2

# 山《やま》くずし

## 駒《こま》にさわってみましょう！

まずは、2人《ふたり》から4人《にん》までいっしょに遊《あそ》べる「山《やま》くずし」をやってみましょう。

### ●あそびかた

箱《はこ》から駒《こま》を出《だ》し、盤《ばん》の真《ま》ん中《なか》に山《やま》をつくります。じゃんけんで順番《じゅんばん》を決《き》め、交互《こうご》に駒《こま》を取《と》ってあそびます。

1 盤《ばん》の真《ま》ん中《なか》に山《やま》をつくります。じゃんけんで順番《じゅんばん》を決《き》め、交互《こうご》に駒《こま》を取《と》ります。

2 人《ひと》さし指《ゆび》1本《ぽん》だけで、音《おと》をたてずに駒《こま》を盤《ばん》の端《はし》まで持《も》っていけたら自分《じぶん》のものに。

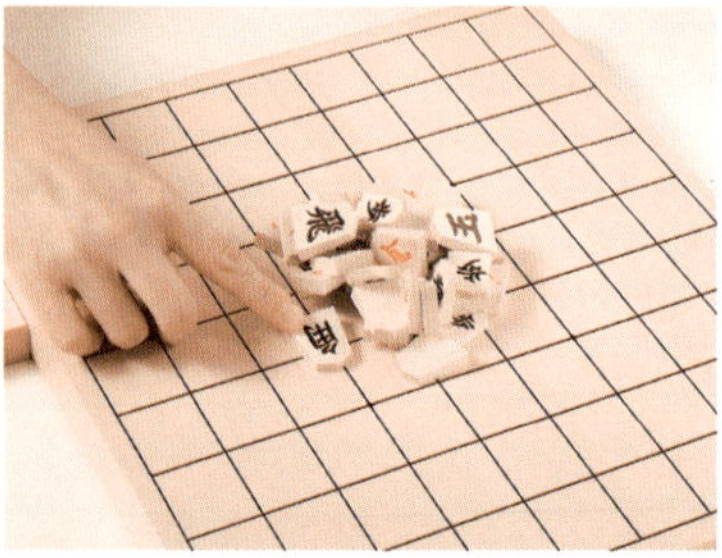

3 音《おと》がなったら交代《こうたい》しましょう。駒《こま》が立《た》っていたり重《かさ》なったりしたままで動《うご》かすこともできます。山《やま》がなくなるまで続《つづ》けます。

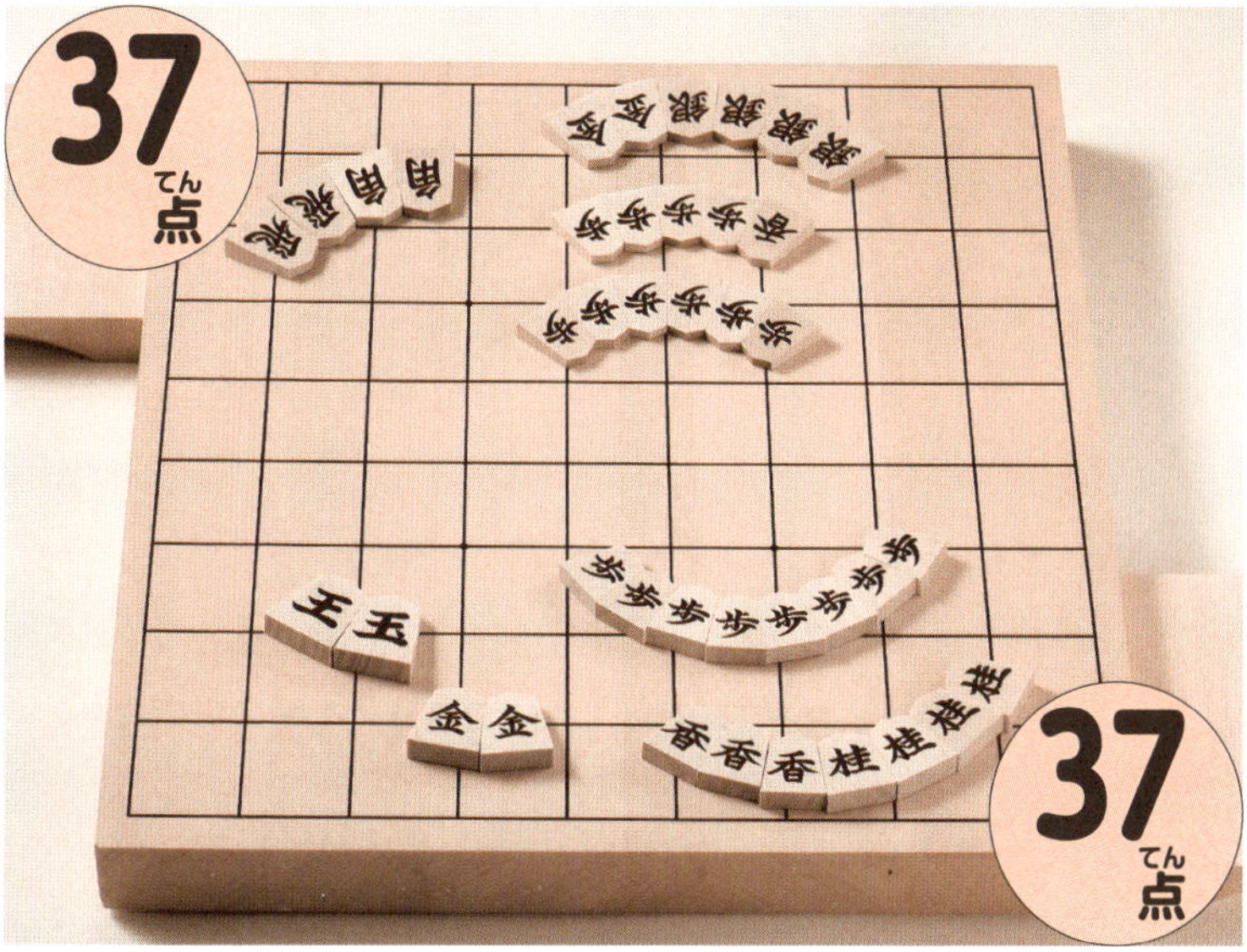


## 得点《とくてん》

山《やま》がなくなったら、それぞれの取《と》った駒《こま》を並《なら》べます。枚数《まいすう》だけでも勝負《しょうぶ》できますが、駒《こま》に得点《とくてん》をつけると、よりおもしろくなります。

王　玉　＝　10点《てん》

飛　角　＝　5点《てん》

金　銀　桂　香　歩　＝　1点《てん》

得点《とくてん》の一番多《いちばんおお》かった人《ひと》が勝《か》ちです。

たとえば上《うえ》の写真《しゃしん》では、将棋盤《しょうぎばん》の手前側《てまえがわ》は、10点《てん》の駒《こま》が2枚《まい》と1点《てん》の駒《こま》が17枚《まい》で37点《てん》になります。向《む》こう側《がわ》が5点《てん》の駒《こま》が4枚《まい》で20点《てん》、1点《てん》の駒《こま》が17枚《まい》ですから全部《ぜんぶ》で37点《てん》です。

ステップ
# 3
# 駒《こま》の名前《なまえ》 その1 （王《おう》と玉《ぎょく》・大駒《おおごま》）

## 大《おお》きな3つの駒《こま》をおぼえよう

将棋《しょうぎ》の駒《こま》は全部《ぜんぶ》で40枚《まい》。表《おもて》と裏《うら》に字《じ》が書《か》かれていて、それぞれに名前《なまえ》がついています。はじめに大《おお》きな3つの駒《こま》をおぼえましょう。

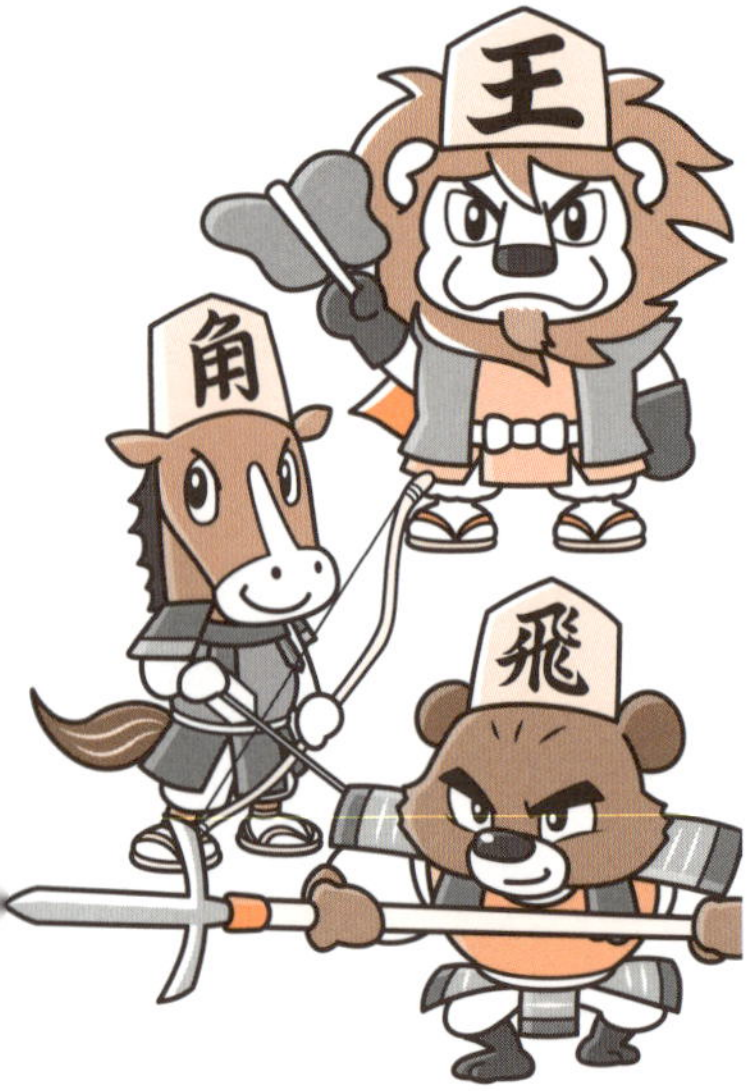

### おうちのかたへ

### 教《おし》えかたのコツ

こどもに伝《つた》えるときは「ひとつずつ」、「ゆっくり」教《おし》えるのが大切《たいせつ》です。

いっぺんにたくさん教《おし》えてしまうと、頭《あたま》の中《なか》で混《ま》ざり、間違《まちが》って覚《おぼ》えてしまって後《あと》でつまずくことになります。基本《きほん》をしっかり。

まずは駒《こま》の名前《なまえ》を覚《おぼ》えるところから。山《やま》くずしをしながら「王《おう》が取《と》れそう！」とか、「角《かく》があるよ」など、名前《なまえ》を言《い》って教《おし》えてあげましょう。

# 「王《おう》」と「玉《ぎょく》」（王将《おうしょう》・玉将《ぎょくしょう》）

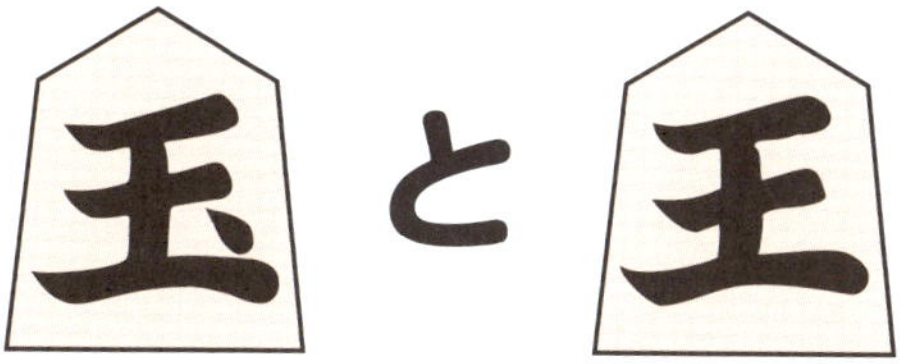


将棋《しょうぎ》で一番大切《いちばんたいせつ》な一番大《いちばんおお》きくて一番《いちばん》えらい駒《こま》です。

点《てん》がないほうが「王《おう》」、点《てん》がついているほうが「玉《ぎょく》」。2人《ふたり》とも王《おう》さまです。

それぞれ1枚《まい》ずつしかありません。そして裏《うら》にはなにも書《か》かれていません。

これからおぼえる本将棋《ほんしょうぎ》は、この2人《ふたり》の王《おう》さまの戦《たたか》い。相手《あいて》の王《おう》さまを先《さき》につかまえたら勝《か》ちになるゲームです。

駒《こま》にはいろんな種類《しゅるい》があり、書体《しょたい》（文字《もじ》の形《かたち》）もさまざまです。この本《ほん》では左側《ひだりがわ》の一文字《ひともじ》の駒《こま》を使《つか》っています。

## 「飛《ひ》」（飛車《ひしゃ》）

2番目《ばんめ》に大《おお》きい駒《こま》です。「飛《と》ぶ車《くるま》」という字《じ》のとおりでとても強《つよ》い力《ちから》とスピードを持《も》っています。

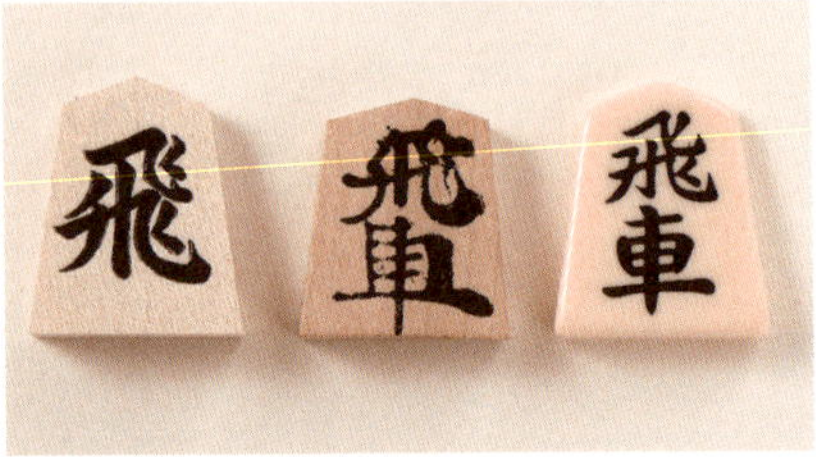


## 「龍《りゅう》」（龍王《りゅうおう》）（飛《ひ》の裏《うら》）

「龍《りゅう》」を知《し》っていますか？むずかしい字《じ》ですね。なんだか強《つよ》そうな感《かん》じがするでしょう？

## 「角《かく》」（角行《かくぎょう》）

「飛《ひ》」と同《おな》じ大《おお》きさです。「角《かど》に行《い》く」という字《じ》で、これも強《つよ》い力《ちから》を持《も》っている駒《こま》です。

▼▼▼

## 「馬《うま》」（龍馬《りゅうま》）（角《かく》の裏《うら》）

馬《うま》と書《か》いてありますが元々《もともと》は「龍馬《りゅうま》」なので、普通《ふつう》の馬《うま》ではなく羽《はね》のついた馬《うま》（ペガサス）を想像《そうぞう》してください。

ステップ
4

# 駒《こま》のなかま集《あつ》め

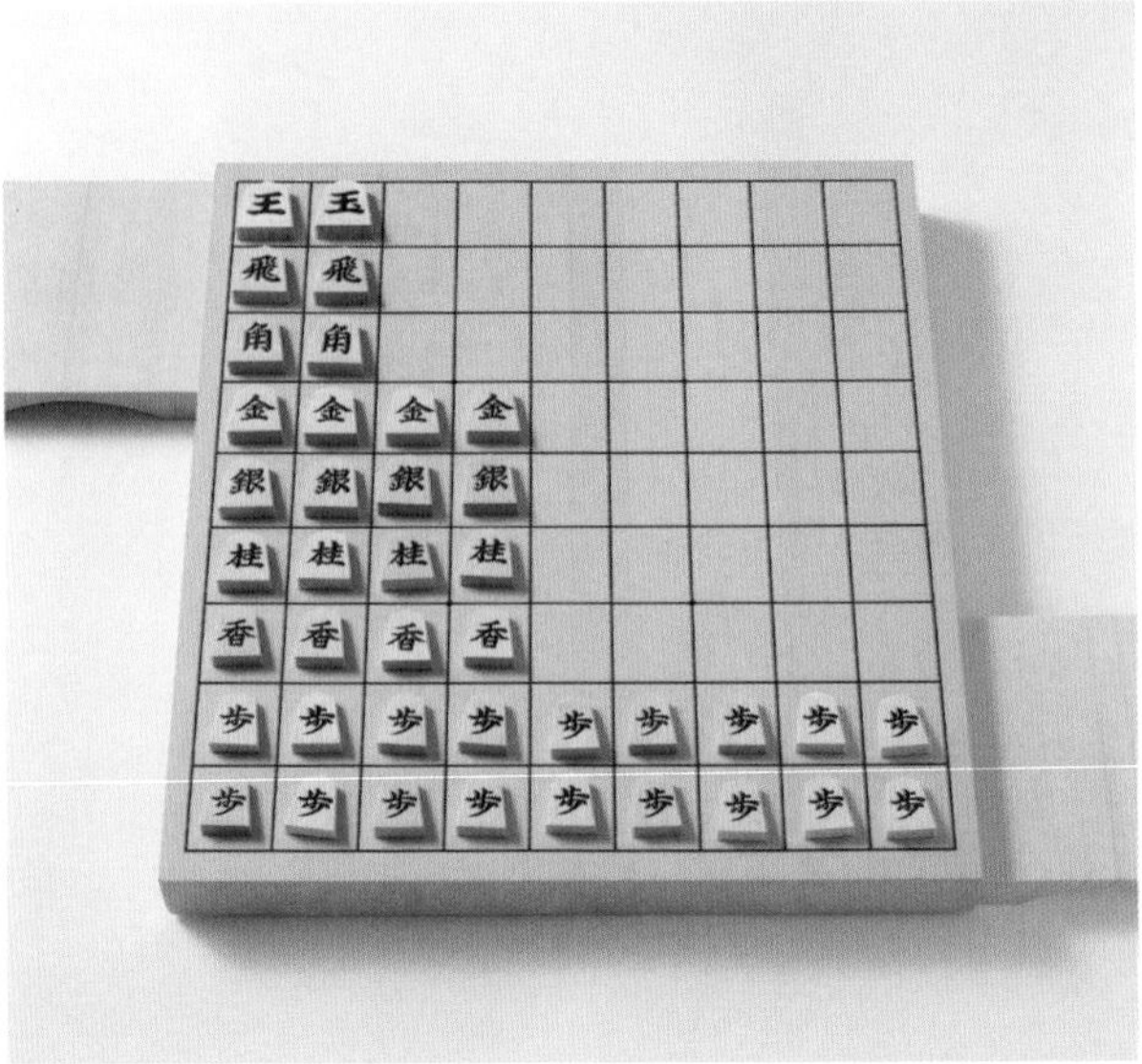


## 大《おお》きさのちがう駒《こま》たち

大《おお》きな3つの駒《こま》をおぼえたら、立《た》てて並《なら》べてみましょう。ほんの少《すこ》し背《せ》の高《たか》さがちがいます。「王《おう》」と「玉《ぎょく》」、次《つぎ》に「飛《ひ》」と「角《かく》」。ほかにもたくさんの駒《こま》があります。何枚《なんまい》ずつあるのか、なかまごとに集《あつ》めてみましょう。

表《おもて》と裏《うら》ではちがう文字《もじ》が書《か》かれているので、ひっくり返《かえ》しながらよく見《み》てくださいね。

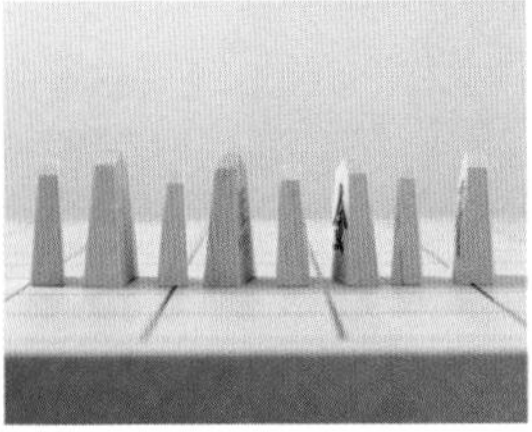

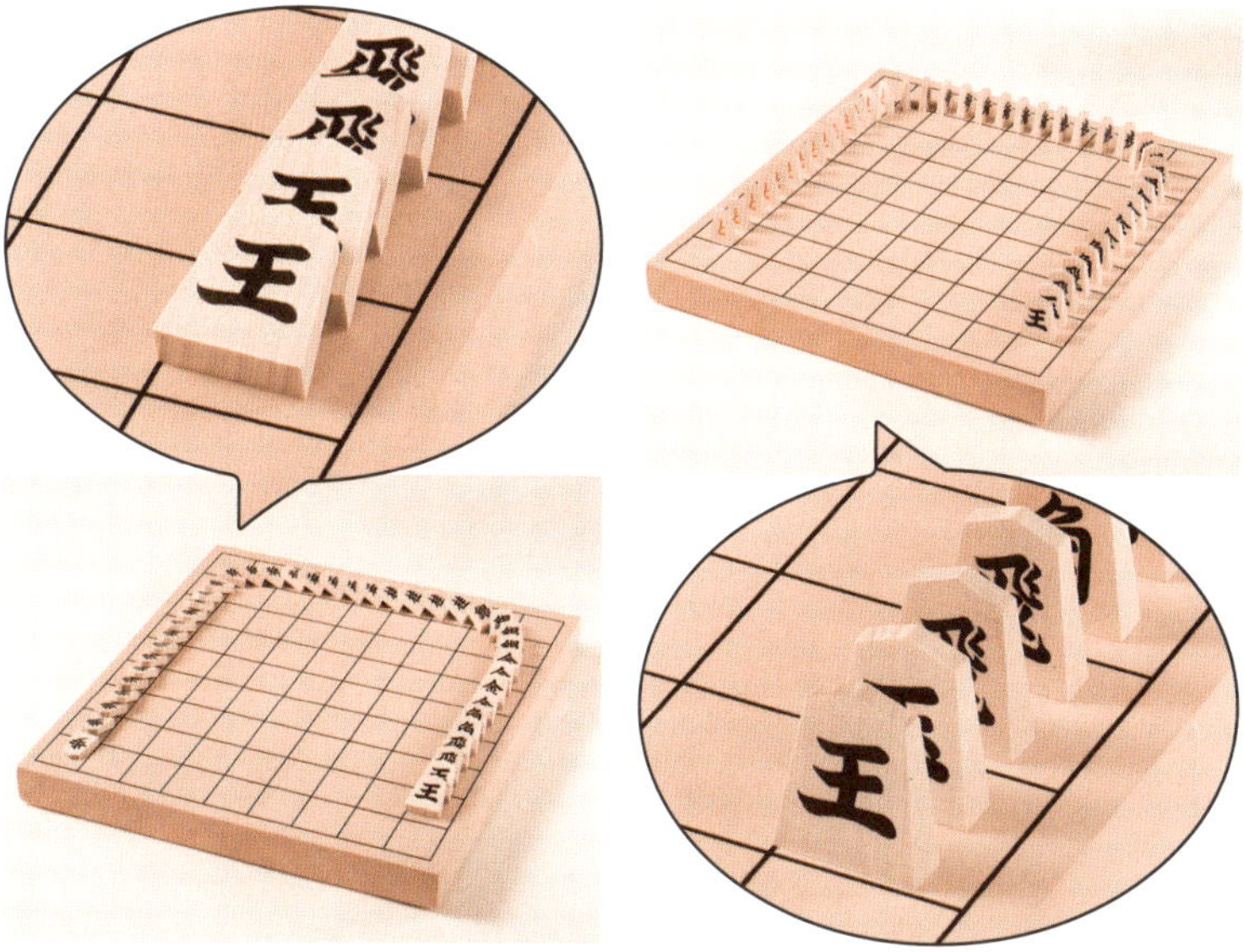

## 将棋《しょうぎ》だおし

大《おお》きな「王《おう》」と「玉《ぎょく》」から順番《じゅんばん》に「飛《ひ》」「角《かく》」、そして「金《きん》」「銀《ぎん》」「桂《けい》」「香《きょう》」「歩《ふ》」と、駒《こま》を背《せ》の順《じゅん》に1列《れつ》に並《なら》べてみましょう。最初《さいしょ》は1種類《しゅるい》につき1枚《まい》ずつ、8枚《まい》の駒《こま》を並《なら》べてみます。

じゅんびができたら先頭《せんとう》の駒《こま》を人《ひと》さし指《ゆび》で押《お》します。

王《おう》までうまくたおれたら成功《せいこう》です！

次《つぎ》に全部《ぜんぶ》の駒《こま》を並《なら》べてみましょう。盤《ばん》の上《うえ》だとまっすぐにはできないので、曲《ま》げて並《なら》べましょう。むずかしかったら机《つくえ》の上《うえ》で1列《れつ》にしてもかまいません。

うまく間《あいだ》を空《あ》けて並《なら》べると最後《さいご》まできれいにたおれます。

**1**

種類《しゅるい》ごとに駒《こま》をそろえ、大《おお》きい順《じゅん》に枚数《まいすう》を数《かぞ》えながら、駒箱《こまばこ》にしまいます。歩《ふ》を数《かぞ》えるときは、3枚《まい》ずつの組《くみ》を6つつくるとわかりやすいです。

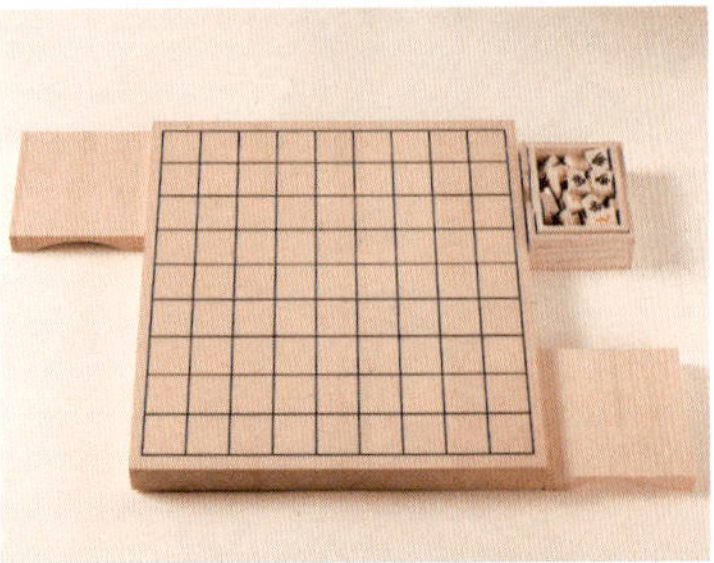

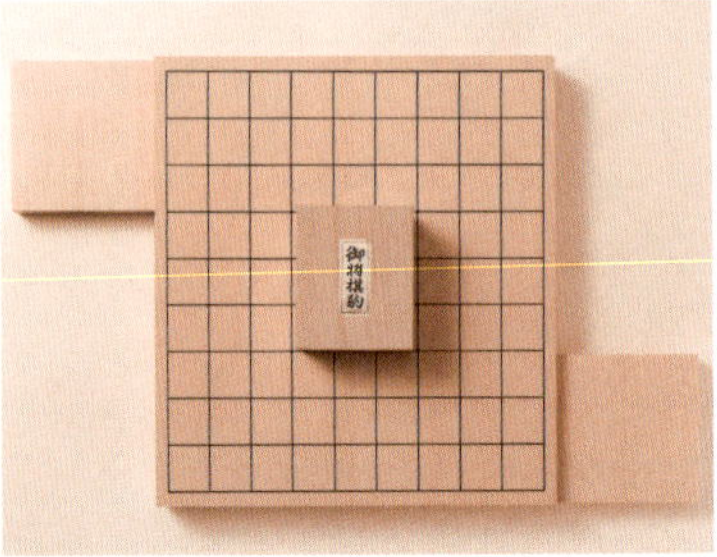


**2**

駒箱《こまばこ》のふたを閉《し》めて盤《ばん》の中央《ちゅうおう》にきちんと置《お》いて礼《れい》をします。
駒《こま》の裏表《うらおもて》を確認《かくにん》しながら、文字《もじ》をおぼえていきましょう。

## おかたづけ

1回目《かいめ》のレッスンはここまでです。たくさんの駒《こま》に出会《であ》い、3つの駒《こま》の名前《なまえ》をおぼえましたね。

駒《こま》をかたづけたら、向《む》かい合《あ》ってきちんとしせいを正《ただ》し、「ありがとうございました」とあいさつをしてから終《お》わりにしましょう。

### ● 駒《こま》の数《かず》＝40枚《まい》

王 玉　1枚《まい》ずつ

飛 角　2枚《まい》ずつ

金 銀 桂 香　4枚《まい》ずつ

歩　18枚《まい》

## おうちのかたへ

### 「礼《れい》」を大切《たいせつ》に

将棋《しょうぎ》でとても大事《だいじ》なのがあいさつです。

剣道《けんどう》や柔道《じゅうどう》などの武道《ぶどう》、茶道《さどう》や華道《かどう》など日本《にほん》の伝統文化《でんとうぶんか》は、礼儀《れいぎ》を重《おも》んじています。将棋《しょうぎ》も「棋道《きどう》」といい、修行《しゅぎょう》の道《みち》。

はじめに「おねがいします」、終《お》わりに「ありがとうございました」と必《かなら》ず礼《れい》をしましょう。

ふざけたり照《て》れてしまうこどもでも、教《おし》える側《がわ》がきちんと姿勢《しせい》を正《ただ》せばまねをするはずです。きちんと座《すわ》らせ、しっかり向《む》き合《あ》って、気持《きも》ちをこめて礼《れい》の言葉《ことば》を言《い》いましょう。

コラム❶

# 将棋《しょうぎ》のなかまたち

将棋《しょうぎ》はどこから来《き》たのか知《し》っていますか？

実《じつ》は、将棋《しょうぎ》の元《もと》となるゲームは「チャトランガ」といって、インドでうまれました。駒《こま》は王《おう》、象《ぞう》、馬《うま》、車《くるま》、歩《ふ》の5種類《しゅるい》。相手《あいて》の王《おう》さまをたおしたら勝《か》ちというゲーム。これがあちこちに伝《つた》わって、その場所《ばしょ》で駒《こま》やルールが変化《へんか》しました。

ヨーロッパでは「チェス」、中国《ちゅうごく》では「象棋《シャンチー》」に。ほかにも朝鮮半島《ちょうせんはんとう》やタイの「チャンギ」「マークルック」など、立体《りったい》のものや、文字《もじ》の書《か》いてあるものなど形《かたち》がちがいますが、世界中《せかいじゅう》に将棋《しょうぎ》の兄弟《きょうだい》がいます。

日本《にほん》まで伝《つた》わったルートについてはいろいろな説《せつ》があって、東南《とうなん》アジアから伝《つた》わってきたという説《せつ》や、中国から遣唐使《けんとうし》によって伝《つた》えられたという説《せつ》があります。いまから1000年《ねん》くらい前《まえ》には五角形《ごかくけい》の駒《こま》の形《かたち》になっていたようです。

世界中《せかいじゅう》にたくさんある将棋《しょうぎ》のなかまたちの中《なか》で、将棋《しょうぎ》が一番複雑《いちばんふくざつ》で奥《おく》が深《ふか》いと思《おも》います。

その理由《りゆう》は、取《と》った駒《こま》をもう一度《いちど》使《つか》えるから。

ほかの国《くに》の駒《こま》は戦《たたか》って負《ま》けてしまう（取《と》られる）と死《し》んでしまうけれど、将棋《しょうぎ》の駒《こま》はずっと死《し》なない。これは日本《にほん》の将棋《しょうぎ》の素晴《すば》らしい発明《はつめい》です。

ヨーロッパで人気《にんき》のある「チェス」

## レッスン 2

# 駒《こま》を動《うご》かしてみよう

将棋盤《しょうぎばん》の上《うえ》で駒《こま》を動《うご》かして、駒《こま》となかよくなりましょう。

「角《かく》」　「馬《うま》」

(レッスンが進《すす》むたびに駒《こま》のなかまが増《ふ》えるよ)

ステップ
1

# 将棋盤《しょうぎばん》を見《み》てみよう

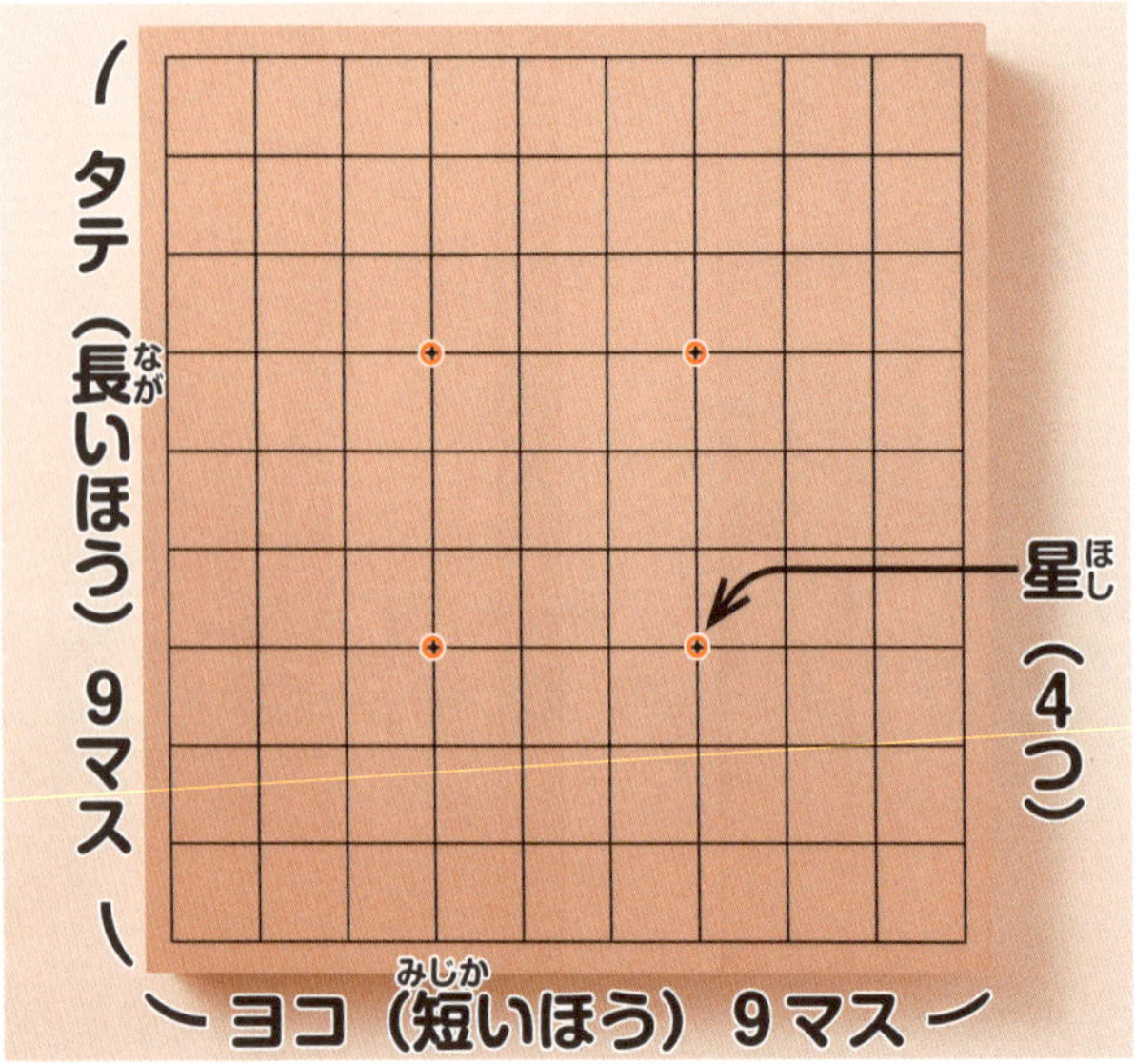

## 将棋盤《しょうぎばん》には81のマス目《め》がある

将棋盤《しょうぎばん》には線《せん》が引《ひ》かれていて、四角《しかく》いマス目《め》があります。真《ま》ん中《なか》には、「星《ほし》」といわれる小《ちい》さな点《てん》が4つついています。タテに9マス、ヨコにも9マス、全部数《ぜんぶかぞ》えると81マスあります。数《かず》はタテとヨコといっしょですが、マスの大《おお》きさはタテの線《せん》のほうがヨコよりも少《すこ》しだけ長《なが》くなっています。そのため将棋盤全体《しょうぎばんぜんたい》もタテのほうが長《なが》いのです。盤《ばん》によって少《すこ》しちがいますが、タテは36センチ、ヨコは33センチくらいです。向《む》きを正《ただ》しく置《お》きましょう。

## 王《おう》と玉《ぎょく》を置《お》く

では、将棋盤《しょうぎばん》に駒《こま》を置《お》いてみましょう。

駒箱《こまばこ》から駒《こま》を出《だ》して、盤《ばん》の真《ま》ん中《なか》で山《やま》をつくり、そこから「王《おう》」の駒《こま》をさがしましょう。

王《おう》を見《み》つけたら写真《しゃしん》❶と同《おな》じ所《ところ》に置《お》きます。次《つぎ》に「玉《ぎょく》」を見《み》つけて、写真《しゃしん》❷の所《ところ》に置《お》きます。線《せん》に乗《の》ったり、マス目《め》からはみ出《だ》さないようにきちんと置《お》きましょう。

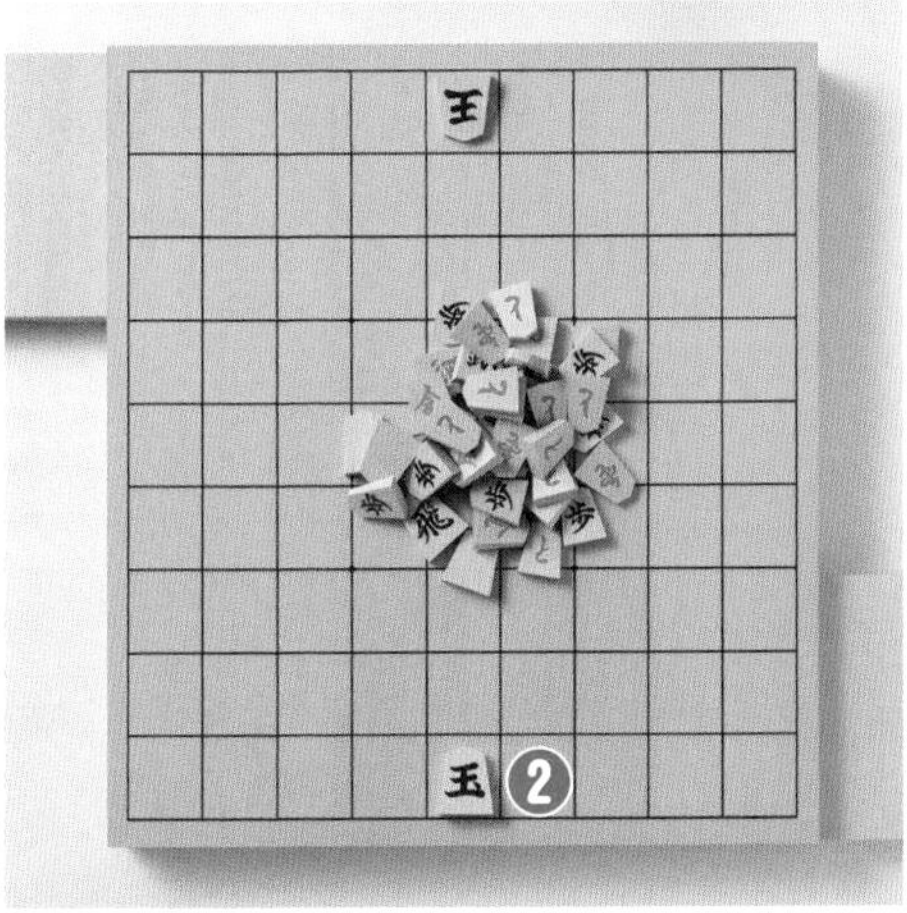


上位者《じょういしゃ》が王《おう》、下位者《かいしゃ》が玉《ぎょく》を持《も》つことになっています。親子《おやこ》でやるときは、親《おや》が王《おう》を取《と》って置《お》きましょう。（上位者《じょういしゃ》とは、わかりやすくいうと将棋《しょうぎ》の強《つよ》さのレベルが上《うえ》の人《ひと》のことで、その反対《はんたい》が下位者《かいしゃ》）

ステップ2

# 駒《こま》となかよくなろう

## 指《さ》すときの手《て》つき

かっこよく将棋《しょうぎ》を指《さ》すには、写真《しゃしん》(上《うえ》)のように人《ひと》さし指《ゆび》と中指《なかゆび》の2本《ほん》で駒《こま》をはさみます。

人《ひと》さし指《ゆび》のなるべく先《さき》のほうではさまないと、盤《ばん》に置《お》いたときに指《ゆび》がじゃまになります。

練習《れんしゅう》するときは、まず背筋《せすじ》をのばして座《すわ》ります。

次《つぎ》に腕《うで》をのばし、駒《こま》を持《も》った指先《ゆびさき》までまっすぐにして、手首《てくび》だけ動《うご》かして駒《こま》を盤《ばん》に置《お》いてみましょう。

次《つぎ》に、駒《こま》の持《も》ちかたを練習《れんしゅう》しましょう。人《ひと》さし指《ゆび》と中指《なかゆび》だけで持《も》ち上《あ》げることはできないので、取《と》るときは、4本《ほん》の指《ゆび》を使《つか》います。

駒《こま》をつまんで持《も》ち上《あ》げてから、親指《おやゆび》と人《ひと》さし指《ゆび》を入《い》れかえます。

盤《ばん》の上《うえ》に置《お》いたときに「パチン」と良《よ》い音《おと》が鳴《な》るように、何度《なんど》もくりかえして練習《れんしゅう》しましょう。

## 駒《こま》の持《も》ちかた❶

人《ひと》さし指《ゆび》と薬指《くすりゆび》で、横《よこ》からはさんで持《も》ち上《あ》げる。

中指《なかゆび》と親指《おやゆび》で表《おもて》と裏《うら》からはさむ。

## 駒《こま》の持《も》ちかた❷

中指《なかゆび》と薬指《くすりゆび》で駒《こま》の上《うえ》の山《やま》の所《ところ》をおさえ、親指《おやゆび》で下側《したがわ》から持《も》ち上《あ》げる。

上側《うえがわ》の指《ゆび》2本《ほん》を駒《こま》の下《した》のほうまですべらせてつまみあげる。

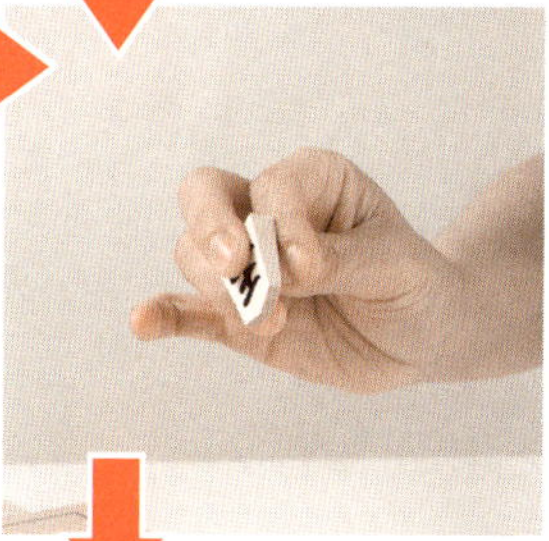

駒《こま》の持《も》ちかた❶、❷ともに、人《ひと》さし指《ゆび》を親指《おやゆび》と入《い》れかえる。

駒《こま》をはさんだまま全部《ぜんぶ》の指《ゆび》をのばす。

駒《こま》をマスの中《なか》に置《お》く。

❶は前後《ぜんご》に駒《こま》があるとき、
❷は両脇《りょうわき》に駒《こま》があるときの
持《も》ちかたです。

ステップ 3

# 駒《こま》を動《うご》かしてみよう

将棋《しょうぎ》は2人《ふたり》でするゲームなので、かわりばんこに駒《こま》を動《うご》かします。その1回《かい》の動《うご》きを「手《て》」、その動作《どうさ》を「指《さ》す」といいます。

王《おう》と玉《ぎょく》をかわりばんこに1マスずつ動《うご》かしてみましょう。

## 王《おう》(玉《ぎょく》)を動《うご》かしてみよう

駒《こま》は種類《しゅるい》ごとに動《うご》きかたの決《き》まりがあります。

王《おう》と玉《ぎょく》が動《うご》けるのは、タテ、ヨコ、ナナメのとなりのマス全部《ぜんぶ》です。

### 王《おう》(玉《ぎょく》)の動《うご》かしかた

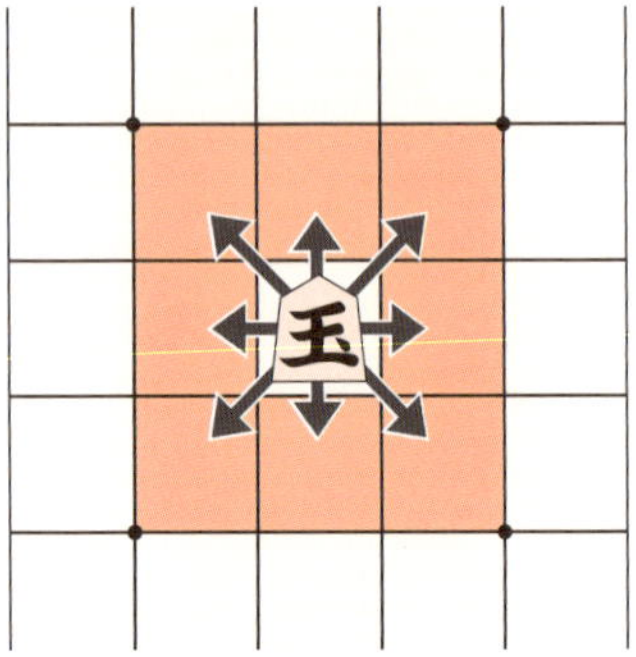

## 手数《てすう》クイズ

問題《もんだい》❶　玉《ぎょく》は何手《なんて》で★のマスまで行《い》けるかな？

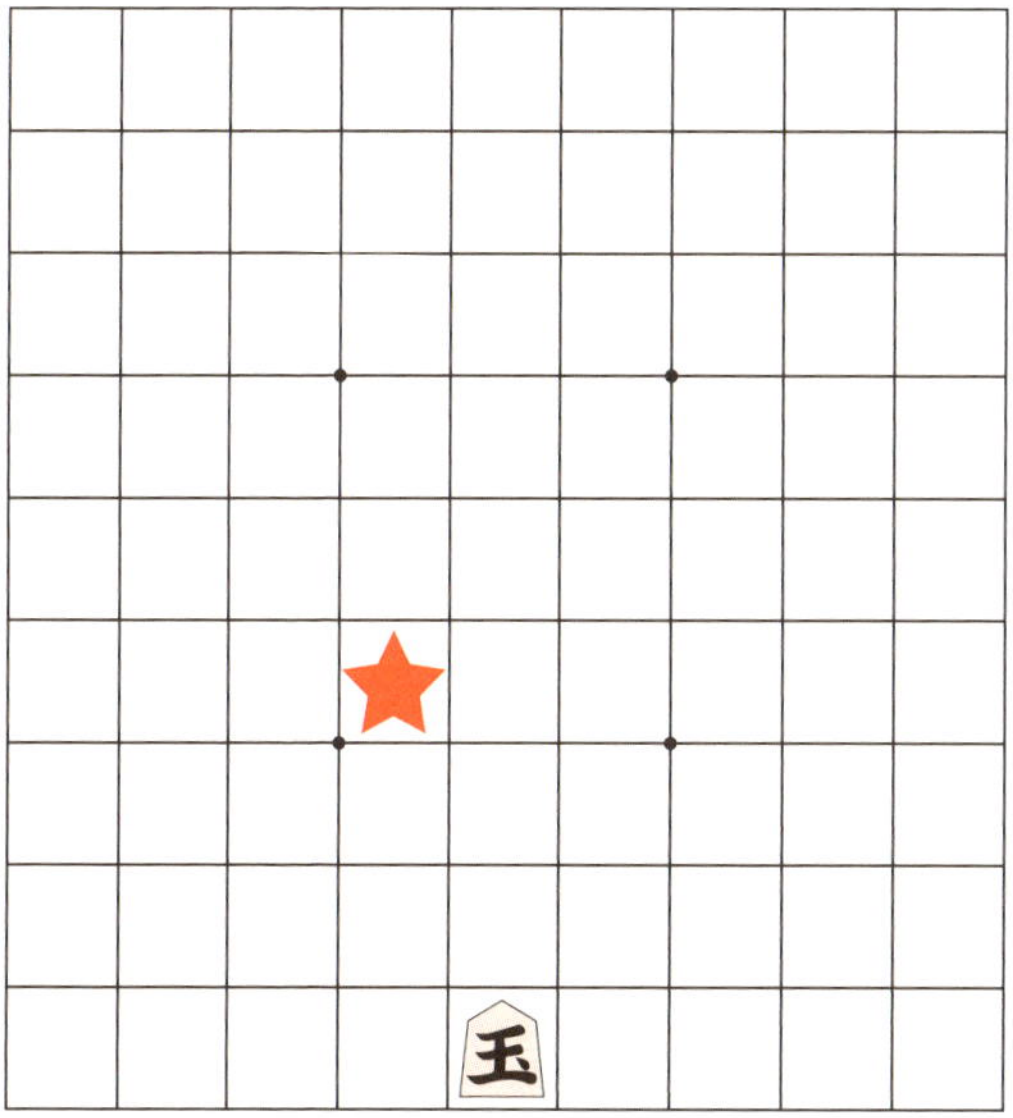


問題《もんだい》❷　王《おう》と玉《ぎょく》、どっちが先《さき》に★のマスまで行《い》けるかな？

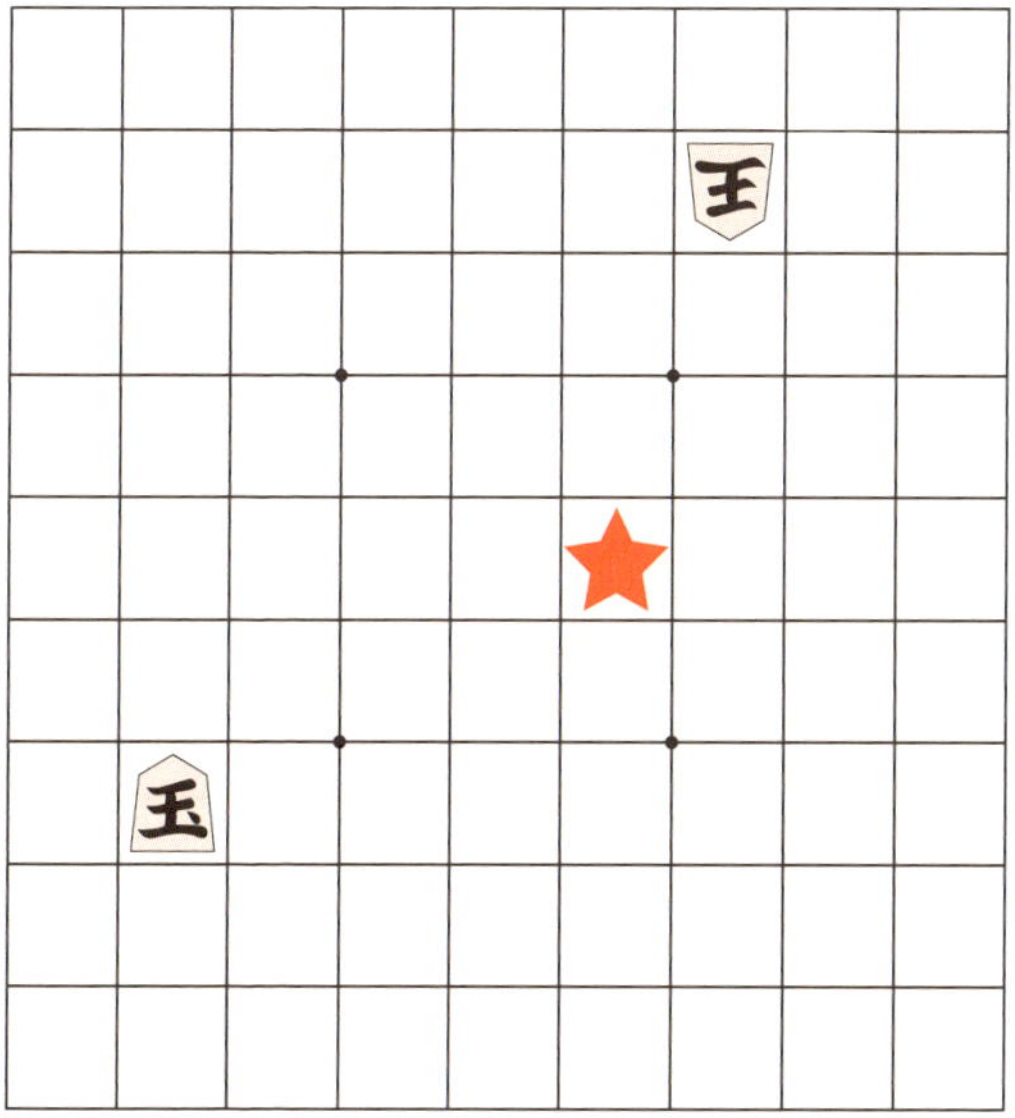

## 飛《ひ》を動《うご》かしてみよう

飛《ひ》はタテとヨコにどこまでもまっすぐ進《すす》むことができます。

飛《ひ》を下《した》の図《ず》と同《おな》じ所《ところ》に置《お》きましょう。そして正《ただ》しく動《うご》かしましょう。

なるべく遠《とお》くまで行《い》ってみましょう。

## 飛《ひ》の動《うご》かしかた

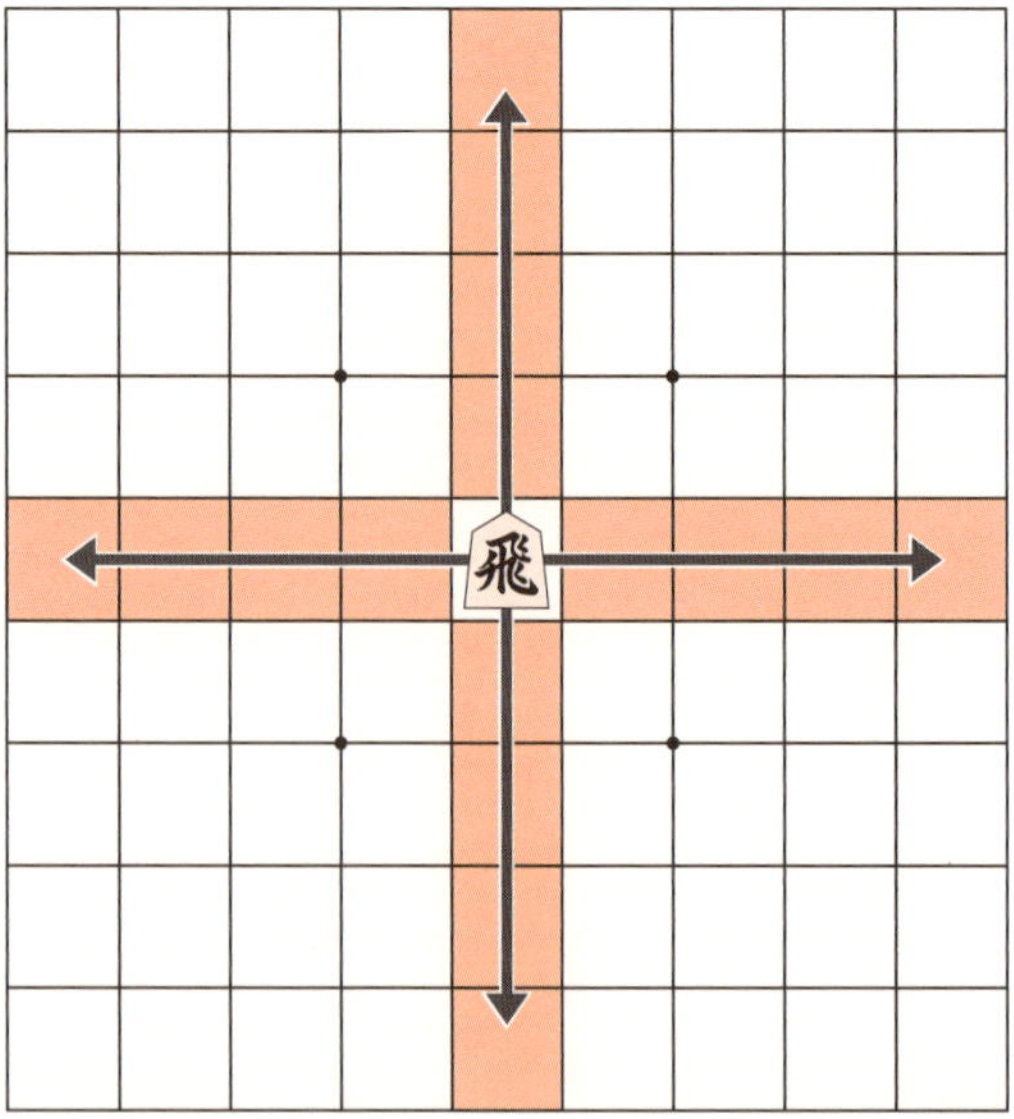

## 角《かく》を動《うご》かしてみよう

角《かく》はナナメ前《まえ》とナナメ後《うし》ろにどこまでもまっすぐ進《すす》むことができます。

角《かく》を下《した》の図《ず》と同《おな》じ所《ところ》に置《お》きましょう。そして正《ただ》しく動《うご》かしましょう。

なるべく遠《とお》くまで行《い》ってみましょう。

### 角《かく》の動《うご》かしかた

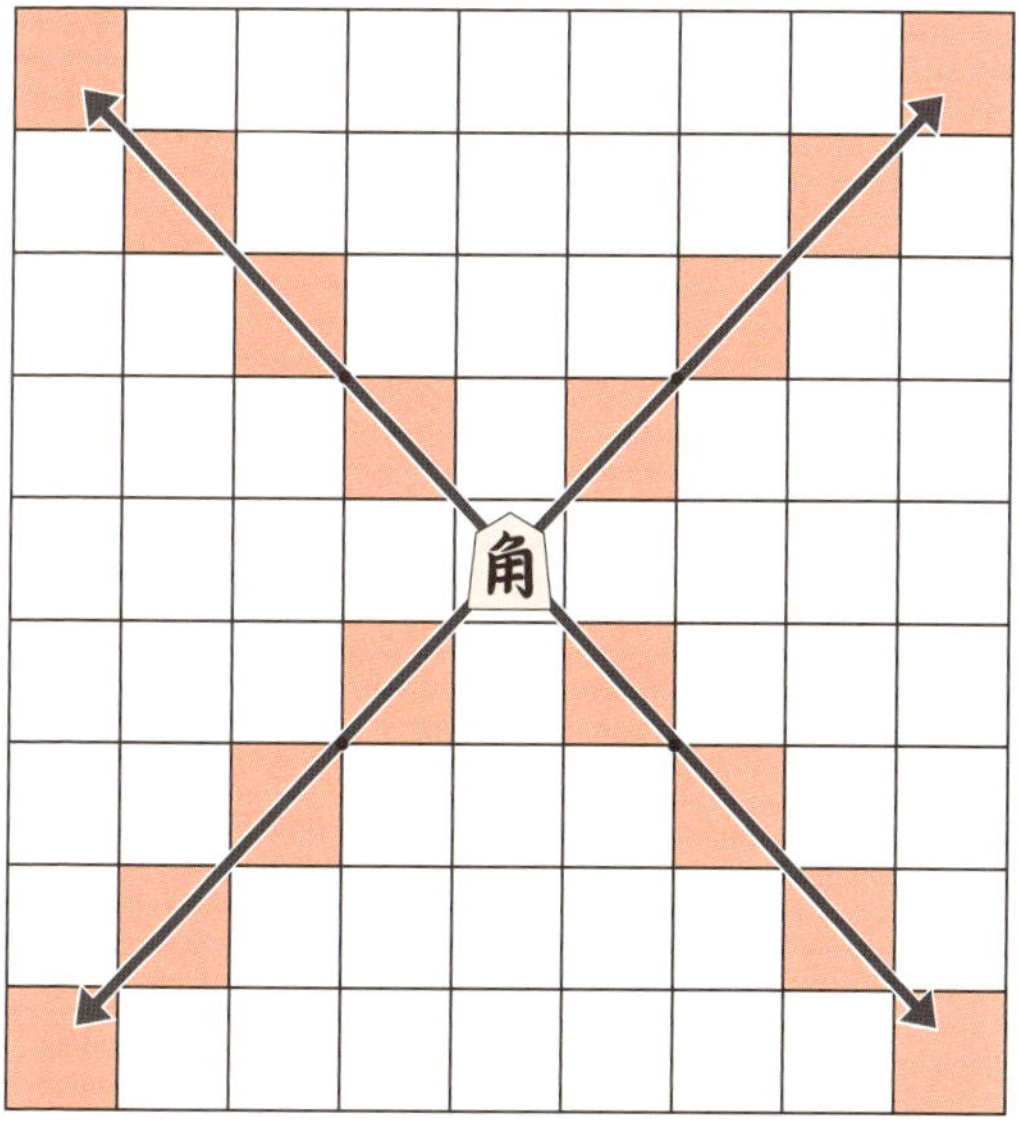

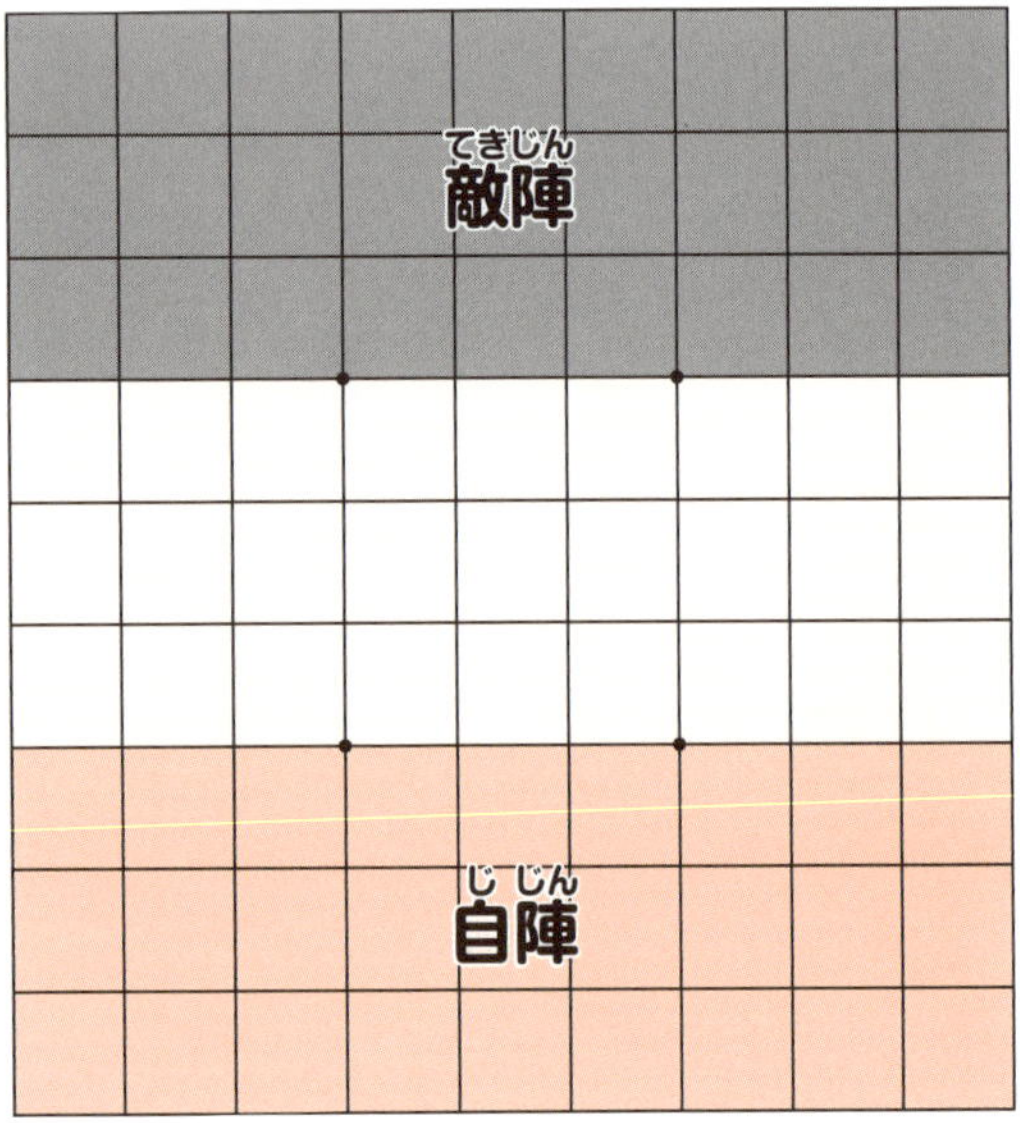


## 自陣《じじん》と敵陣《てきじん》

将棋盤《しょうぎばん》は上《うえ》の図《ず》のように3つのエリアにわかれています。自分《じぶん》に近《ちか》い所《ところ》の3段《だん》が「自陣《じじん》」、相手《あいて》に近《ちか》い所《ところ》の3段《だん》が「敵陣《てきじん》」です。

飛《ひ》と角《かく》は敵陣《てきじん》に進《すす》むと、裏返《うらがえ》しにして「成《な》る」ことができます。

成《な》ると「龍《りゅう》」や「馬《うま》」と名前《なまえ》が変《か》わり、パワーアップしてさらにたくさんの所《ところ》に動《うご》かせるようになります。

王《おう》と玉《ぎょく》の裏《うら》には何《なに》も書《か》かれておらず、敵陣《てきじん》に進《すす》んでもそのまま。成《な》ることはありません。

## 龍《りゅう》を動《うご》かしてみよう

飛《ひ》が成《な》って「龍《りゅう》」になると、さらにナナメに1マス動《うご》かせるようになります。飛《ひ》に王《おう》の力《ちから》がついたと思《おも》うとわかりやすいでしょう。

### 龍《りゅう》の動《うご》かしかた

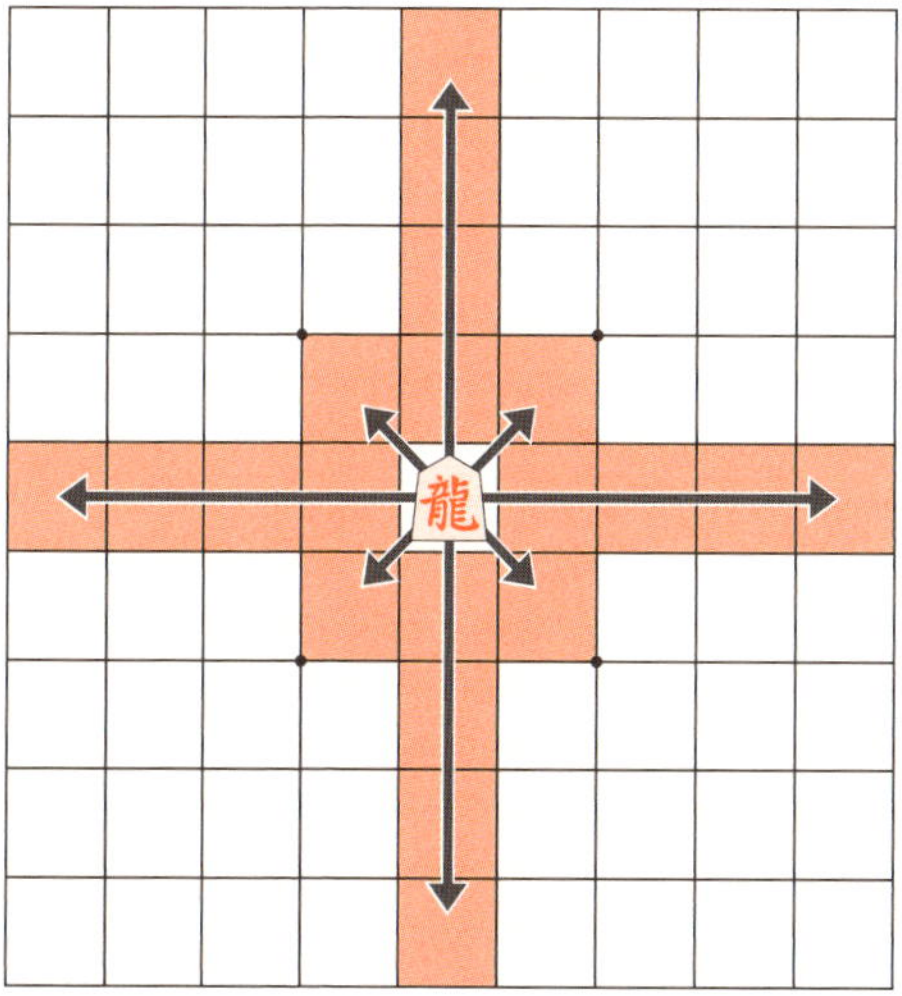


## 馬《うま》を動《うご》かしてみよう

角《かく》が成《な》って「馬《うま》」になると、さらにタテヨコに1マス動《うご》かせるようになります。角《かく》に王《おう》の力《ちから》がついたと思《おも》うとわかりやすいでしょう。

### 馬《うま》の動《うご》かしかた

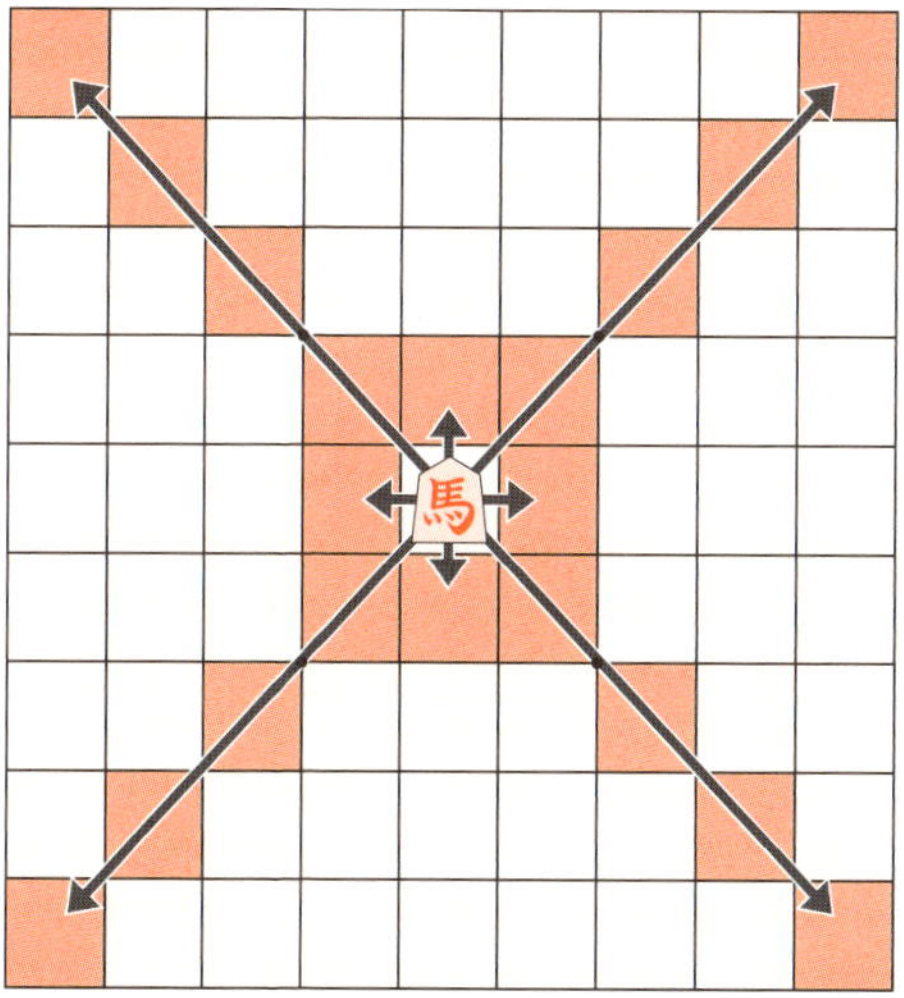

# 手数《てすう》クイズ

問題《もんだい》❸ 飛《ひ》は何手《なんて》で★まで行《い》けるかな？

問題《もんだい》❹ 角《かく》は何手《なんて》で★まで行《い》けるかな？

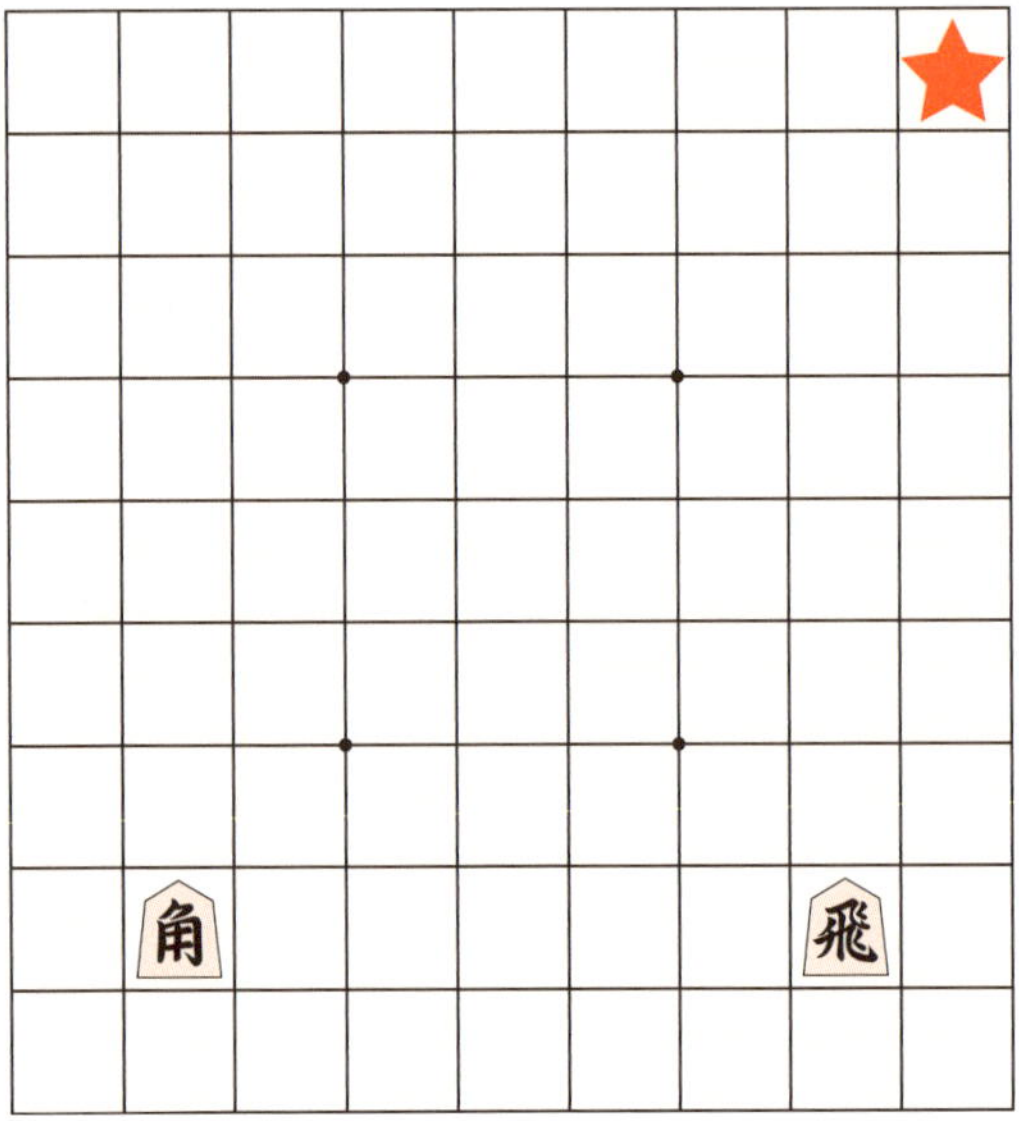

問題《もんだい》❺ 龍《りゅう》は何手《なんて》で★まで行《い》けるかな？

問題《もんだい》❻ 馬《うま》は何手《なんて》で★まで行《い》けるかな？

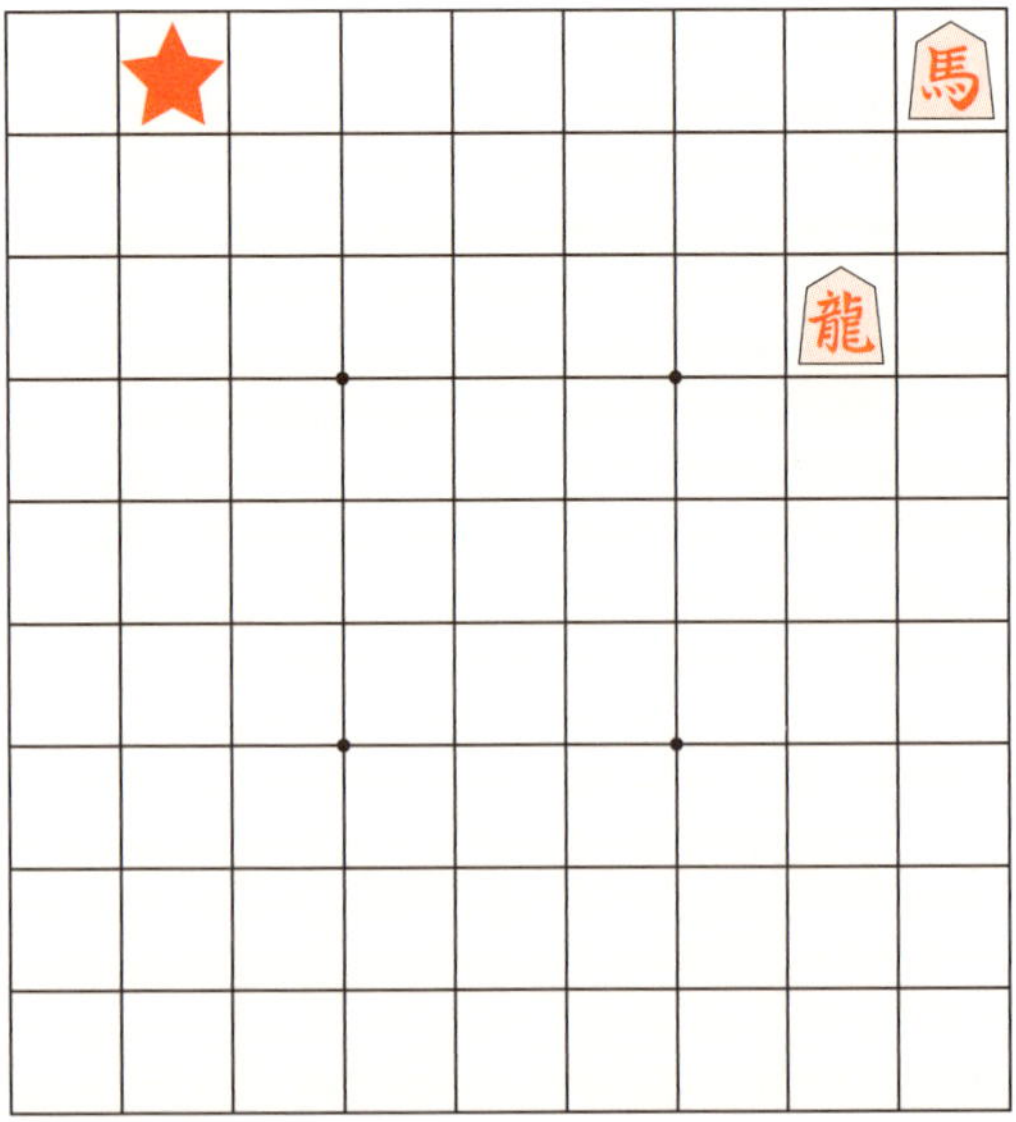

## おうちのかたへ

### 指《さ》しかたのマナー

将棋《しょうぎ》は自分《じぶん》と相手《あいて》と交互《こうご》に一手《いって》ずつ指《さ》します。王《おう》と玉《ぎょく》をかわりばんこに動《うご》かす練習《れんしゅう》をするところでは、自分《じぶん》の番《ばん》で一手《いって》指《さ》したら、必《かなら》ず駒《こま》から手《て》を離《はな》すように教《おし》えてください。そして相手《あいて》が動《うご》かし終《お》わってから駒《こま》をさわるのがマナーです。

駒《こま》がマスからはみ出《で》ていたり向《む》きが曲《ま》がっていたりするときは、指《さ》した後《あと》にさわっても結構《けっこう》ですので、きれいに直《なお》しましょう。駒《こま》の持《も》ちかたが上手《じょうず》になると、ピシッとマス目《め》の中央《ちゅうおう》に駒《こま》が置《お》けるようになります。親子《おやこ》でいっしょに練習《れんしゅう》してください。

コラム②

## 将棋《しょうぎ》のことばづかい

将棋《しょうぎ》の解説《かいせつ》では、「角《かく》を成《な》る」「王《おう》を逃《に》げる」などのように、ふだんの話《はな》しかたとはちがうことばづかいが出《で》てきます。はじめは「変《へん》だな」と思《おも》うかもしれませんが、「自分《じぶん》の角《かく》を成《な》って攻《せ》める」「自分《じぶん》の王《おう》を逃《に》がしてあげる」といいかえてみるとわかりやすくなるかもしれません。

王《おう》さまを守《まも》るために、自分《じぶん》が将棋盤《しょうぎばん》の上《うえ》で駒《こま》たちを武器《ぶき》にして相手《あいて》と戦《たたか》うつもりで将棋《しょうぎ》を指《さ》してみましょう。そうすると、だんだんこのことばづかいになれてくるはずです。

# 手数《てすう》クイズの答《こた》え

問題《もんだい》❶の答《こた》え　4手《て》
問題《もんだい》❷の答《こた》え　「王《おう》」
問題《もんだい》❸の答《こた》え　2手《て》

問題《もんだい》❹の答《こた》え　1手《て》
問題《もんだい》❺の答《こた》え　2手《て》
問題《もんだい》❻の答《こた》え　3手《て》

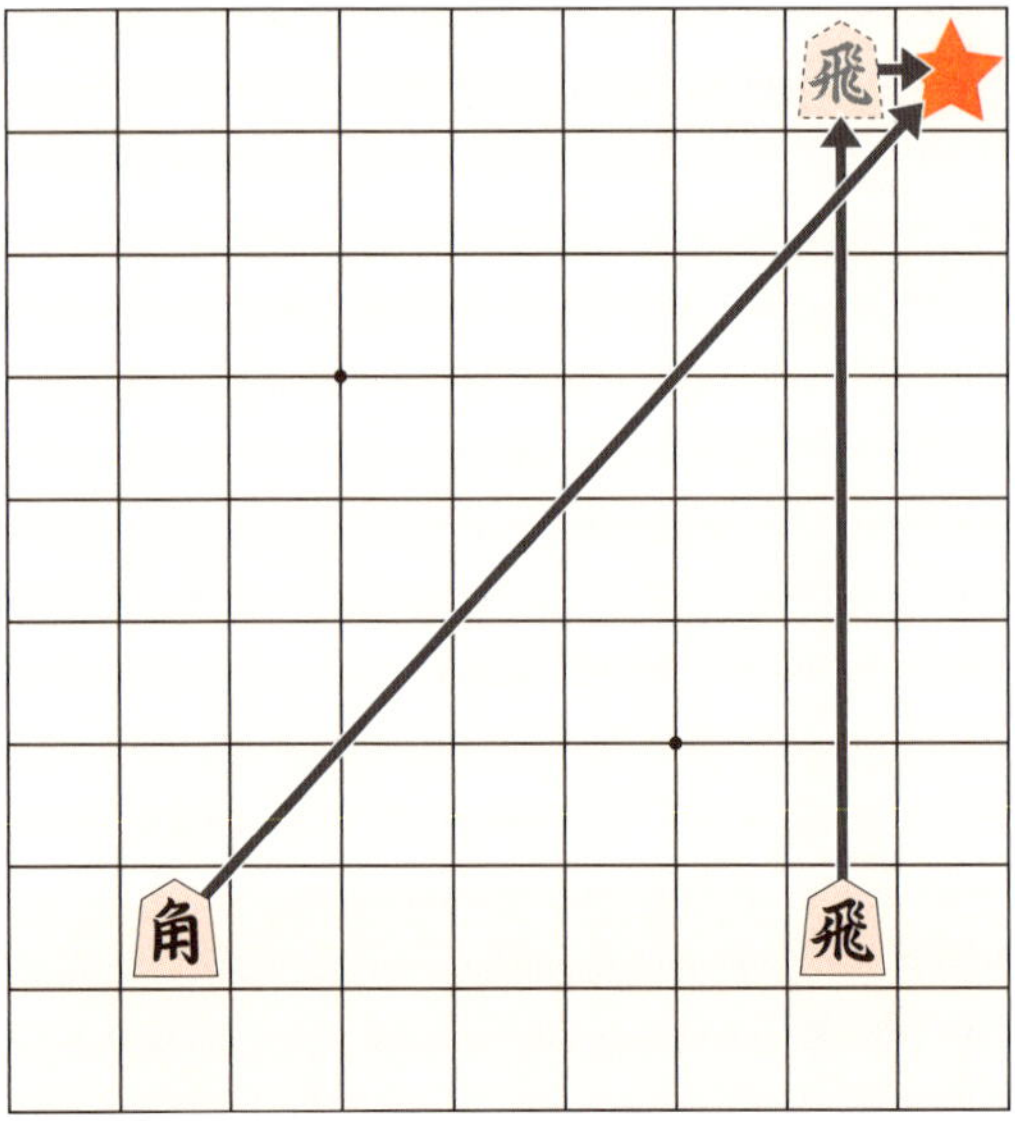


## ポイント

答《こた》えの図《ず》は動《うご》かしかたの一例《いちれい》です。他《ほか》にもいろいろな動《うご》かしかたで、★のマスに行《い》けます。飛《ひ》や龍《りゅう》はどこのマスでも2手《て》あれば行《い》くことができます。

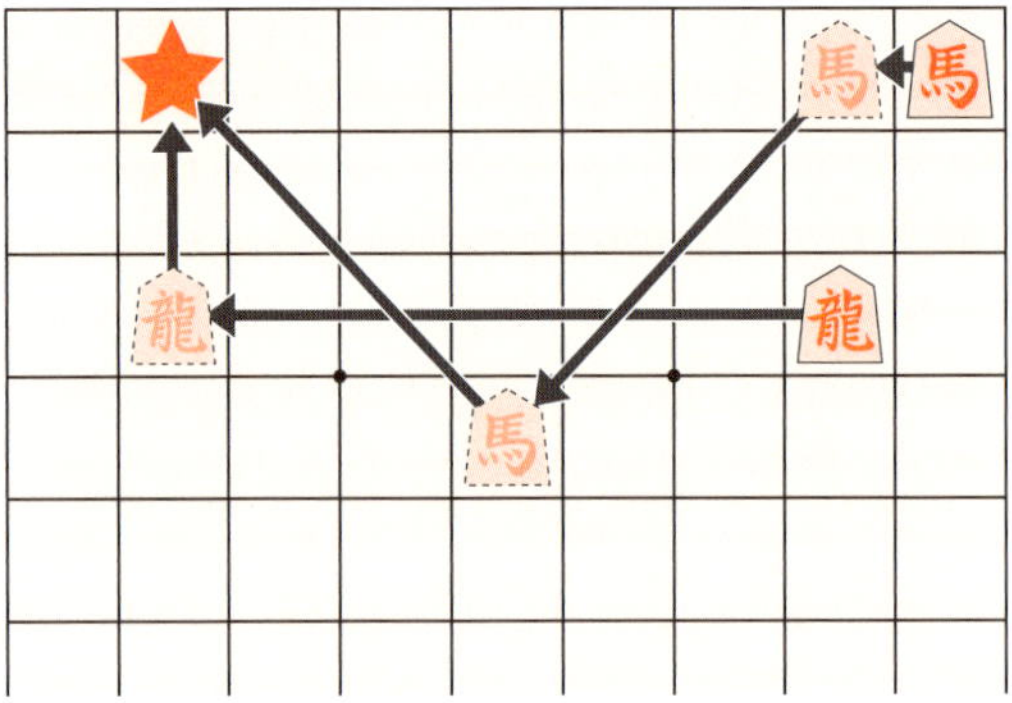


角《かく》は行《い》くことのできないマスがあり、馬《うま》はたくさん手数《てすう》をかければどのマスにも行《い》けます。実際《じっさい》に盤《ばん》の上《うえ》で駒《こま》を動《うご》かしながら考《かんが》えてみましょう。

## レッスン3

# 王《おう》のつかまえかた

相手《あいて》の駒《こま》を取《と》ったり、王《おう》をつかまえる方法《ほうほう》をおぼえましょう。

「金《きん》」

(レッスンが進《すす》むたびに駒《こま》のなかまが増《ふ》えるよ)

ステップ
1
# 相手《あいて》の駒《こま》を取《と》る

## 相手《あいて》の駒《こま》と自分《じぶん》の駒《こま》

将棋《しょうぎ》は駒《こま》の向《む》きで、自分《じぶん》の駒《こま》と相手《あいて》の駒《こま》を区別《くべつ》しています。

自分《じぶん》の駒《こま》を進《すす》めるマスに相手《あいて》の駒《こま》がいたら、それを取《と》ることができます。

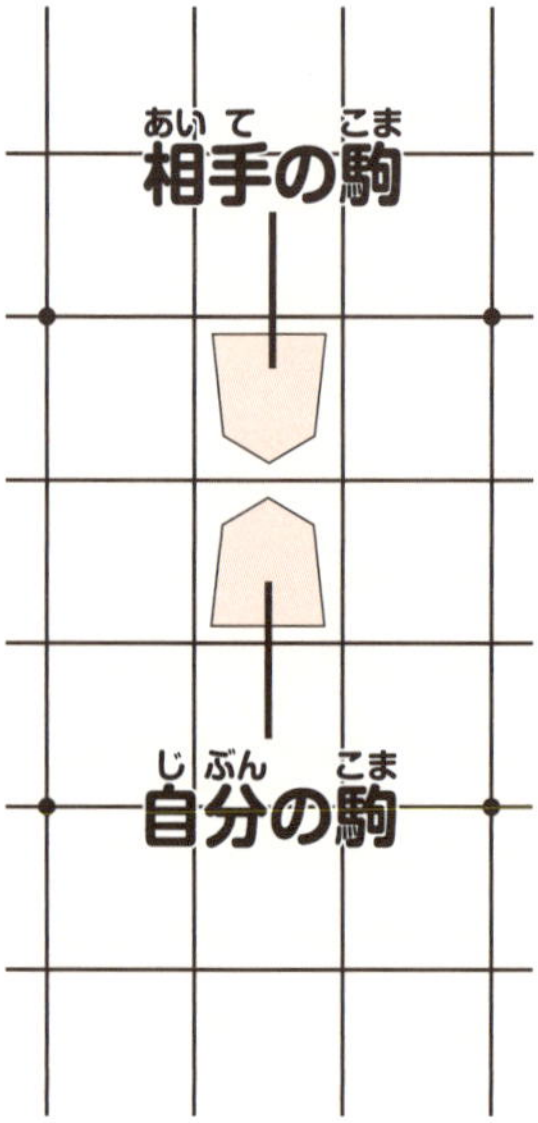


取《と》った駒《こま》は駒台《こまだい》に置《お》きます。

これは、自分《じぶん》の駒《こま》として後《あと》で使《つか》うことができます。

この駒《こま》のことを「持《も》ち駒《ごま》」といいます。

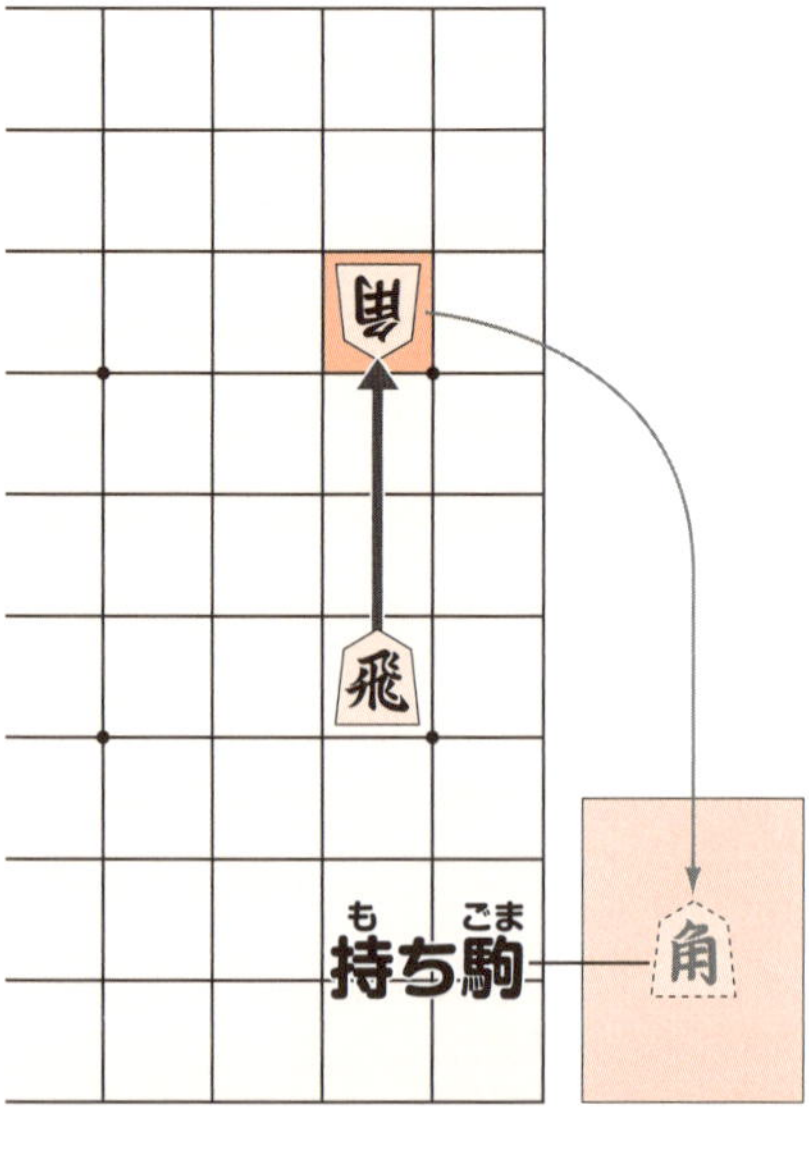

## 取《と》りかたの注意《ちゅうい》

### ●注意《ちゅうい》その1

自分《じぶん》の駒《こま》を取《と》ることはできません。取《と》れるのは相手《あいて》の駒《こま》だけです。

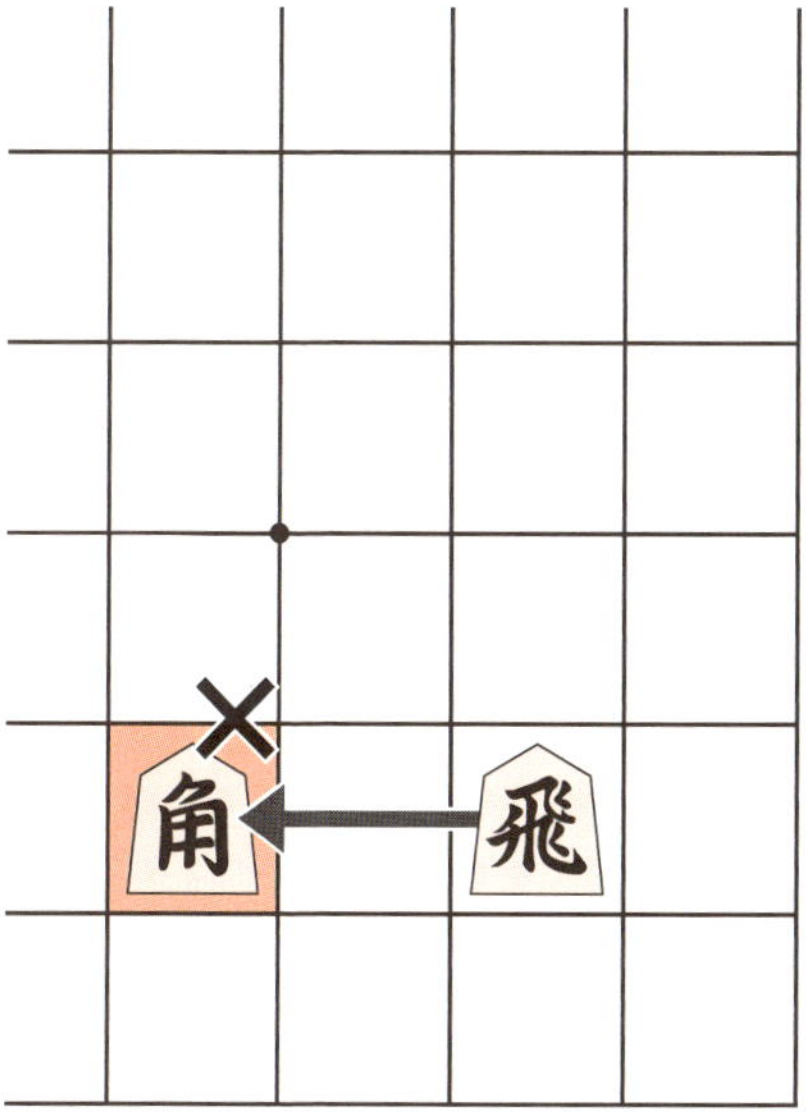


### ●注意《ちゅうい》その2

駒《こま》を飛《と》びこえることはできません。自分《じぶん》の駒《こま》がいる場合《ばあい》はその手前《てまえ》で止《と》まります。相手《あいて》の駒《こま》がいる場合《ばあい》はそのマスへ進《すす》めて止《と》まります。1回《かい》の手番《てばん》で、取《と》った先《さき》に進《すす》めることはできません。

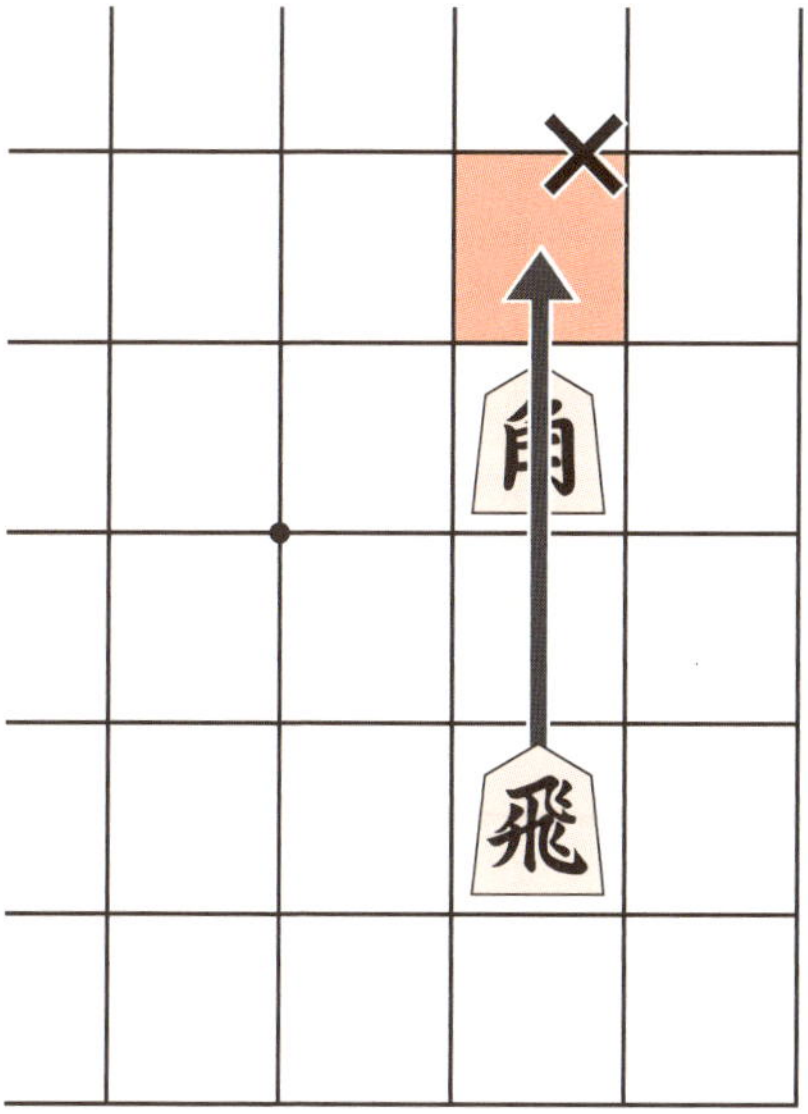

ステップ 2

# 駒《こま》の名前《なまえ》その2（歩《ふ》）

## 「歩《ふ》」（歩兵《ふひょう》）

歩《ふ》は「あるく」という字《じ》。一番弱《いちばんよわ》い駒《こま》ですが、もっとも数《かず》の多《おお》い、だいじな駒《こま》です。

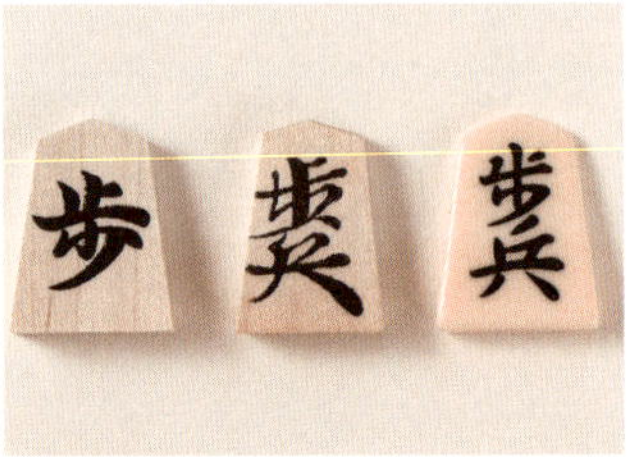


## 歩《ふ》を動《うご》かしてみよう

前《まえ》に1マス進《すす》めます。後《うし》ろにはもどれません。動《うご》かしかたは簡単《かんたん》ですね。

### 歩《ふ》の動《うご》かしかた

## 駒《こま》を取《と》る練習《れんしゅう》

歩《ふ》を盤《ばん》に並《なら》べて取《と》ってみましょう。相手《あいて》の歩《ふ》と自分《じぶん》の歩《ふ》が向《む》かい合《あ》っています。

相手《あいて》の駒《こま》を取《と》るときは、自分《じぶん》の駒《こま》を進《すす》めたいマスにいる相手《あいて》の駒《こま》をまず取《と》って、駒台《こまだい》に置《お》きます。

それから自分《じぶん》の駒《こま》をそのマスに進《すす》めます。

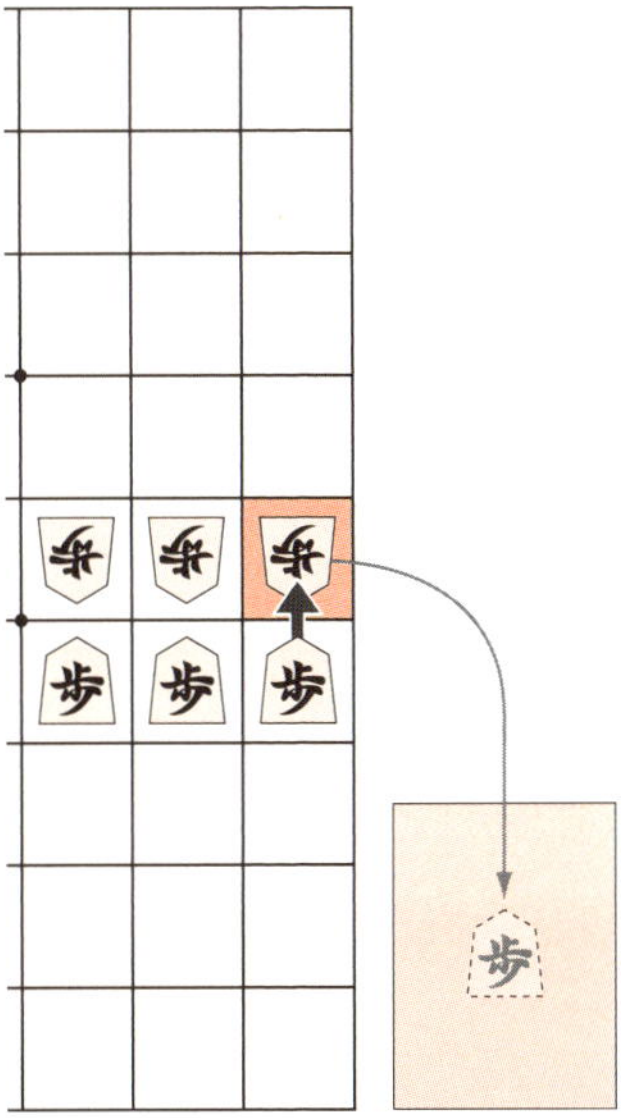

## おうちのかたへ

### まずはルールを

将棋《しょうぎ》を指《さ》すときの動作《どうさ》は、すべて片手《かたて》で行《おこな》うのが本来《ほんらい》のマナーです。でも幼《おさな》いこどもの場合《ばあい》は片手《かたて》では難《むずか》しいこともあります。先《さき》に駒《こま》を取《と》ってしまうと、進《すす》めるべき場所《ばしょ》がわからなくなってしまったりするので、「駒《こま》を取《と》る」という意味《いみ》を理解《りかい》するまでは、相手《あいて》の駒《こま》の上《うえ》に乗《の》せ、その後《あと》に相手《あいて》の駒《こま》を取《と》るという動作《どうさ》を両手《りょうて》を使《つか》って行《おこな》っても結構《けっこう》です。

片手《かたて》で動《うご》かす練習《れんしゅう》をする時《とき》は「取《と》って、置《お》いて、進《すす》める」と声《こえ》をかけながら、くりかえし練習《れんしゅう》すると良《よ》いでしょう。

# 「と」（と金《きん》）

歩《ふ》が相手《あいて》の陣地《じんち》まで進《すす》むと「と」（と金《きん》）になって、パワーアップします。

## と金《きん》を動《うご》かしてみよう

と金《きん》は前《まえ》とナナメ前《まえ》、横《よこ》と後《うし》ろに動《うご》けます。動《うご》かしてみましょう。

### と金《きん》の動《うご》かしかた

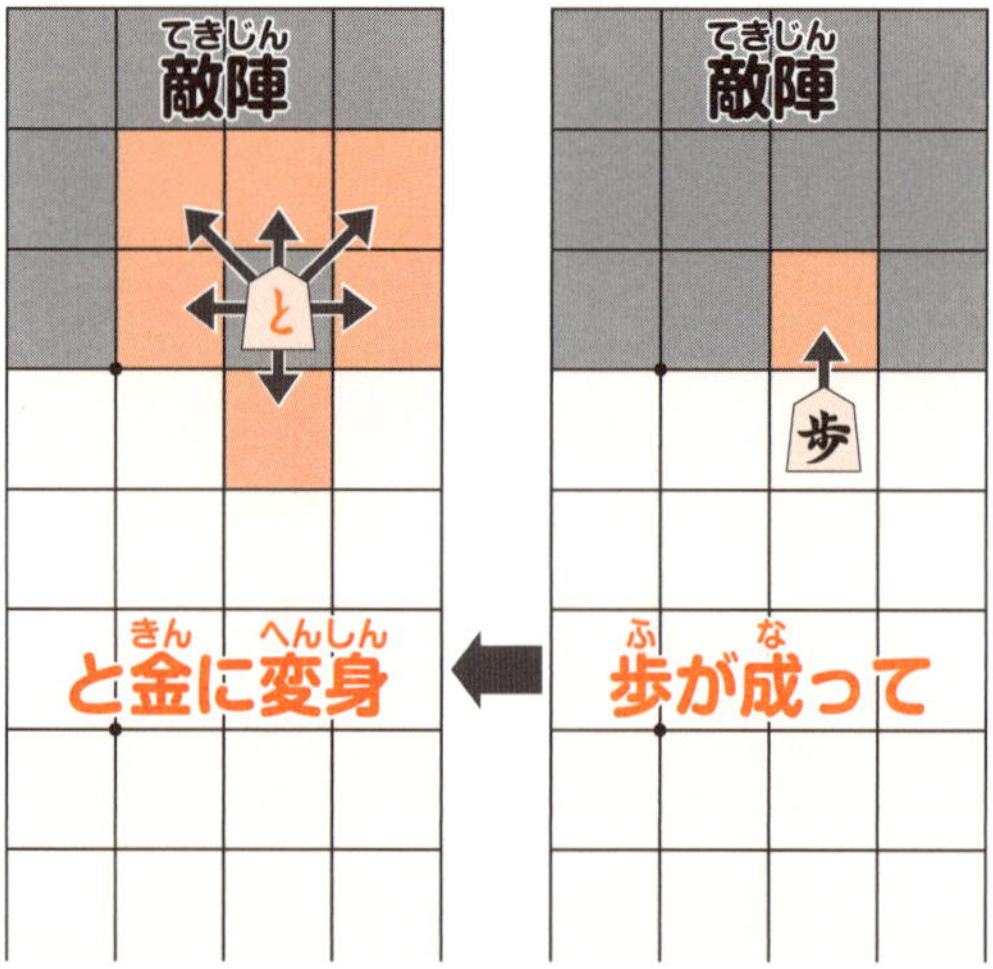

## 成《な》る練習《れんしゅう》

盤《ばん》の3段目《だんめ》からが相手《あいて》の陣地《じんち》。その1つ前《まえ》の4段目《だんめ》に歩《ふ》を並《なら》べてみましょう。そして、端《はし》から順番《じゅんばん》に成《な》る練習《れんしゅう》をしてみましょう。

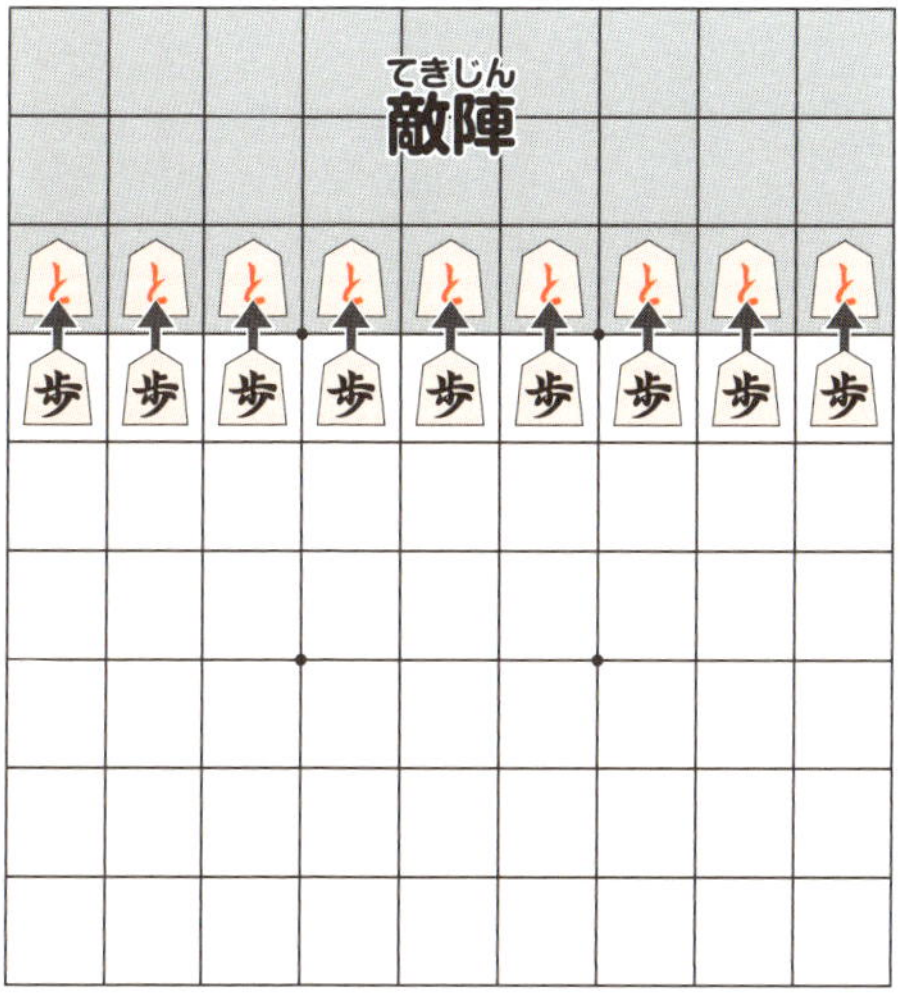


## 駒《こま》が成《な》るときの持《も》ちかた

**1** 親指《おやゆび》と人《ひと》さし指《ゆび》で駒《こま》を両脇《りょうわき》からはさんでつまみ上《あ》げる。

**2** 中指《なかゆび》を駒《こま》の裏側《うらがわ》にそえて駒《こま》をひっくり返《かえ》す。

**3** 中指《なかゆび》と親指《おやゆび》で駒《こま》を表《おもて》と裏《うら》からはさんでから、親指《おやゆび》を人《ひと》さし指《ゆび》と入《い》れかえる。

## ステップ3 王手《おうて》

### 王《おう》をつかまえるための手《て》

次《つぎ》に王《おう》をつかまえられる手《て》のことを「王手《おうて》」といいます。❶は飛《ひ》で王《おう》をねらっているところです。

❶

角《かく》を動《うご》かして「王手《おうて》」をします（❷）。これを「王手《おうて》をする」「王手《おうて》をかける」といいます。実際《じっさい》に「王手《おうて》！」と口《くち》に出《だ》していう必要《ひつよう》はありません。

❷

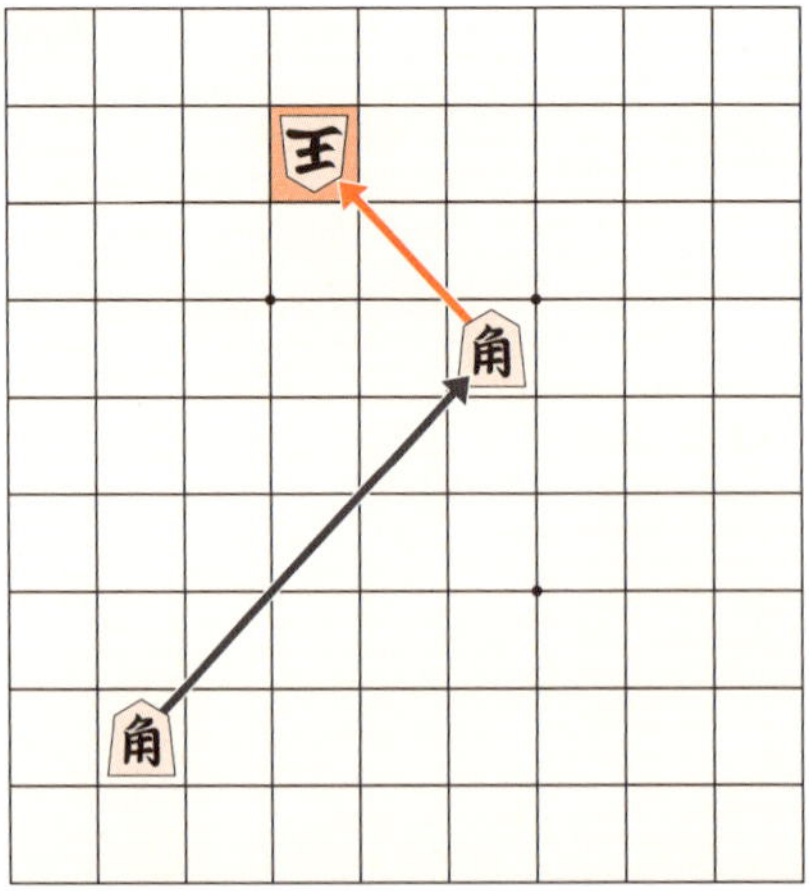

## 王手《おうて》をされたら

逆《ぎゃく》に、自分《じぶん》の玉《ぎょく》が王手《おうて》された立場《たちば》で考《かんが》えてみましょう。❸は、いま龍《りゅう》で王手《おうて》をかけられています。玉《ぎょく》を取《と》られないようにするには、○のついたマスのどこかに逃《に》げなければいけません。

❸

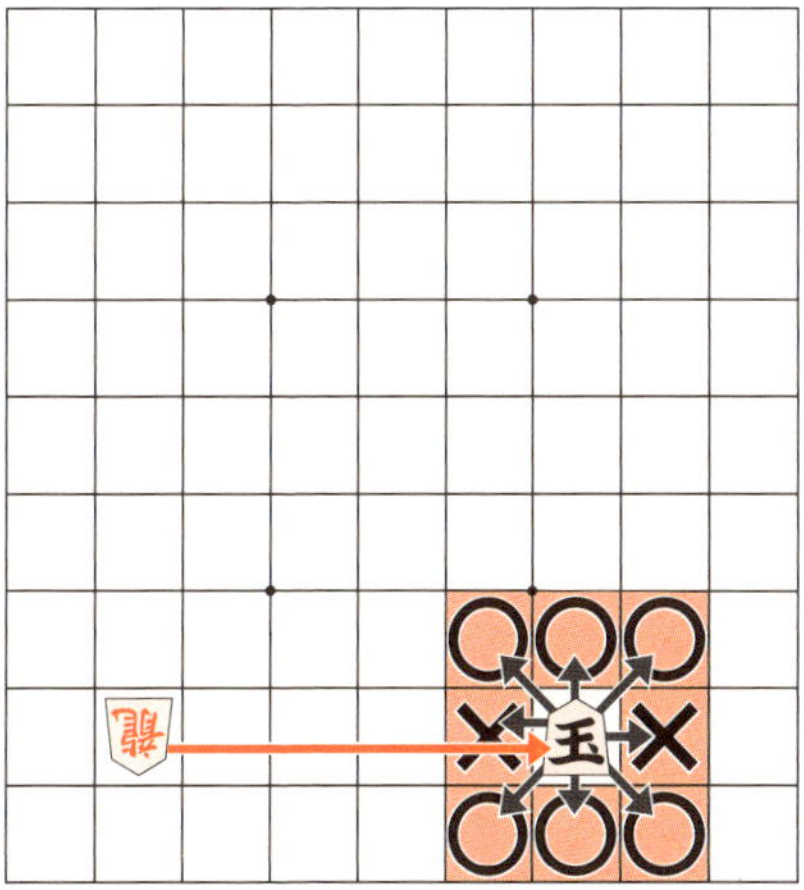


❹では、王《おう》を動《うご》かそうとしましたが、どこに動《うご》いても王手《おうて》になってしまいます。取《と》られる所《ところ》に王《おう》を動《うご》かすことはできません。

将棋《しょうぎ》では、王《おう》を取《と》られるまで指《さ》すことはせず、どうやっても負《ま》けだなと思《おも》ったときに自分《じぶん》で「負《ま》けました」といって礼《れい》をし、降参《こうさん》します。このことを「投了《とうりょう》」といいます。

❹

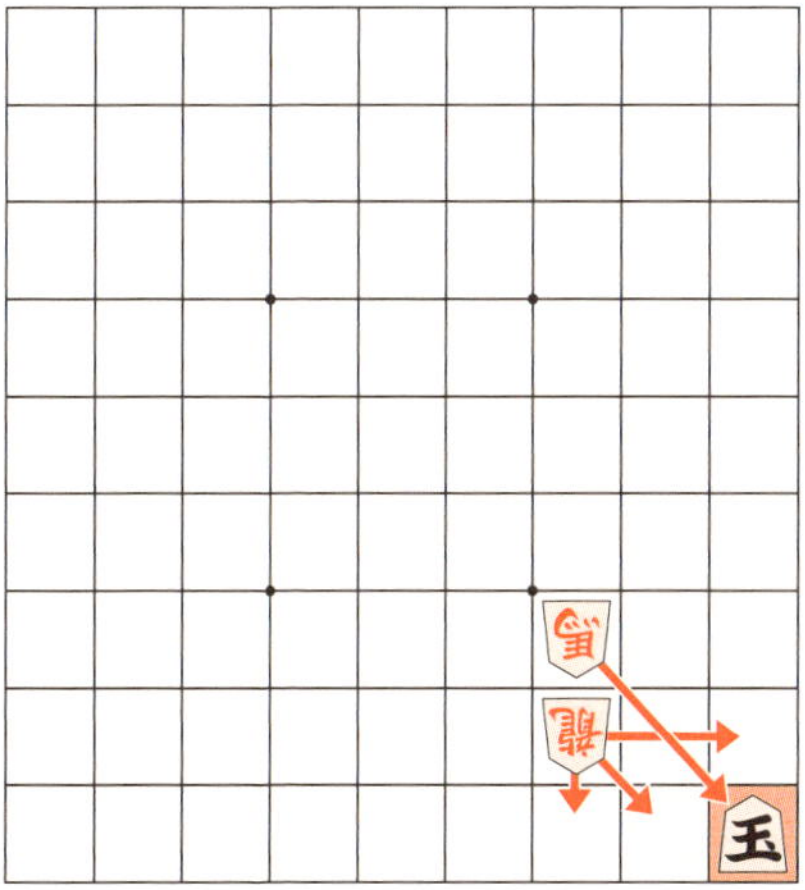

# 取《と》られないように王手《おうて》をする

王手《おうて》をするにはいろいろやりかたがありますが、良《よ》い王手《おうて》と悪《わる》い王手《おうて》があります。王《おう》はまわり全部《ぜんぶ》のマスに動《うご》ける強《つよ》い駒《こま》なので、近《ちか》づきすぎると取《と》られてしまいます。

❺の場合《ばあい》、どうやって王手《おうて》をしますか？

❺

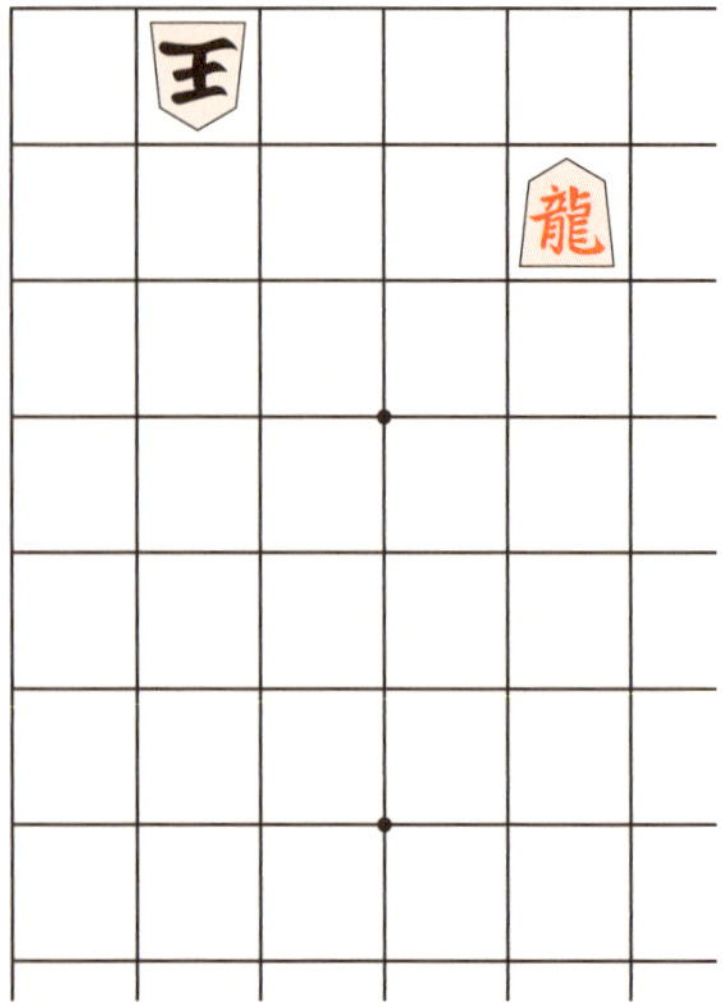


❻は龍《りゅう》で王手《おうて》をしたところですが、次《つぎ》は相手《あいて》の手番《てばん》なので、王《おう》が動《うご》いて龍《りゅう》を取《と》られてしまいます。

❼ははなれたところから王手《おうて》をしました。王《おう》は1マスしか動《うご》けないので相手《あいて》の手番《てばん》になっても龍《りゅう》は取《と》られません。

❻

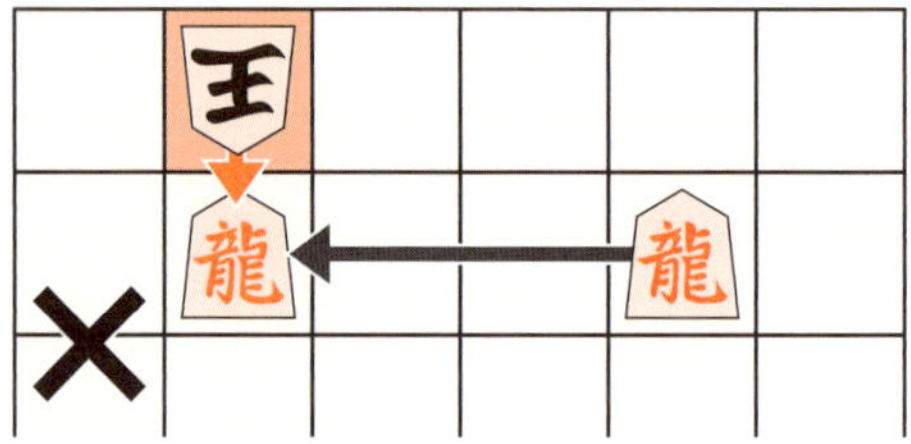


❼

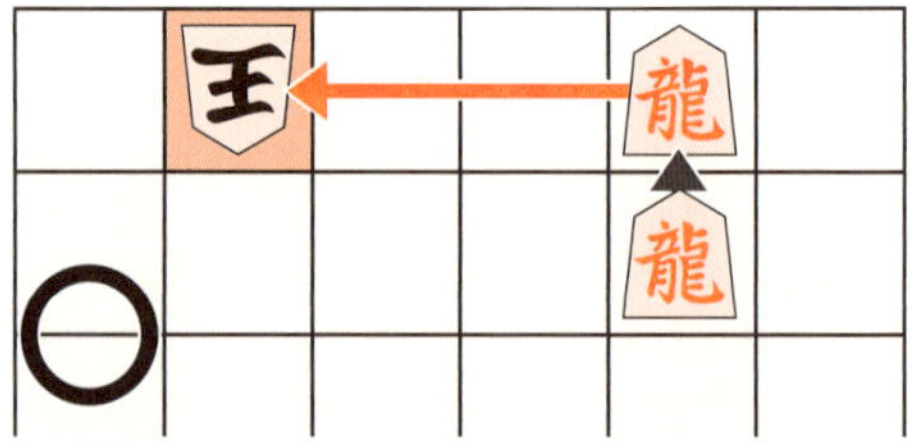

ステップ4

# 詰《つ》み

## 「詰《つ》み」で勝負《しょうぶ》が決《き》まる

❽は馬《うま》で王手《おうて》をしています。

王《おう》で馬《うま》を取《と》られそうですが、龍《りゅう》が馬《うま》のいるマスに行《い》くことができるので、王《おう》は馬《うま》を取《と》ることができません（❾）。

つまり、もう逃《に》げる所《ところ》がありません。

相手《あいて》が次《つぎ》にどんな手《て》を指《さ》しても王《おう》がつかまえられます。この状態《じょうたい》を「詰《つ》み」といいます。

もし自分《じぶん》の王《おう》が詰《つ》まされた場合《ばあい》は、きちんと投了《とうりょう》しましょう。

負《ま》けになりそうなときでも、指《さ》し手《て》を変《か》える「待《ま》った」はしてはいけません。反則負《はんそくま》けになります。負《ま》けをみとめて、もう一度《いちど》はじめから対局《たいきょく》しましょう。

8

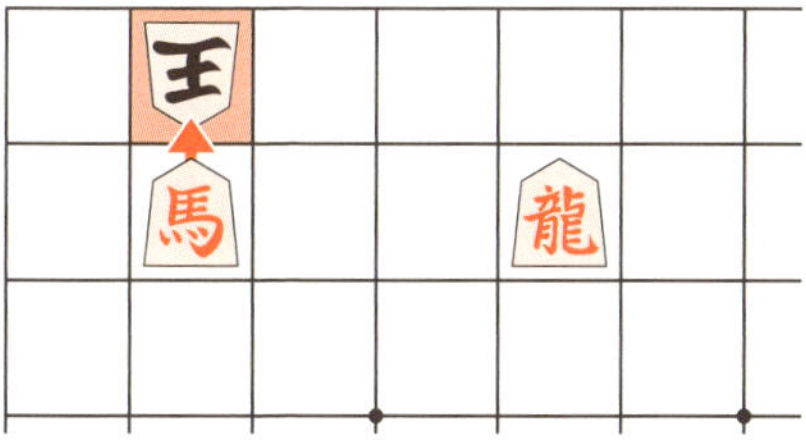


9

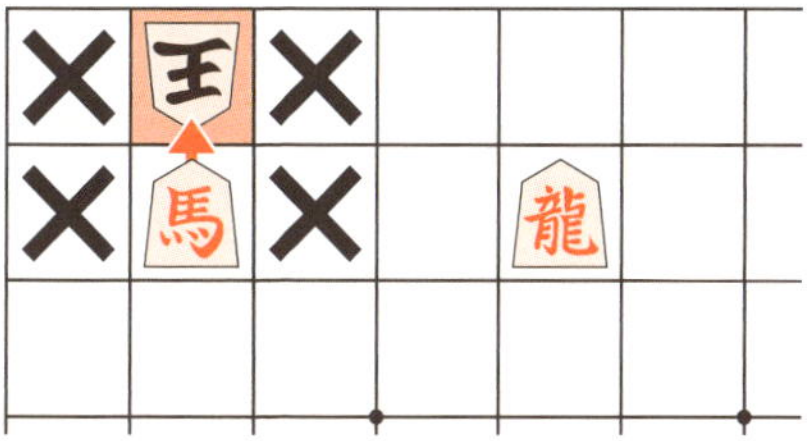

## 飛角《ひかく》おにごっこ（レベル1）

大《おお》きな駒《こま》の動《うご》かしかたはおぼえましたね。では、飛《ひ》・角《かく》と王《おう》の3枚《まい》だけを使《つか》って、対局《たいきょく》をしてみましょう。⑩のように駒《こま》を並《なら》べましょう。

じゃんけんで順番《じゅんばん》を決《き》めて、かわりばんこに一手動《いってうご》かします。

⑩

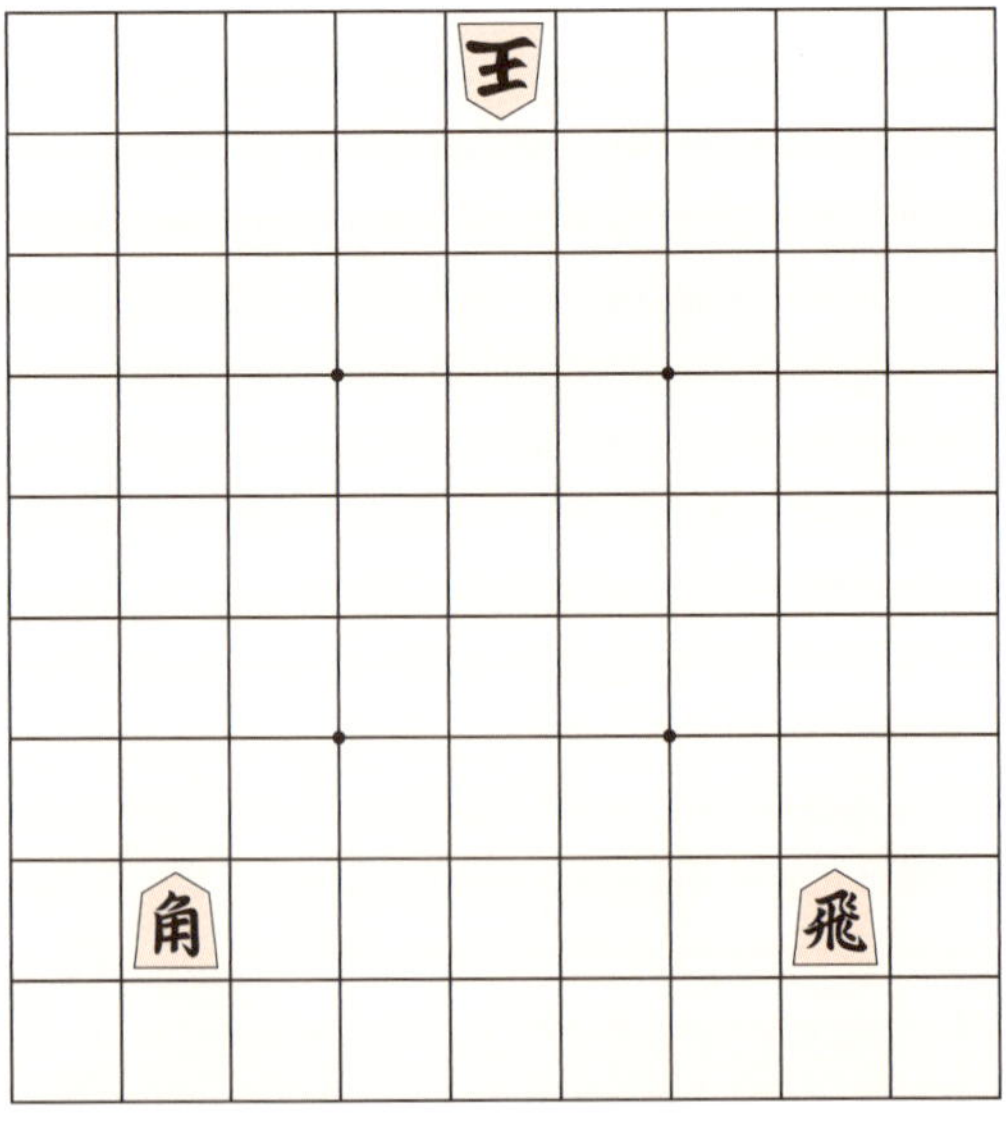

## ●飛《ひ》・角側《かくがわ》

攻《せ》める役《やく》です。飛《ひ》と角《かく》の2枚《まい》を協力《きょうりょく》させて王《おう》をつかまえに行《い》きます。
王《おう》がどこにも動《うご》けない詰《つ》みにできれば勝《か》ちです（⑪）。

⑪

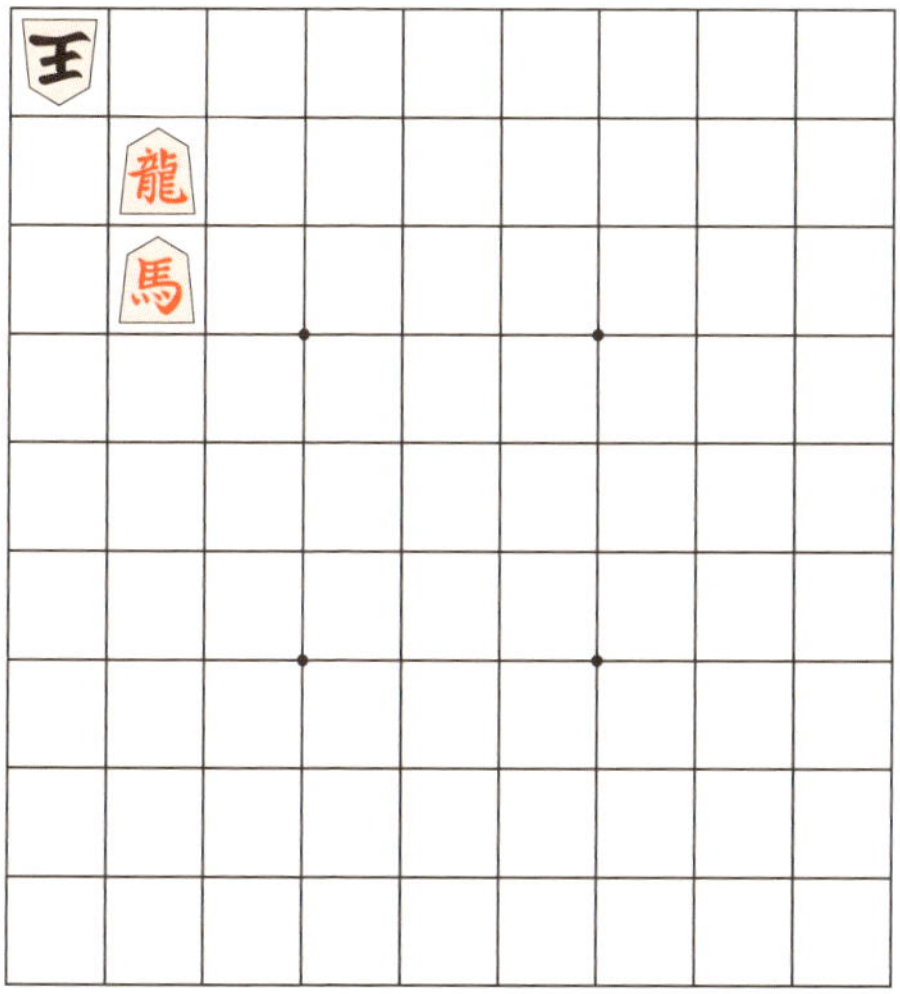


## ●王側《おうがわ》

逃《に》げる役目《やくめ》です。つかまらないマスに逃《に》げ続《つづ》けます。⑫のようにつかまらずに相手《あいて》の陣地《じんち》まで進《すす》めれば勝《か》ちとします。

勝負《しょうぶ》がついたら交代《こうたい》してやってみましょう。

⑫

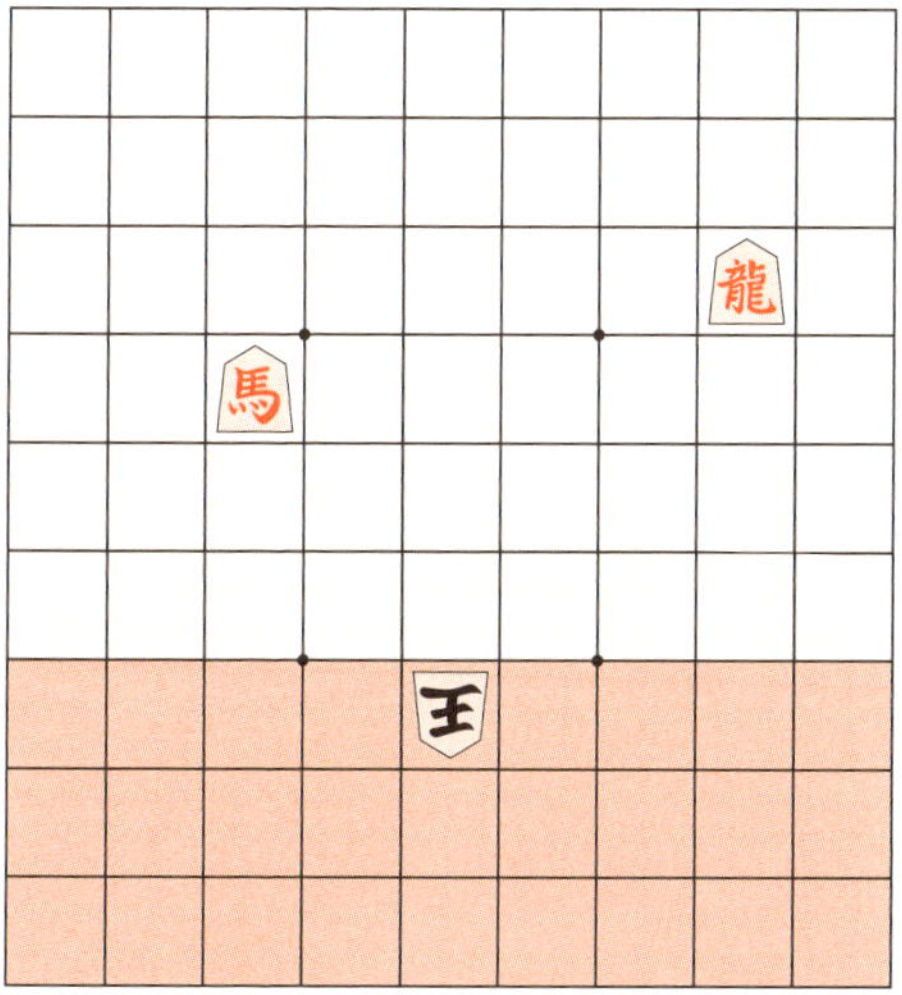

# 王手《おうて》と詰《つ》みクイズ

問題《もんだい》❶〜❻　駒《こま》をどこに動《うご》かせば一番良《いちばんよ》い王手《おうて》ができるでしょうか。
王手《おうて》をした後《あと》のことまで考《かんが》えましょう。

## 問題《もんだい》❶

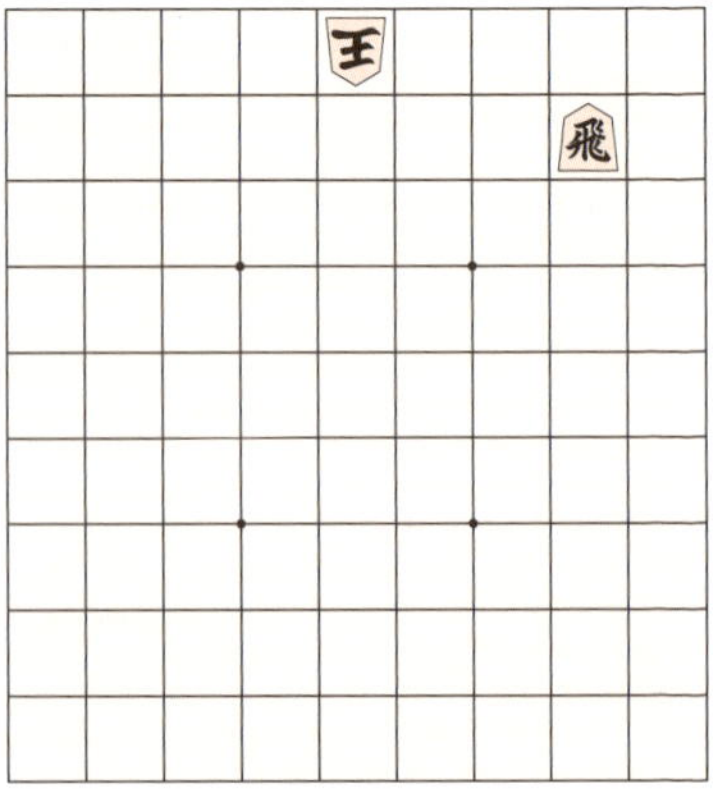


王《おう》に取《と》られない王手《おうて》は？

## 問題《もんだい》❷

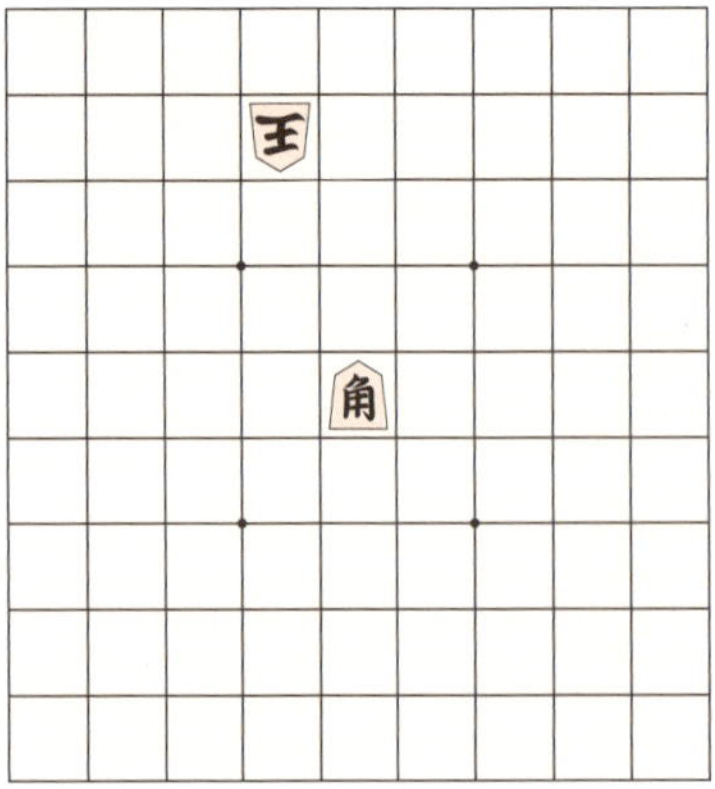


王《おう》に取《と》られない王手《おうて》は？

## 問題《もんだい》❸

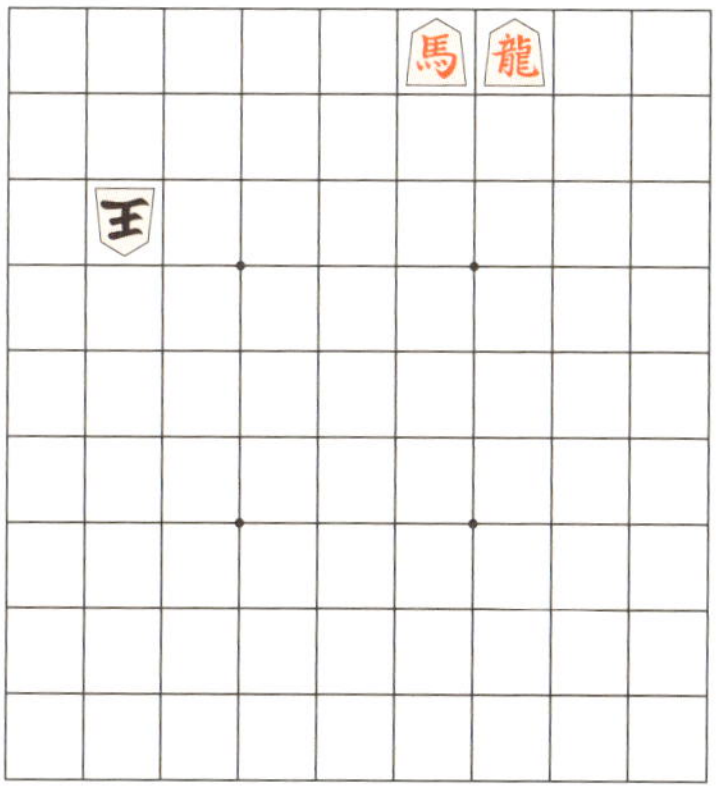

どちらの駒《こま》で王手《おうて》しますか？

## 問題《もんだい》❹

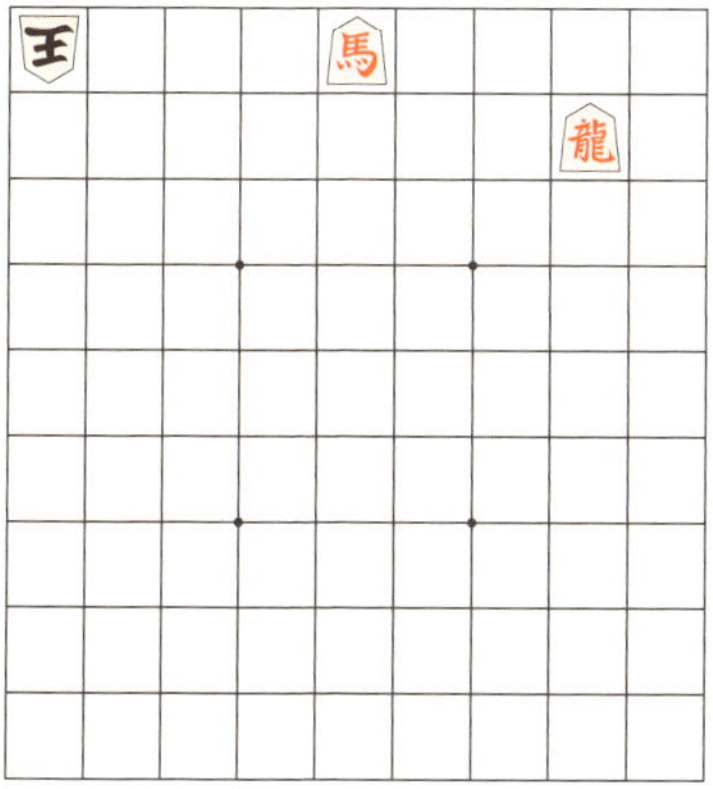

どちらの駒《こま》で王手《おうて》しますか？

## 問題《もんだい》❺

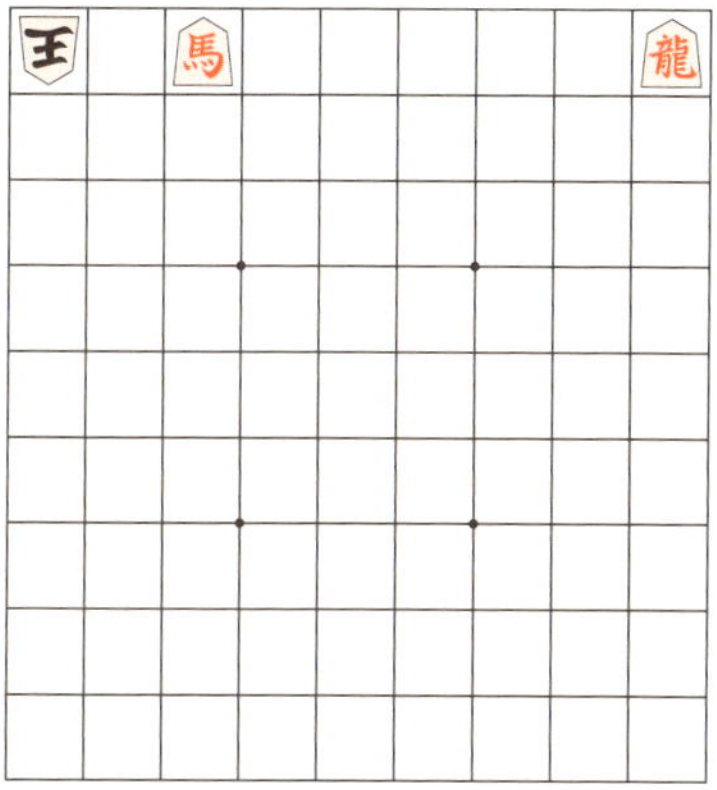

詰《つ》みにできます。

## 問題《もんだい》❻

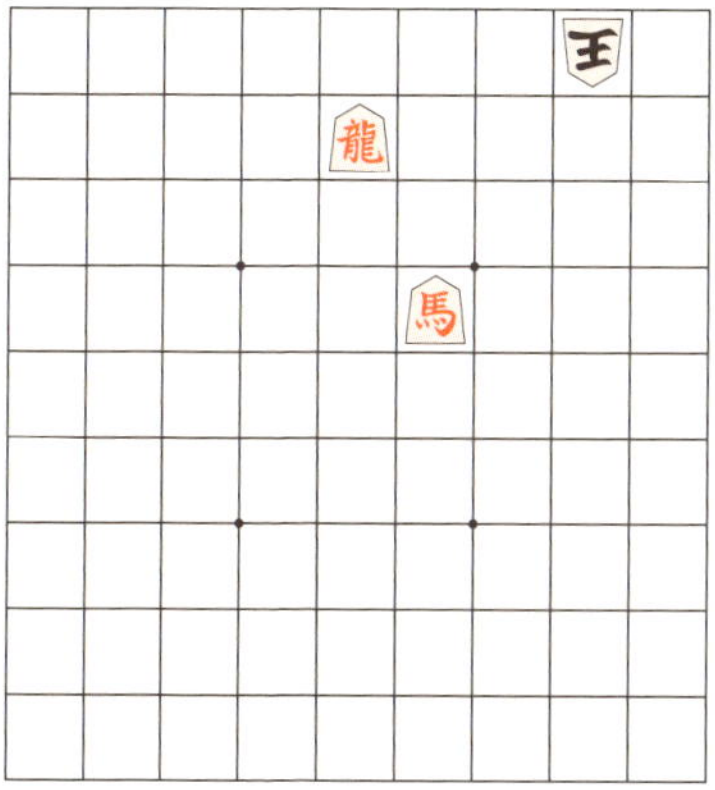

詰《つ》みにできます。

## 問題《もんだい》❶の答《こた》え

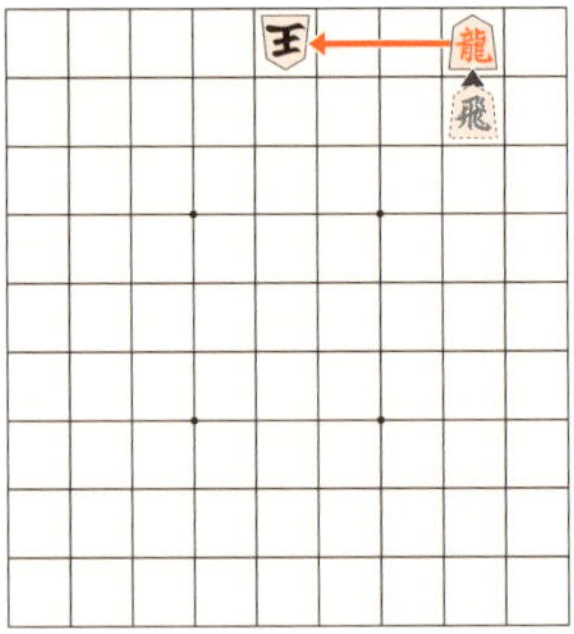


## 問題《もんだい》❷の答《こた》え

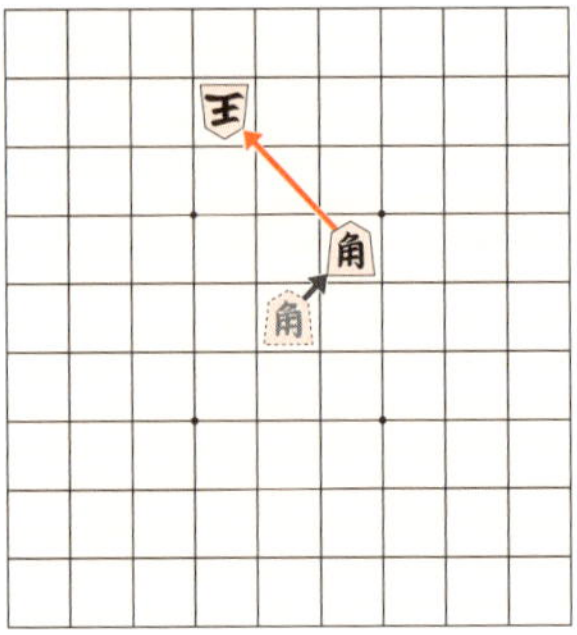


## 問題《もんだい》❸の答《こた》え

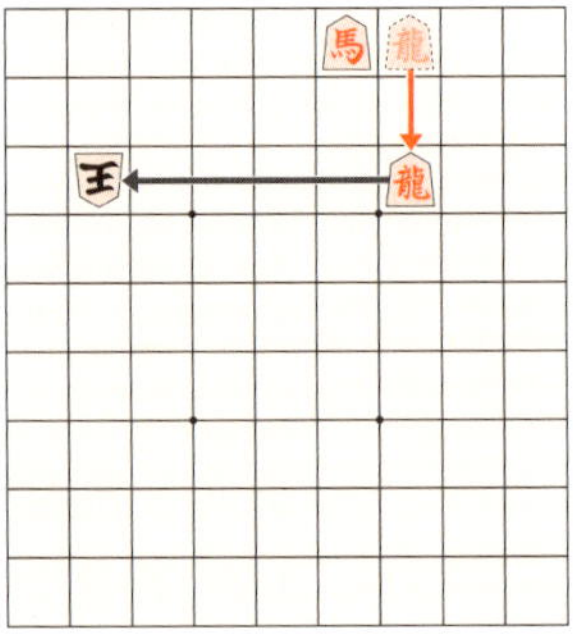


## 問題《もんだい》❹の答《こた》え

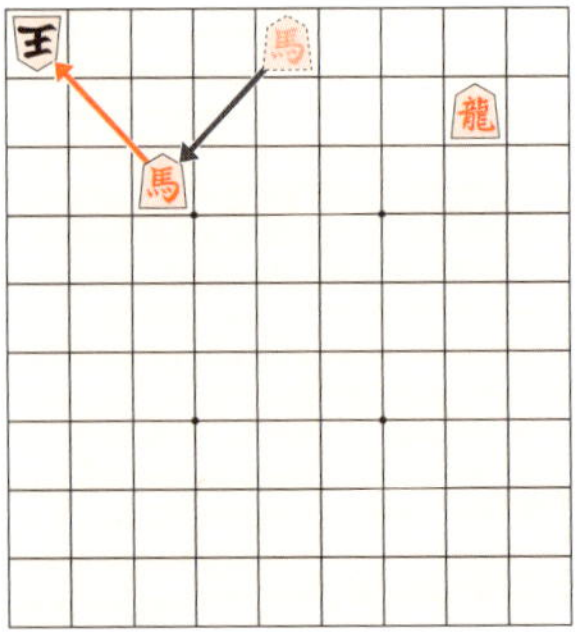


## 問題《もんだい》❺の答《こた》え

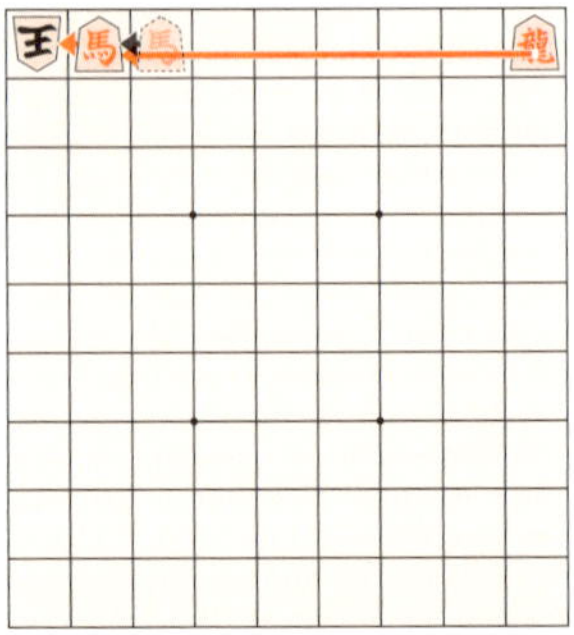


## 問題《もんだい》❻の答《こた》え

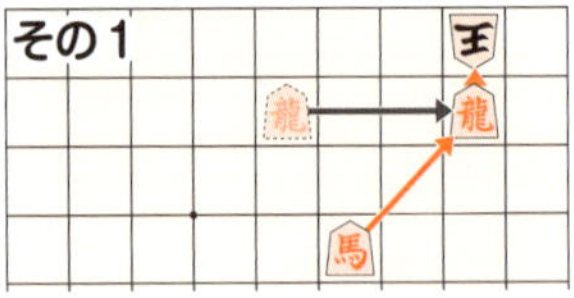


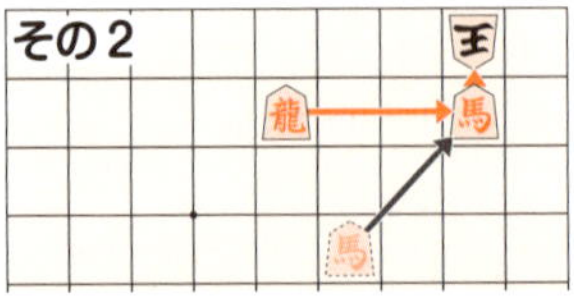

## おうちのかたへ

### よろこびを体験《たいけん》させる

このレッスンで大切《たいせつ》なのは、こどもが「勝《か》つよろこびを知《し》る」こと。ルールがわからないうちに負《ま》かしてしまうと、理不尽《りふじん》に悲《かな》しい思《おも》いをさせてしまいます。ゲームのやりかたを教《おし》えるべき段階《だんかい》で勝負《しょうぶ》をしないこと。成功体験《せいこうたいけん》があってこそ、楽《たの》しさとやる気《き》が出《で》てきます。はじめはたくさん勝《か》たせてあげてください。

本将棋《ほんしょうぎ》では王《おう》を取《と》ることはありえない（王《おう》を取《と》られてしまう手《て》は指《さ》せず、反則《はんそく》とみなされます）のですが、この「飛角鬼《ひかくおに》ごっこ」をはじめて指《さ》すときは、わざと王《おう》を取《と》られる所《ところ》に進《すす》めてみてください。「負《ま》けました」を大人《おとな》がしっかり言《い》って、お手本《てほん》を見《み》せることも大切《たいせつ》です。

もし王《おう》を取《と》れることに気《き》がつかない場合《ばあい》は、自分《じぶん》の駒《こま》の動《うご》ける所《ところ》がわかるか、駒《こま》を取《と》るという意味《いみ》がわかるか、王《おう》をつかまえたら勝《か》ちというルールがわかるか、どこが理解《りかい》できていないのか確認《かくにん》しましょう。

もうひとつ教《おし》えかたとして注意《ちゅうい》すべきことは「やりなおしをさせない」こと（もちろん、駒《こま》の動《うご》き間違《まちが》いは訂正《ていせい》する必要《ひつよう》がありますが）。ルールとして正《ただ》しい手《て》ならそのまま進《すす》めてください。指《さ》した後《あと》にそれは悪《わる》い手《て》だからといって戻《もど》させると「待《ま》った」の癖《くせ》がついて良《よ》くありません。指《さ》した後《あと》に注意《ちゅうい》するのではなく、指《さ》す前《まえ》にヒントをあげましょう。ヒントはこちらの考《かんが》えていることを「次《つぎ》はここに王《おう》を逃《に》げようかな」などと口《くち》に出《だ》し、ねらいを教《おし》えてあげるのが良《よ》いでしょう。

コラム③

# 将棋《しょうぎ》のプロ「棋士《きし》」

日本将棋連盟《にほんしょうぎれんめい》には棋士《きし》と女流棋士《じょりゅうきし》というプロがいます。

棋士《きし》になるためには「奨励会《しょうれいかい》」に入《はい》ります。成績《せいせき》によって級《きゅう》・段《だん》が上《あ》がり、四段《よんだん》に昇段《しょうだん》すると「棋士《きし》」としてプロ公式戦《こうしきせん》の対局《たいきょく》に参加《さんか》できます。しかし奨励会《しょうれいかい》には半年《はんとし》で2人《ふたり》しか抜《ぬ》けられない制度《せいど》があります。また、年齢制限《ねんれいせいげん》もあるため、プロ棋士《きし》になれるのはごくわずか。その厳《きび》しい制度《せいど》の中《なか》で、藤井聡太六段《ふじいそうたろくだん》は2016年に中学生《ちゅうがくせい》で棋士《きし》になり、最年少《さいねんしょう》四段《よんだん》、最年少公式戦勝利《さいねんしょうこうしきせんしょうり》、最多連勝記録《さいたれんしょうきろく》、最年少棋戦優勝《さいねんしょうきせんゆうしょう》、最年少六段《さいねんしょうろくだん》など次々《つぎつぎ》と記録《きろく》をぬりかえました。

女流棋士《じょりゅうきし》になるには「研修会《けんしゅうかい》」に入り、成績《せいせき》によって資格《しかく》を得《え》ることができます。2017年《ねん》にはポーランド人のカロリーナ・ステチェンスカさんが女流《じょりゅう》2級《きゅう》の資格《しかく》を得《え》て、初《はつ》の外国人女流《がいこくじんじょりゅう》棋士《きし》が誕生《たんじょう》しました。

カロリーナさんは『NARUTO』というマンガで将棋《しょうぎ》を知《し》り、インターネットで対局《たいきょく》して強《つよ》くなりました。アマチュアのころにはヨーロッパ将棋選手権《しょうぎせんしゅけん》で優勝《ゆうしょう》したり、海外招待選手《かいがいしょうたいせんしゅ》としてリコー杯女流《はいじょりゅう》王座戦《おうざせん》に出場《しゅつじょう》し、プロの女流棋士《じょりゅうきし》に勝《か》ってニュースになりました。

藤井聡太六段《ふじいそうたろくだん》
『藤井聡太《ふじいそうた》 名人《めいじん》をこす少年《しょうねん》』(津江章二《つえしょうじ》著《ちょ》／日本文芸社《にほんぶんげいしゃ》刊《かん》)より

# レッスン 4

# 大駒《おおごま》の使《つか》いかた

大駒《おおごま》を使《つか》って、王《おう》をじょうずにつかまえる方法《ほうほう》をおぼえましょう。

（レッスンが進《すす》むたびに駒《こま》のなかまが増《ふ》えるよ）

ステップ1

# 王《おう》のじょうずなつかまえかた

## 王《おう》の動《うご》ける所《ところ》

王《おう》は、まわりの全部《ぜんぶ》のマスに動《うご》ける駒《こま》です。しかし場所《ばしょ》によって動《うご》けるマスの数《かず》はちがってきます。

❶、❷、❸の図《ず》で、王《おう》の動《うご》けるマスはいくつあるでしょうか。

❶

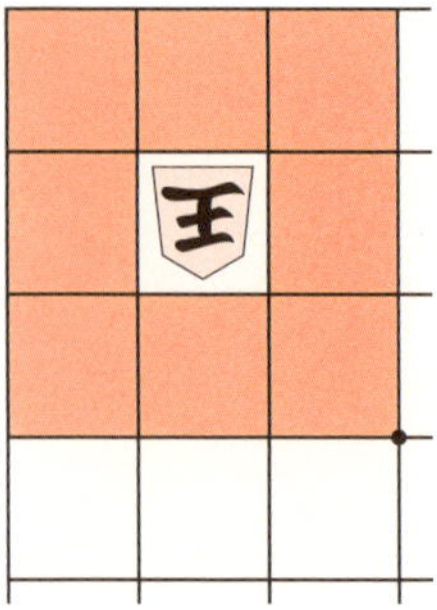


❷

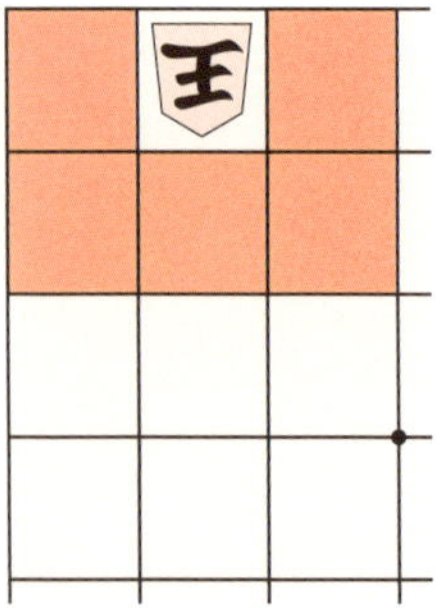


❸

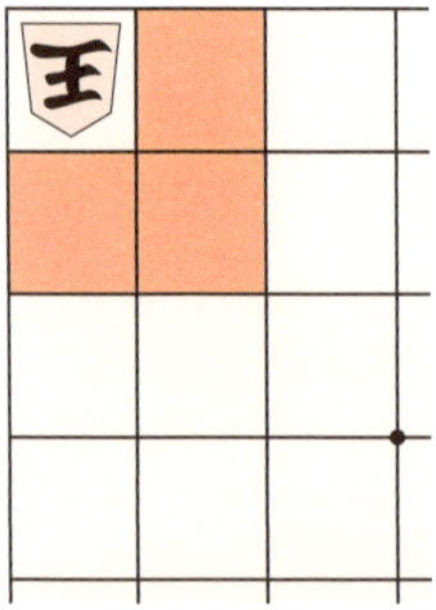


答《こた》えは「❶8か所《しょ》」「❷5か所《しょ》」「❸3か所《しょ》」です。

盤《ばん》の真《ま》ん中《なか》にいるときは動《うご》ける所《ところ》が多《おお》いのですが、壁《かべ》の近《ちか》くや隅《すみ》にいると、動《うご》ける所《ところ》が少《すく》なくなり、つかまえやすくなります。

攻《せ》めるときはこういう所《ところ》に追《お》い詰《つ》めるように考《かんが》えましょう。

## 王手《おうて》をすると

❹では、王《おう》がせまい壁《かべ》ぎわにいます。

❺のように龍《りゅう》で王手《おうて》をすると、❻のように逃《に》げられてしまいます。

さらに龍《りゅう》で追《お》う（❼）と❽のようにどんどん逃《に》げられてしまいます。

「王手《おうて》は追《お》う手《う》」という将棋《しょうぎ》の格言《かくげん》があります。先《さき》を考《かんが》えずに王手《おうて》をすると、追《お》いかけっこになってしまって、いつまでたってもつかまりません。

まわりのマスのどこでも動《うご》ける強《つよ》い王《おう》をつかまえるには、うまく攻《せ》める工夫《くふう》が必要《ひつよう》です。

❹
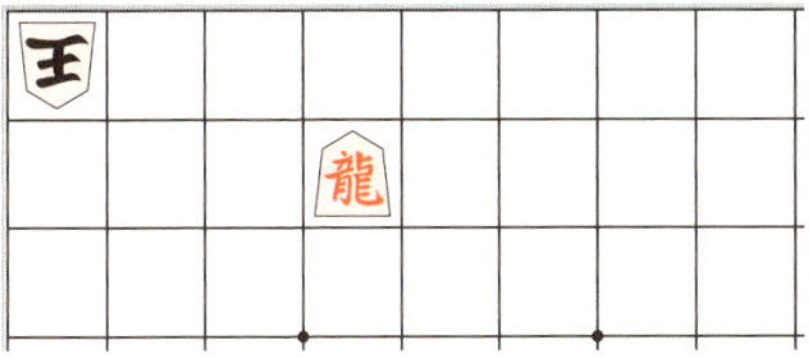


❺
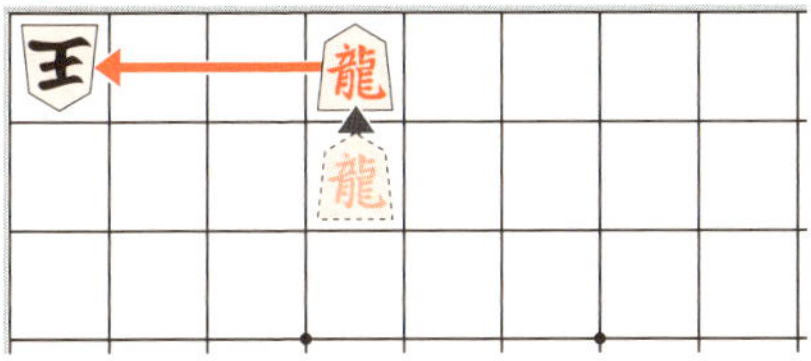


❻
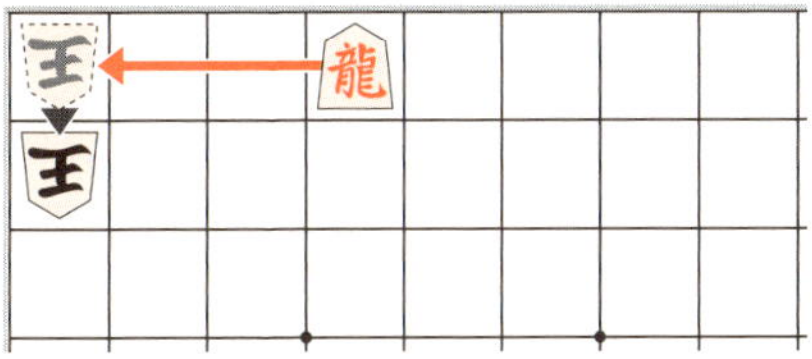


❼
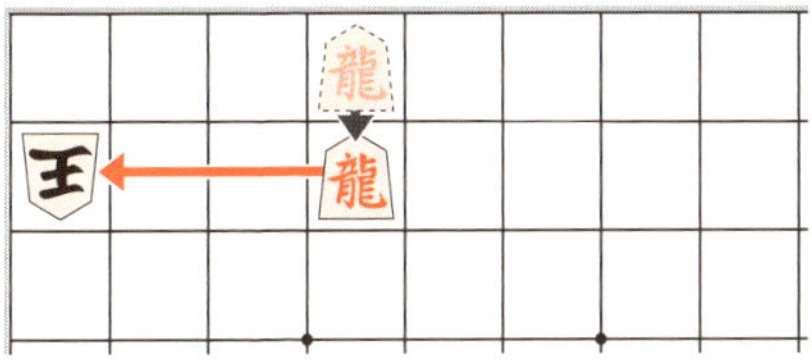


❽
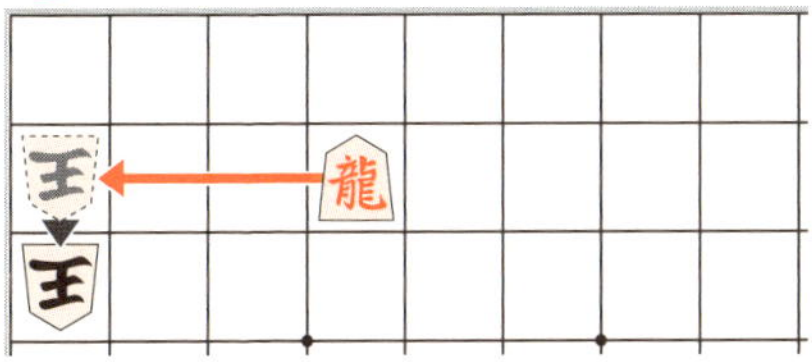

## 王《おう》の行先《いきさき》を考《かんが》える

⑨で、王《おう》の動《うご》ける場所《ばしょ》はどこでしょうか。×のついたマスは龍《りゅう》がねらっている所《ところ》。そこには進《すす》むことはできません。○のついた5マスに進《すす》むことができます。

こんどは王手《おうて》はせずに少《すこ》しだけ近寄《ちかよ》ってみます（⑩）。そうすると王《おう》の動《うご》ける場所《ばしょ》が減《へ》り、壁《かべ》ぎわのほうへ動《うご》くしかなくなります。王《おう》が動《うご》ける場所《ばしょ》を考《かんが》え、それを大駒《おおごま》の力《ちから》でせまくして追《お》い詰《つ》めましょう。

⑨

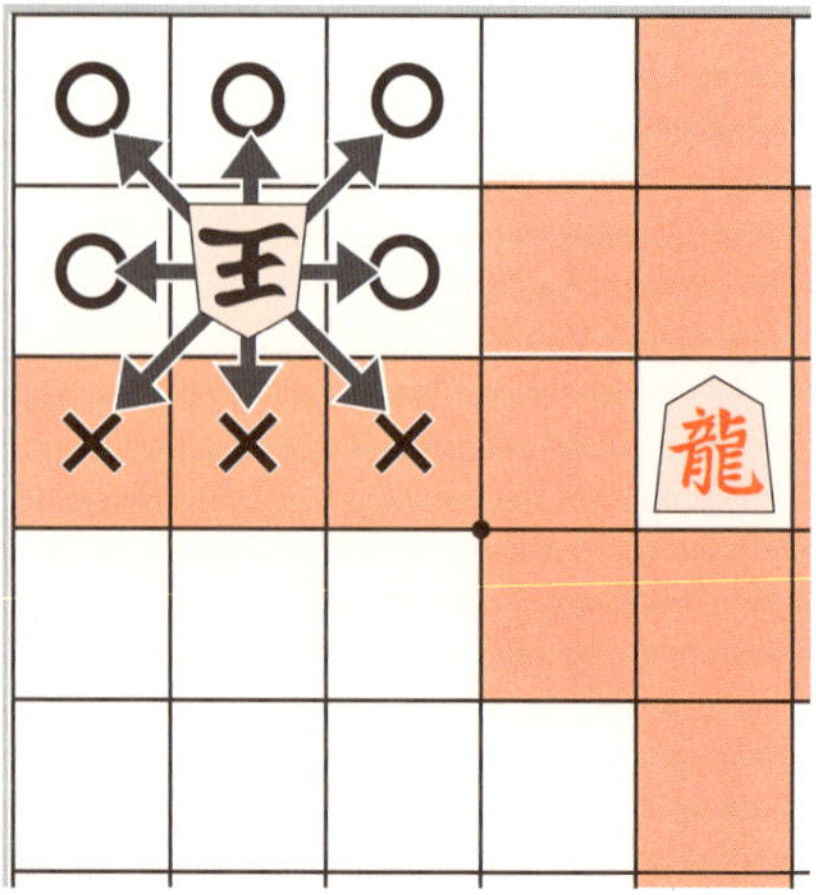


⑩

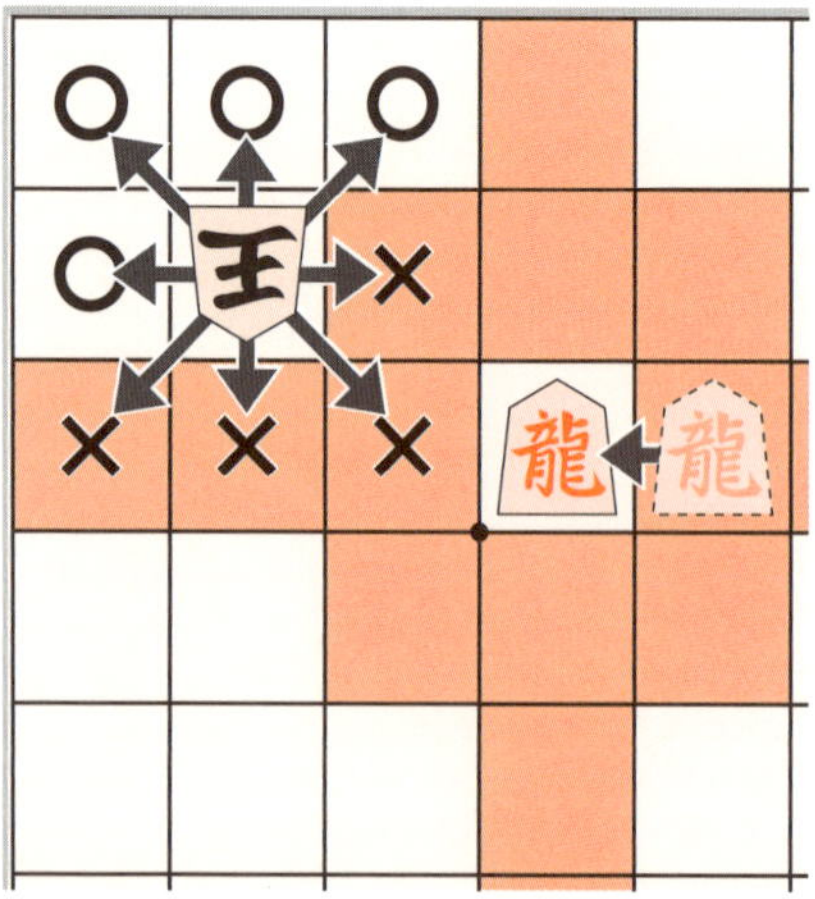

## まちぶせ

⑪で王《おう》を逃《に》がさないためには龍《りゅう》でまちぶせするのが良《よ》い手《て》です。

駒《こま》が動《うご》けるはんいを「利《き》き」といいます。

「そこにきたらつかまえるぞ」と見張《みは》っているのです。

左《ひだり》にある3つの図《ず》を見《み》てください。■色《いろ》の変《か》わっているマスには「龍《りゅう》の利《き》き」があって、王《おう》は足《あし》を踏《ふ》み入《い》れることができません（⑫）。

馬《うま》も協力《きょうりょく》させながら隅《すみ》まで追《お》いつめられれば、龍《りゅう》の利《き》きのあるマスばかりで、王《おう》は一歩《いっぽ》も動《うご》けなくなります（⑬）。

⑪

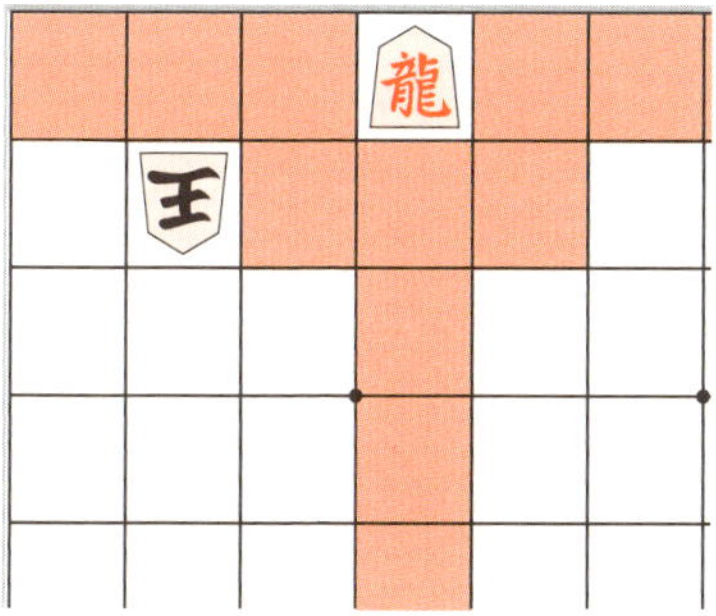


⑫

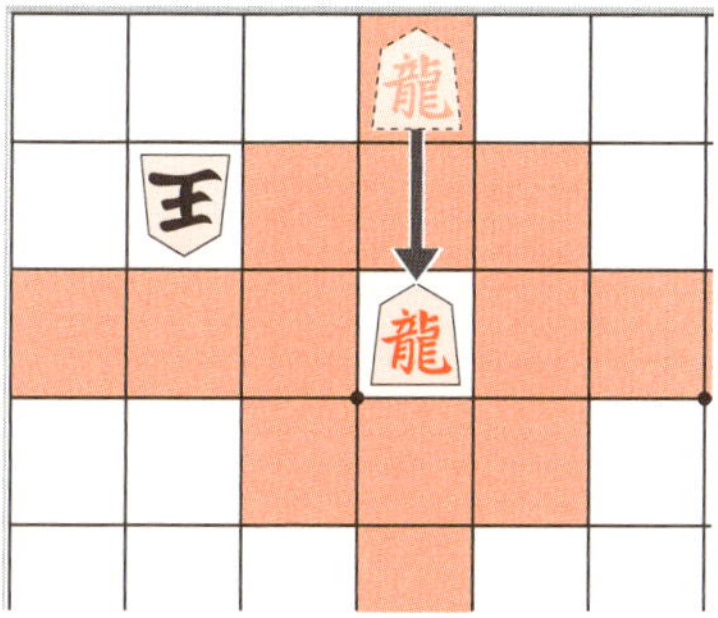


⑬

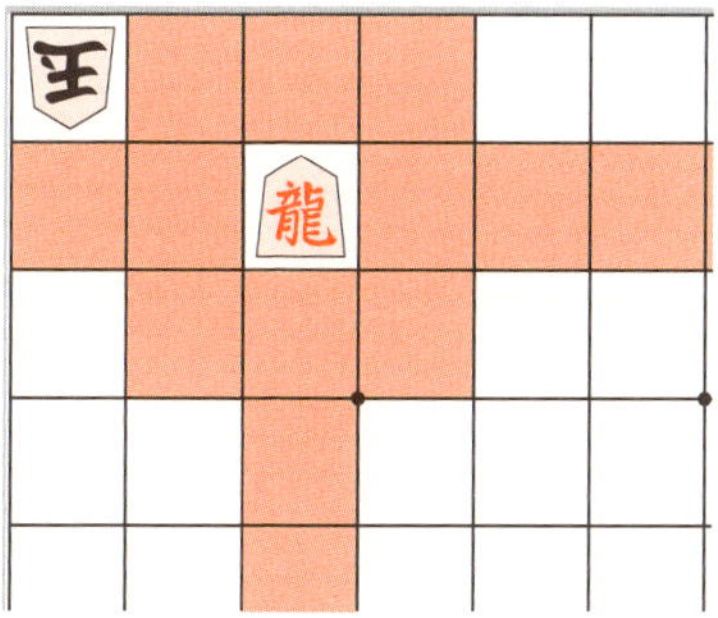

# ステップ 2 詰《つ》みにするには

## 駒《こま》の利《き》きを考《かんが》える

駒《こま》の利《き》きは、詰《つ》みを考《かんが》えるときにとても大切《たいせつ》です。いま、龍《りゅう》と馬《うま》が■色《いろ》のマスのように利《き》いています（13）。

龍《りゅう》と馬《うま》、両方《りょうほう》の利《き》きがある（どちらも動《うご》くことのできる）マスは色《いろ》が濃《こ》くなっています。そして、そこに馬《うま》または龍《りゅう》を進《すす》めます。

王《おう》はとても強《つよ》い駒《こま》なのですが、14では、この目《め》の前《まえ》の馬《うま》を取《と》ることができません。なぜなら龍《りゅう》が利《き》いているからです。もし馬《うま》を取《と》れば龍《りゅう》に取《と》られるので負《ま》け。逃《に》げる所《ところ》をさがしますが、

まわりのマスはいずれも馬《うま》が利《き》いていますので、詰《つ》みとなります。

このように2枚《まい》またはそれ以上《いじょう》の駒《こま》を協力《きょうりょく》させて王手《おうて》をし、詰《つ》みにしましょう。

13

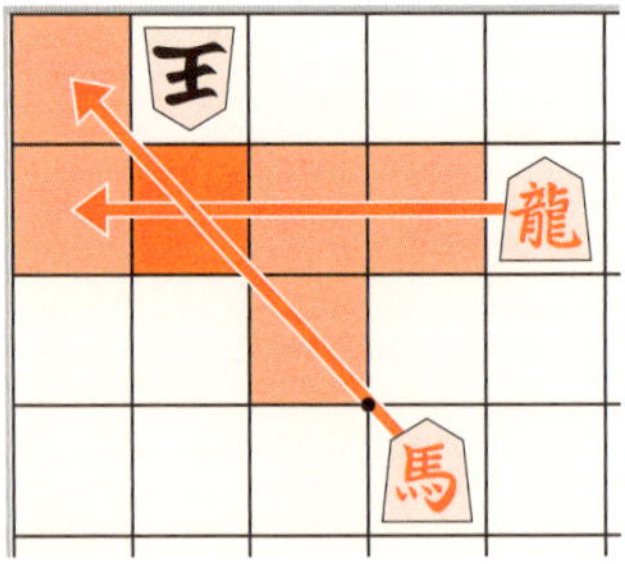


14

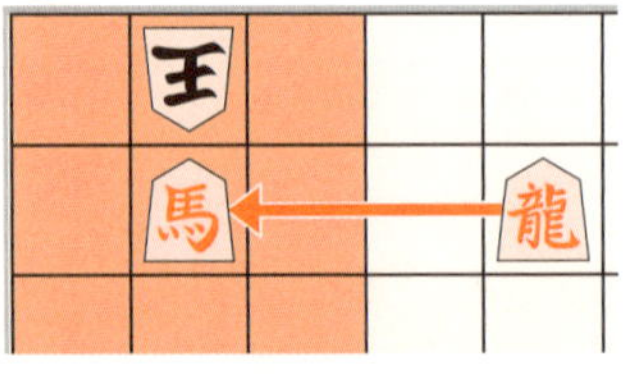

## 龍《りゅう》と馬《うま》の詰《つ》み

詰《つ》みを考《かんが》えるためには、まずは龍《りゅう》と馬《うま》と両方《りょうほう》の利《き》きがあるマスをさがします。それから、どちらの駒《こま》を動《うご》かすかそれぞれ考《かんが》えてみます。
⑯は王《おう》の逃《に》げ場《ば》がなく、詰《つ》み。
⑰は王《おう》が逃《に》げられるので詰《つ》みになりません。

駒《こま》の利《き》きが重《かさ》なるマスがたくさんありますね。⑲の場合《ばあい》は、矢印《やじるし》の書《か》いてある動《うご》きかた全部《ぜんぶ》が詰《つ》みとなります。盤《ばん》の上《うえ》に駒《こま》を置《お》いて動《うご》かし、王《おう》の逃《に》げ場所《ばしょ》がないことを確認《かくにん》しましょう。

詰《つ》みを見《み》つけられないと勝負《しょうぶ》がつかず、将棋《しょうぎ》が終《お》わりません。詰《つ》みの形《かたち》をたくさんおぼえるのが勝《か》つためにだいじなことです。

⑮ 詰《つ》みにするには？

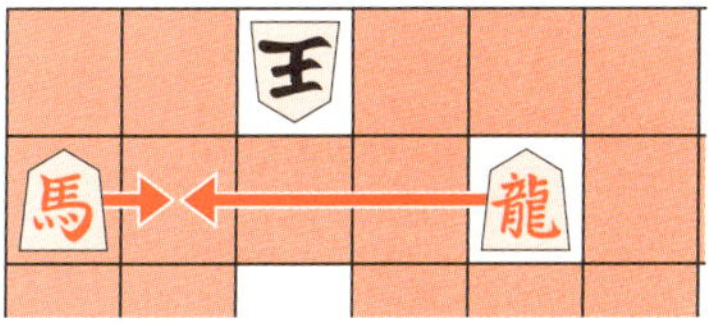


⑯ 詰《つ》み○

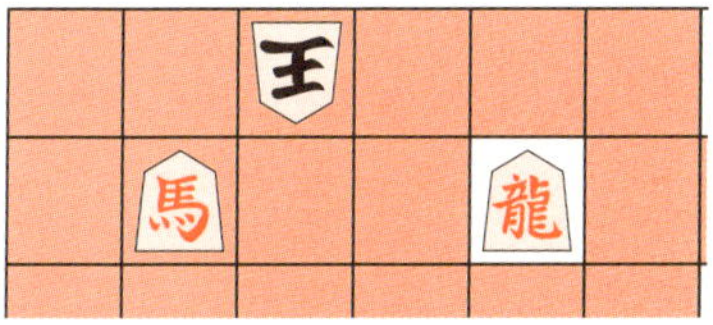


⑰ 逃《に》げられる×

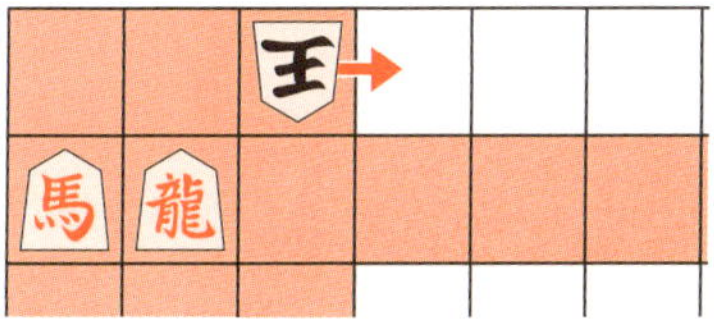


⑱ 詰《つ》みにするには？

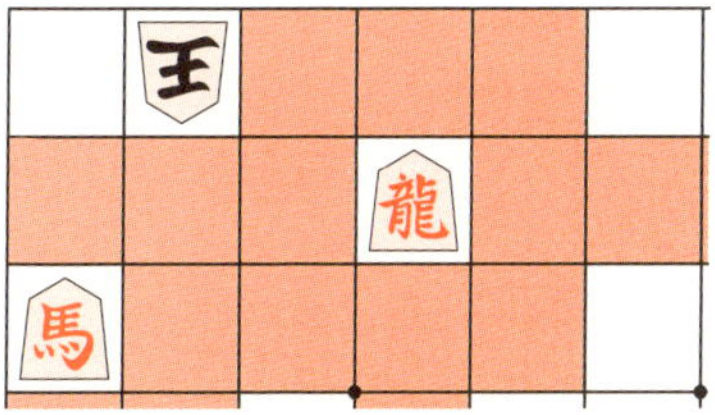


⑲

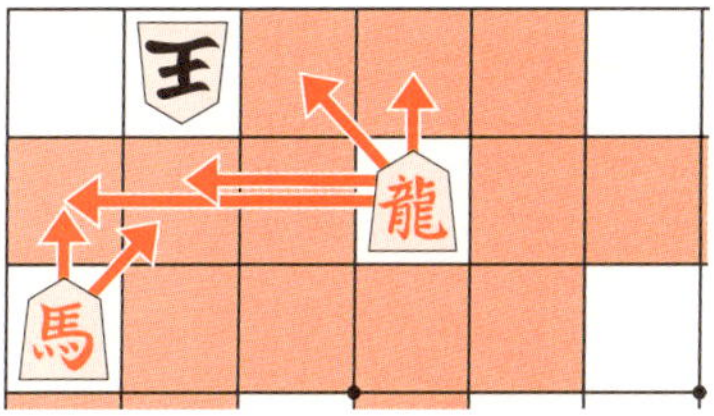

## 飛角《ひかく》おにごっこ（レベルアップ編《へん》）

大駒《おおごま》の利《き》きになれてきましたか？

50ページでチャレンジした飛角《ひかく》おにごっこは、じょうずになると攻《せ》める側《がわ》が必《かなら》ず勝《か》つようになります。そうなったら次《つぎ》のレベルにアップしましょう。

レベル2では王側《おうがわ》に歩《ふ》が1枚《まい》加《くわ》わります。そしてこれ以降《いこう》は王《おう》が先《さき》にはじめます。

たった歩《ふ》1枚《まい》ですが、役《やく》に立《た》つのです。たとえば⑳のように、龍《りゅう》の王手《おうて》から身《み》を守《まも》る盾《たて》のように間《あいだ》にはさんでふせぐことができます。これを「合駒《あいごま》」といいます。

**レベル2**　王側《おうがわ》からスタート

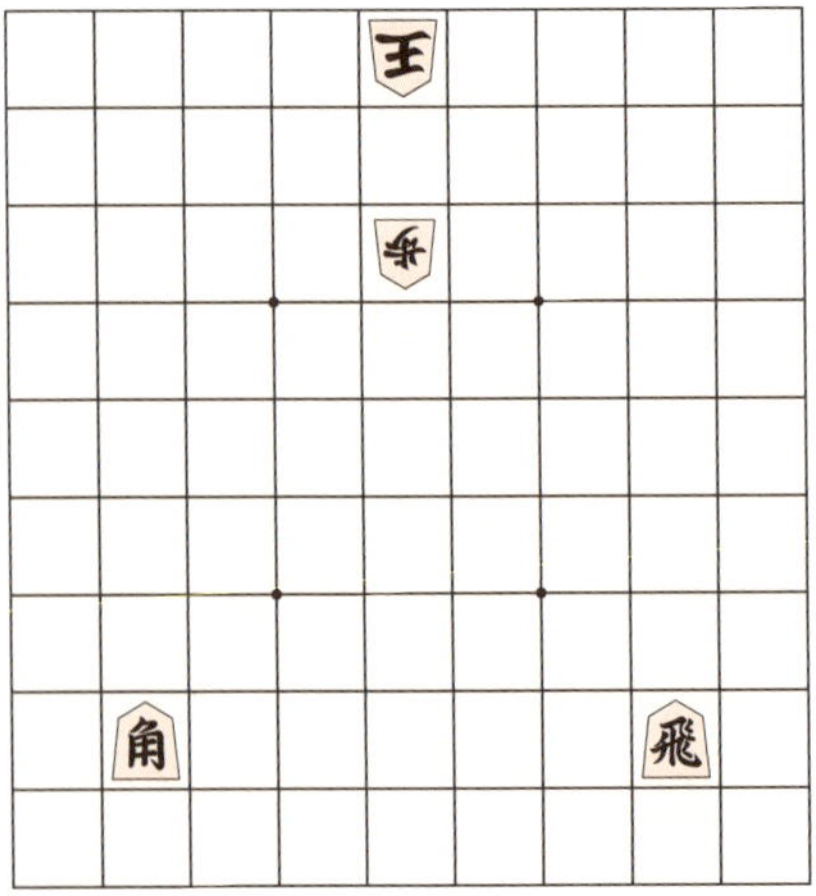


⑳

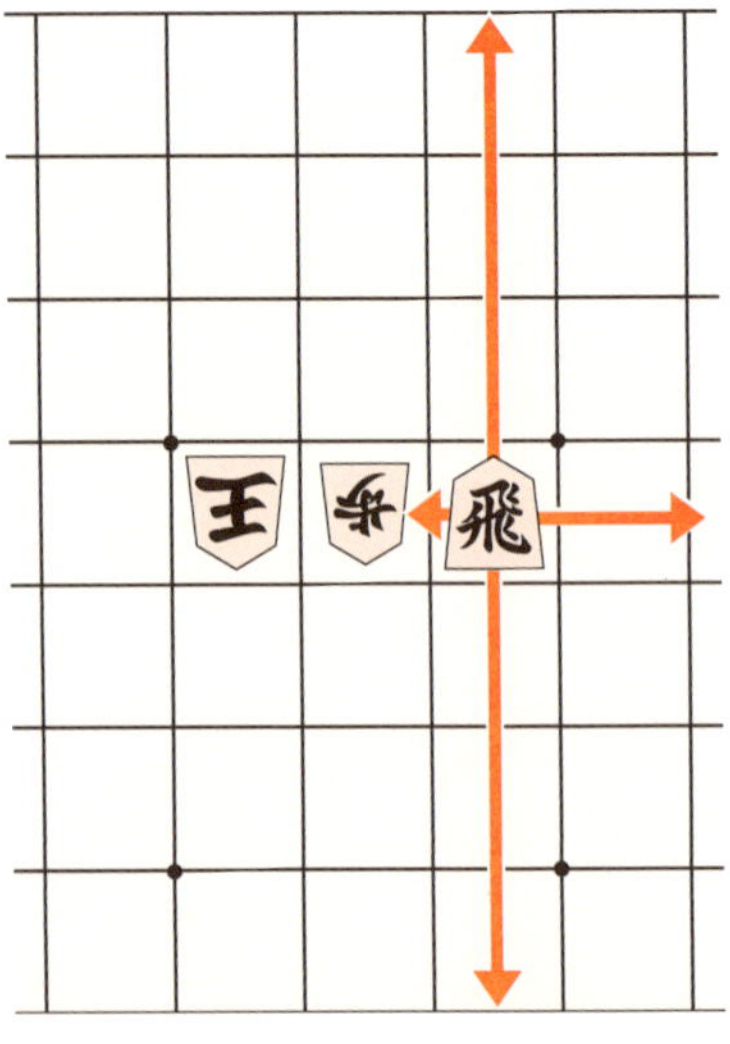

レベル2でも攻《せ》めている側《がわ》が勝《か》てるようになったらレベル3へ進《すす》みましょう。

今度《こんど》は王側《おうがわ》の歩《ふ》が3列目《れつめ》に集合《しゅうごう》です！

歩《ふ》を取《と》りながら大駒《おおごま》を成《な》り込《こ》み、王《おう》を逃《に》がさないようにつかまえましょう。

勝負《しょうぶ》がついたらきちんとあいさつをし、攻《せ》める側《がわ》と逃《に》げる側《がわ》を交代《こうたい》してやってみましょう。

**レベル3**　王側《おうがわ》からスタート

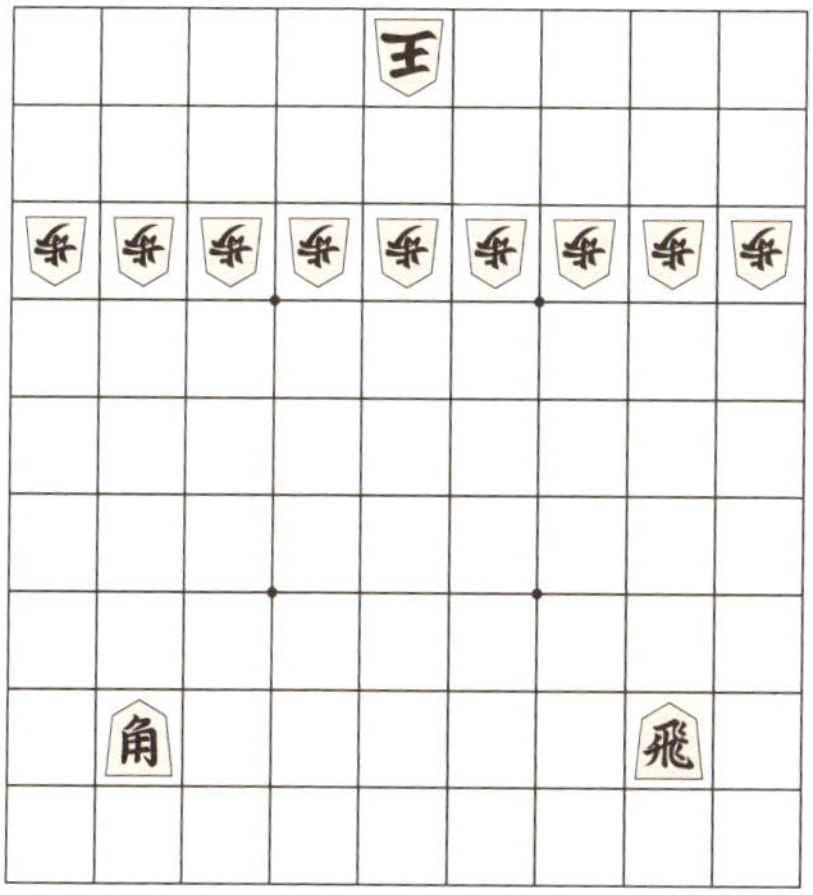

## おうちのかたへ

### アドバイスのしかた

このステップでよくおきる行動《こうどう》と、その直《なお》しかたです。

**●角《かく》の動《うご》きかたを間違《まちが》える**　→駒《こま》を持《も》つ前《まえ》に進《すす》む先《さき》を指《ゆび》で確認《かくにん》させましょう。ナナメに遠《とお》くまで行《い》くのは難《むずか》しいものです。

**●成《な》るのを忘《わす》れる**　→とくに駒《こま》を「取《と》る」と「成《な》る」が同時《どうじ》だと忘《わす》れてしまいがちです。「成《な》れるよ」とその都度《つど》教《おし》えましょう。

**●王《おう》をねらわず歩《ふ》を集《あつ》める**　→駒《こま》を取るのは楽《たの》しいことなので、この段階《だんかい》はそれもOKです。早《はや》めに王《おう》を逃《に》げて勝負《しょうぶ》をつけましょう。寄《よ》り道《みち》をすると間《ま》に合《わ》ないことに気《き》づきます。

# 飛《ひ》と角《かく》の進《すす》む道《みち》を開《あ》ける

いよいよレベル4までやってきました。今度《こんど》は攻《せ》める側《がわ》の歩《ふ》もせいぞろい。しかし、なかまは増《ふ》えたものの、この歩《ふ》たちがいると大駒《おおごま》はすぐに前《まえ》に進《すす》むことができません。

**レベル4**　王側《おうがわ》からスタート

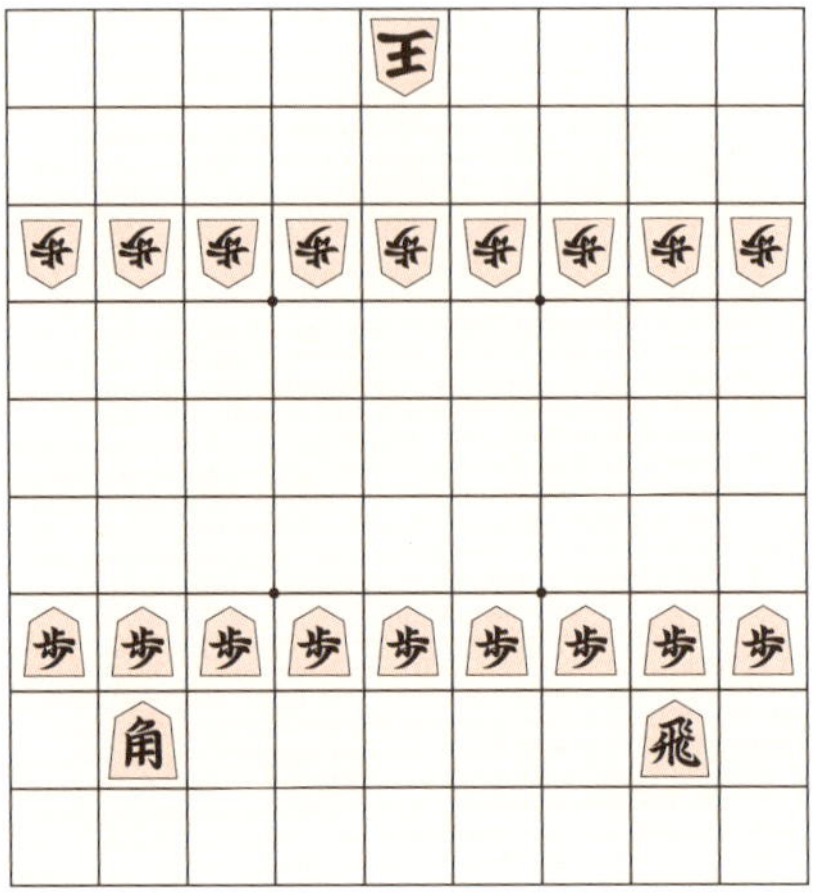

まずは角《かく》と飛《ひ》の進《すす》む道《みち》を開《あ》けてあげましょう。どの歩《ふ》を動《うご》かせば良《よ》いですか？

角《かく》を進《すす》めるために角《かく》のナナメ前《まえ》の歩《ふ》を（21）、飛《ひ》を進《すす》めるためには飛《ひ》の前《まえ》の歩《ふ》を（22）それぞれ進《すす》める必要《ひつよう》があります。

大駒《おおごま》が外《そと》に出《で》ていくためのドアを開《あ》けてあげるのです。

21

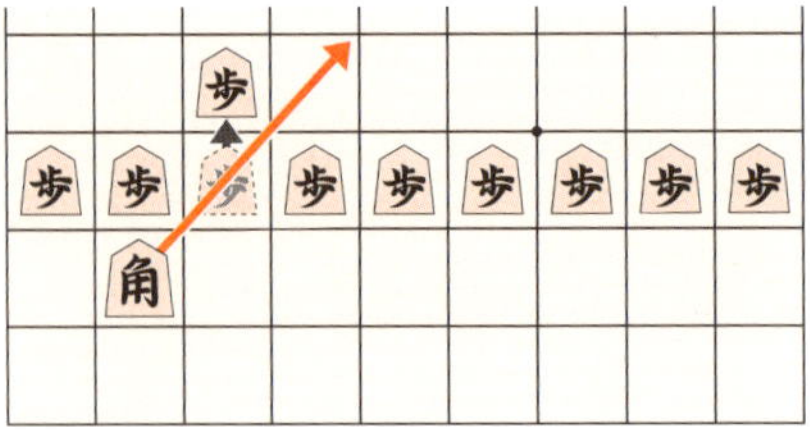

22

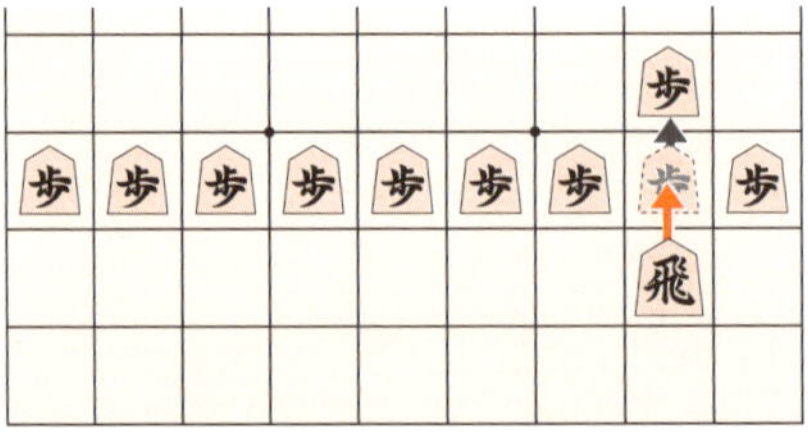

## 歩《ふ》の交換《こうかん》

飛《ひ》の前《まえ》の歩《ふ》をどんどん進《すす》めていくと相手《あいて》の歩《ふ》と向《む》き合《あ》います（23）。

相手《あいて》の番《ばん》でこの歩《ふ》は取《と》られますが（24）、その次《つぎ》にこちらも飛《ひ》で歩《ふ》を取《と》り返《かえ》すので、歩《ふ》を交換《こうかん》したことになります。飛《ひ》の道《みち》をふさいでいた歩《ふ》が駒台《こまだい》に乗《の》り、飛《ひ》が自由《じゆう》になるので、飛先《ひさき》の歩交換《ふこうかん》は得《とく》です。

23

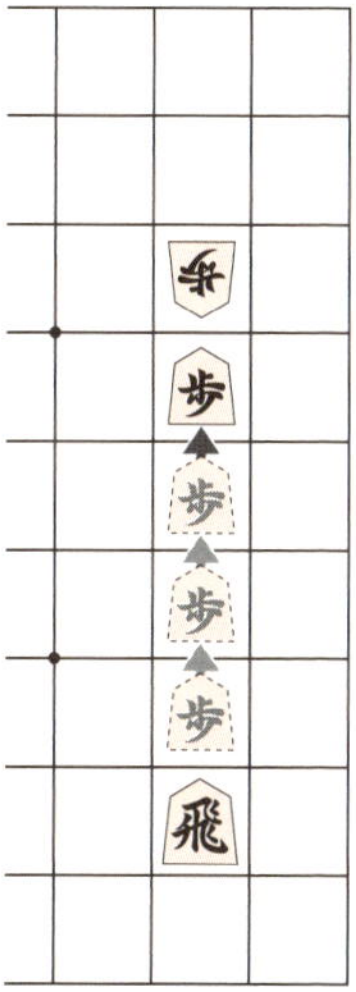


飛《ひ》を進《すす》めてこちらも歩《ふ》を取《と》り返《かえ》します（25）。

お互《たが》いの歩《ふ》と歩《ふ》が交換《こうかん》になりました。

24

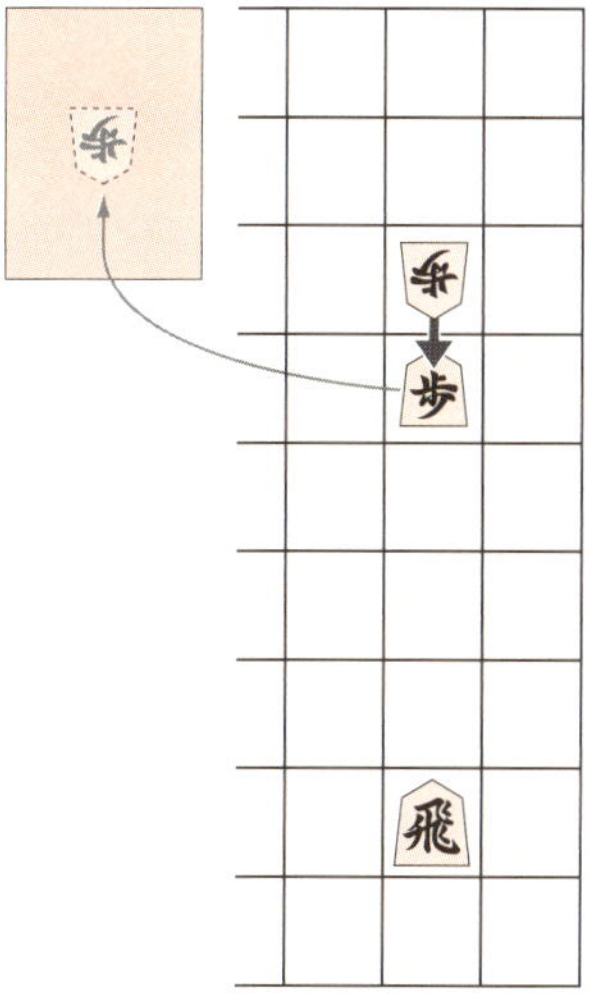


25

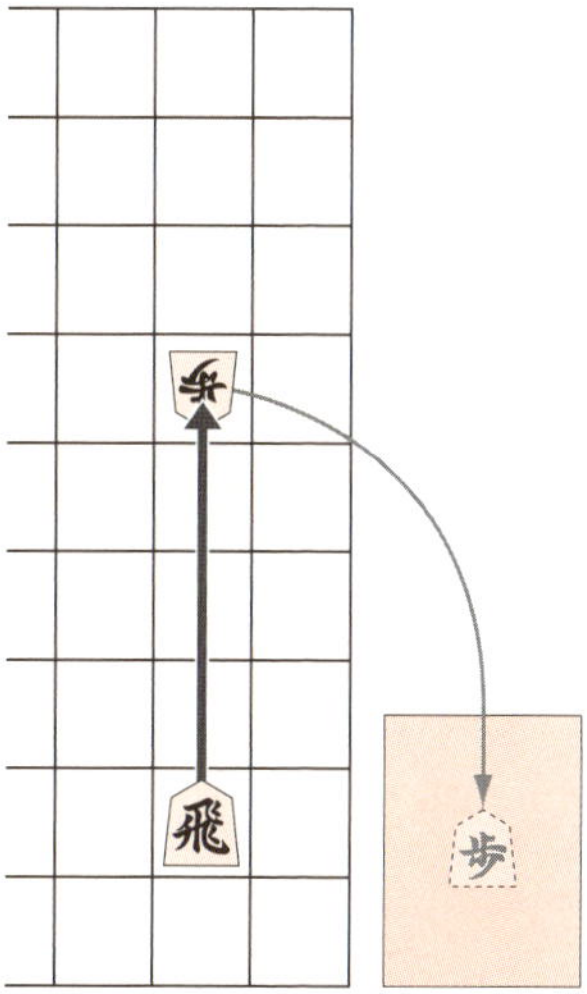

## 歩《ふ》を打《う》つ

取《と》った駒《こま》をふたたび盤《ばん》に戻《もど》すことを「打《う》つ」といいます。打《う》つときは空《あ》いているマスに置《お》くことができます。

ただし、歩《ふ》を打《う》つときは特別《とくべつ》なルールがあって、「自分《じぶん》の歩《ふ》のいるタテの列《れつ》には置《お》けない」(二歩《にふ》)というルールがあります。二歩《にふ》については次《つぎ》の69ページで説明《せつめい》します。

相手《あいて》は、駒台《こまだい》にあった歩《ふ》を飛《ひ》の前《まえ》に打《う》ちました(26)。

これは飛《ひ》が陣地《てきじん》に入《は》ってくるのをふせいだ手《て》。もしこの歩《ふ》を飛《ひ》で取《と》れば王《おう》に取《と》り返《かえ》されてしまいます。また、次《つぎ》に歩《ふ》で飛《ひ》を取《と》れる状態《じょうたい》になっているので取《と》られないマスまで飛《ひ》を逃《に》げましょう(27)。

26

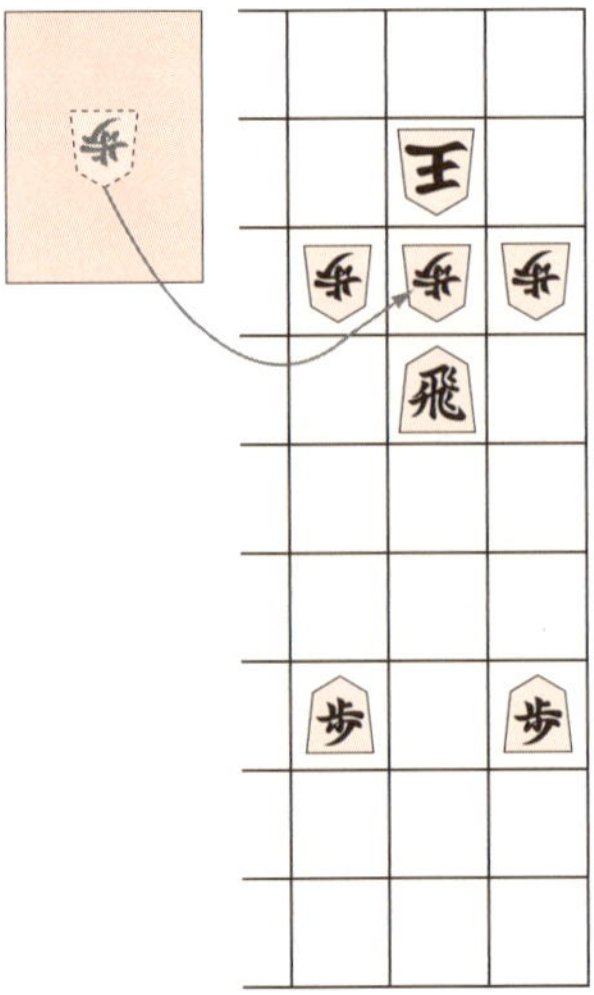


27

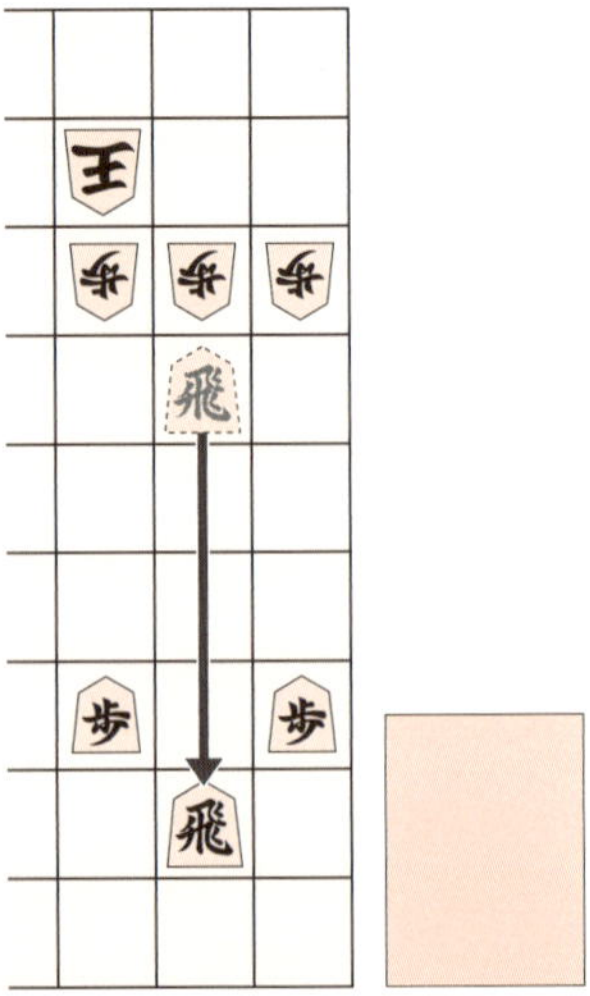

## 反則《はんそく》

# 二《に》歩《ふ》

持《も》ち駒《ごま》の歩《ふ》を打《う》つときに注意《ちゅうい》しなければならないことがあります。

それは、「二歩《にふ》」という「同《おな》じタテの列《れつ》に二《ふた》つめの歩《ふ》を打《う》ってはいけない」という決《き》まりです。もしもそれをやってしまうと、反則負《はんそくま》けになります。歩《ふ》を打《う》つときは、自分《じぶん》がこれから置《お》こうとしている同《おな》じ列《れつ》に、自分《じぶん》の歩《ふ》がないかどうかをよく確認《かくにん》しましょう。このときに、歩《ふ》を打《う》とうとしているマスの前方《ぜんぽう》だけでなく後方《こうほう》もしっかり気《き》をつけて見《み》ること。

ただし、と金《と》になっている場合《ばあい》は、それと同《おな》じ列《れつ》に歩《ふ》を打《う》っても大丈夫《だいじょうぶ》です。反則《はんそく》にはなりません。

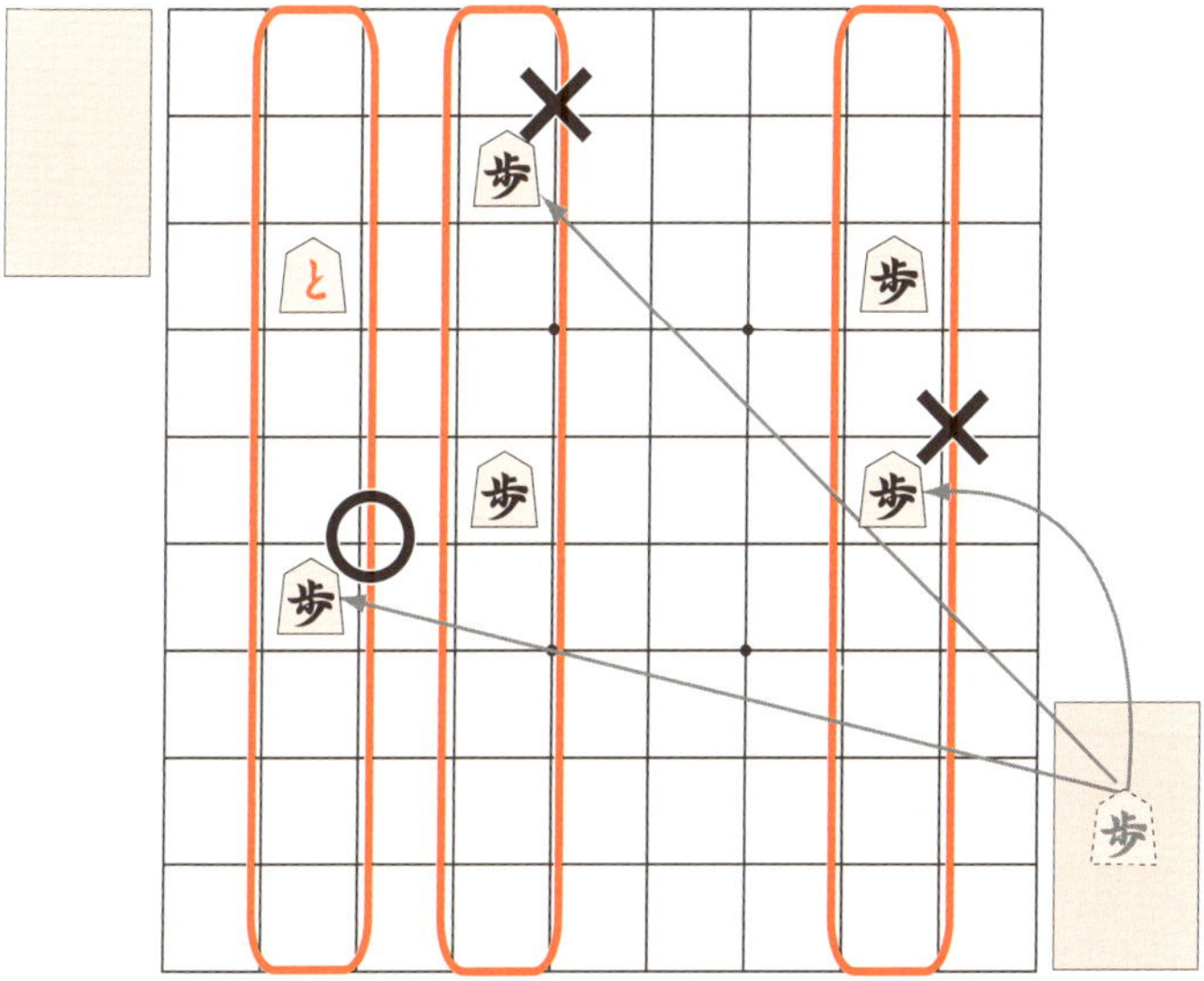

## 大駒《おおごま》の成《な》りをねらう

攻《せ》めるためにはまず大駒《おおごま》を成《な》りたいところ。㉘で飛《ひ》を成《な》るためには、どこに動《うご》かしたら良《よ》いでしょう？

㉘

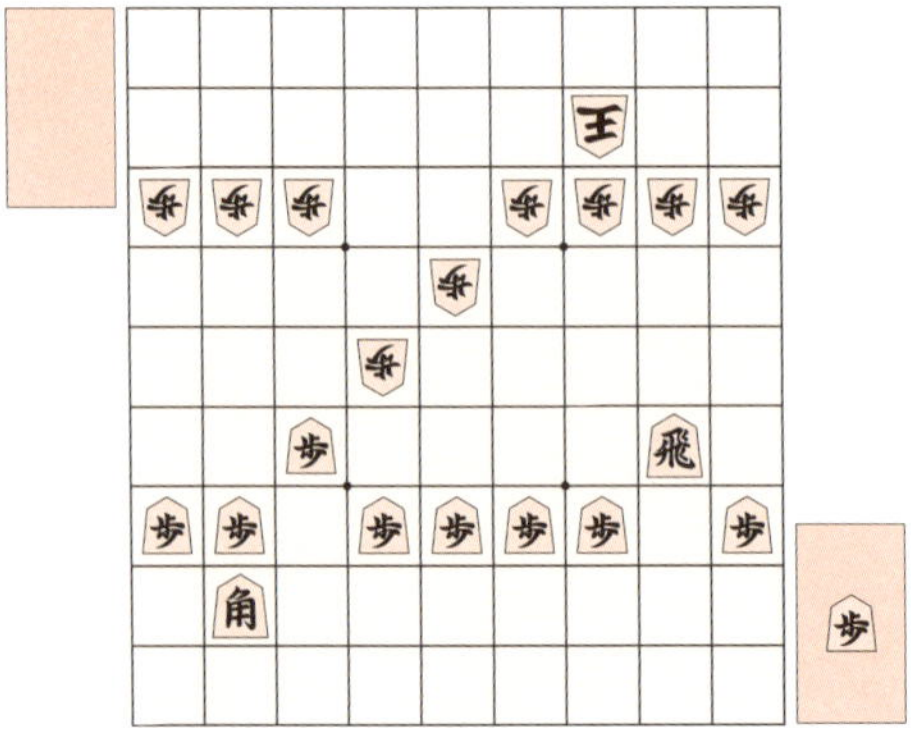

## 王《おう》が守《まも》れない所《ところ》へ

飛《ひ》を遠《とお》くに動《うご》かします。王《おう》は1マスずつしか動《うご》けないので、㉙でいま飛《ひ》がねらっている歩《ふ》を守《まも》りにいくことができません。

㉙

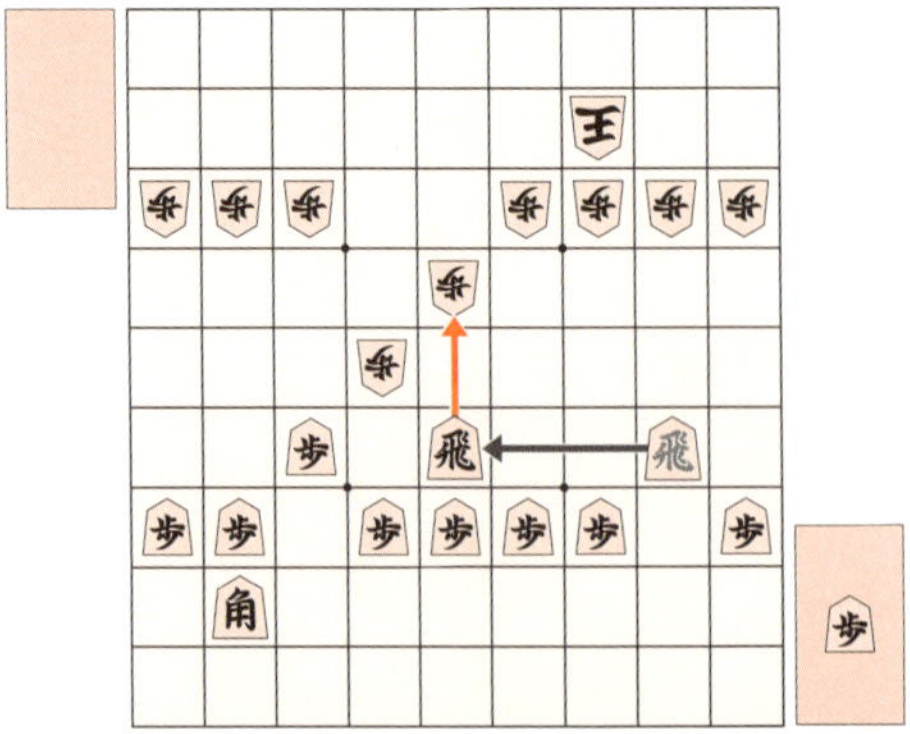

## 角《かく》と協力《きょうりょく》する

角《かく》と飛《ひ》の利《き》きを合《あ》わせてねらうのもじょうずな方法《ほうほう》です。30では次《つぎ》に成《な》る手《て》がわかっているのですが、王《おう》だけでは守《まも》ることができません。

30

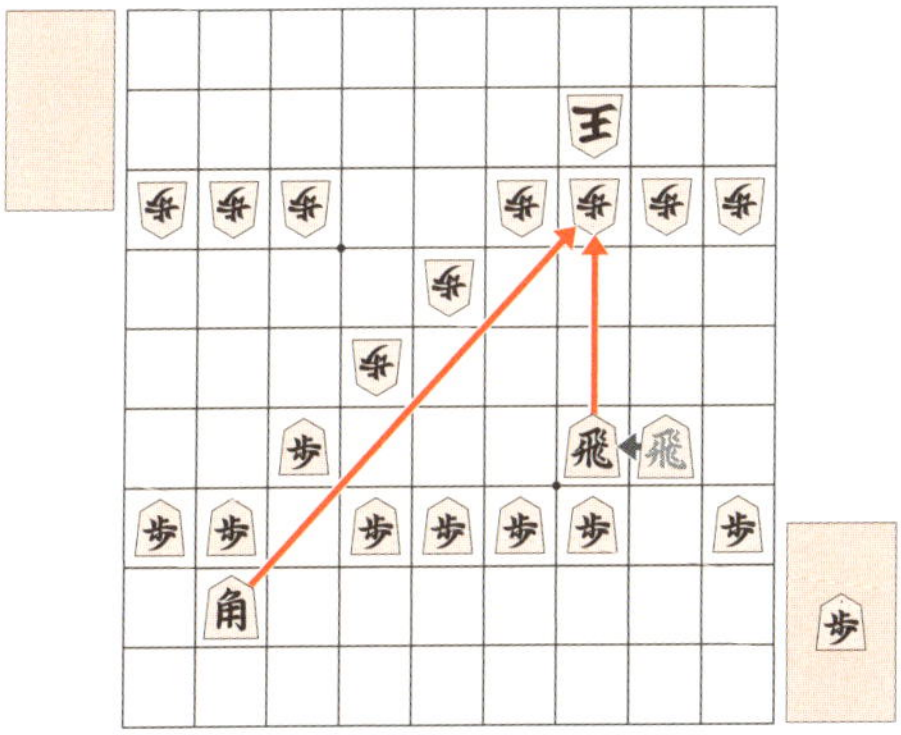

## 千日手《せんにちて》

もし31～34のように飛《ひ》を近《ちか》くに動《うご》かすと、王《おう》で守《まも》られてしまい飛《ひ》を成《な》ることができません。同《おな》じことのくりかえしで千日《せんにち》かけても終《お》わらないため「千日手《せんにちて》」という引《ひ》き分《わ》けになります。

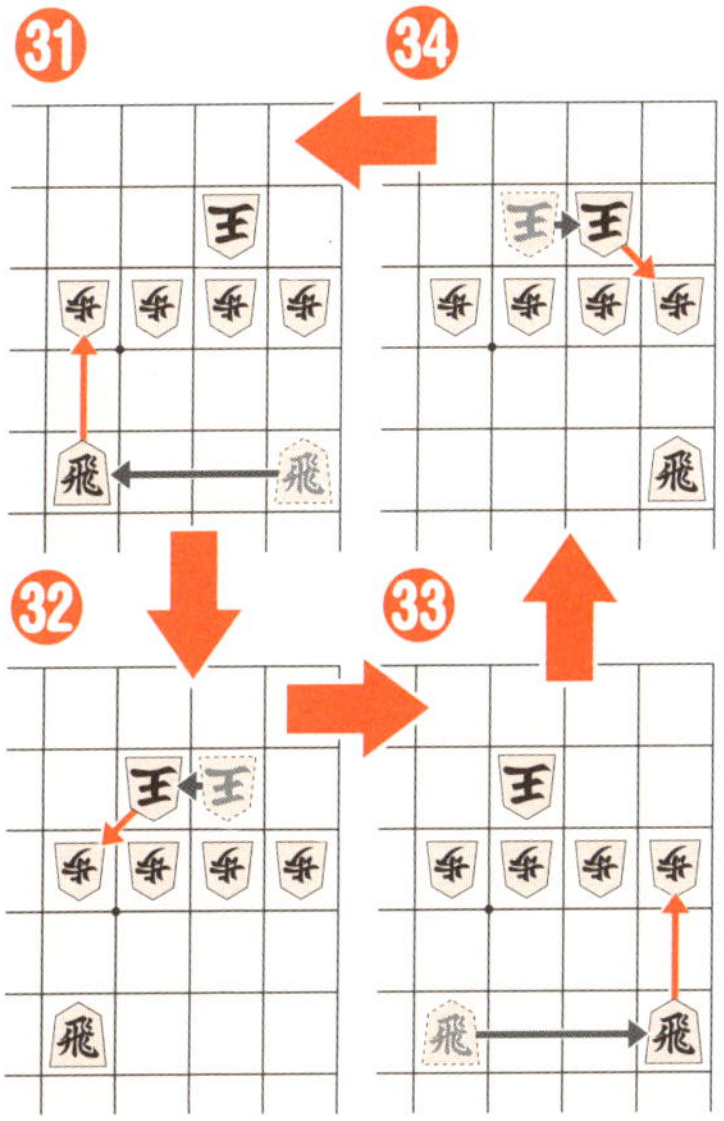

ステップ
3

# 飛角対決《ひかくたいけつ》

## お互《たが》いに攻《せ》める

ここからは、お互《たが》いが攻《せ》めたり守《まも》ったりしながらの対決《たいけつ》。35のように駒《こま》を並《なら》べ、じゃんけんで先手《せんて》（先《さき》に指《さ》す人《ひと》）と後手《ごて》（後《あと》に指《さ》す人《ひと》）を決《き》めます。このゲームは、お互《たが》いがいきなり飛《ひ》や角《かく》を取《と》れるのが楽《たの》しいところ。たとえば1手目《てめ》・先手《せんて》は飛《ひ》で後手《ごて》の角《かく》を取《と》り龍《りゅう》に成《な》ります（36）。

35

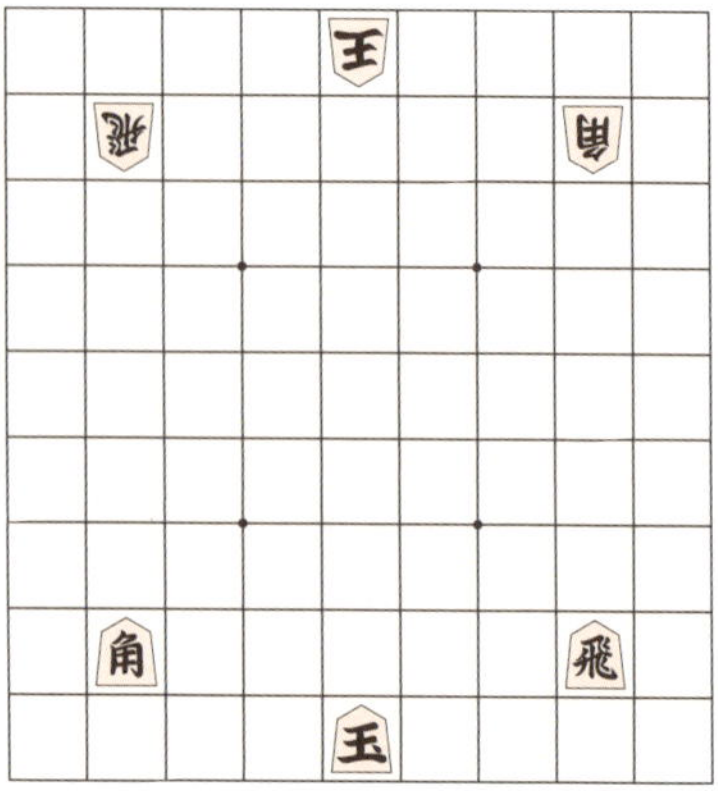


36

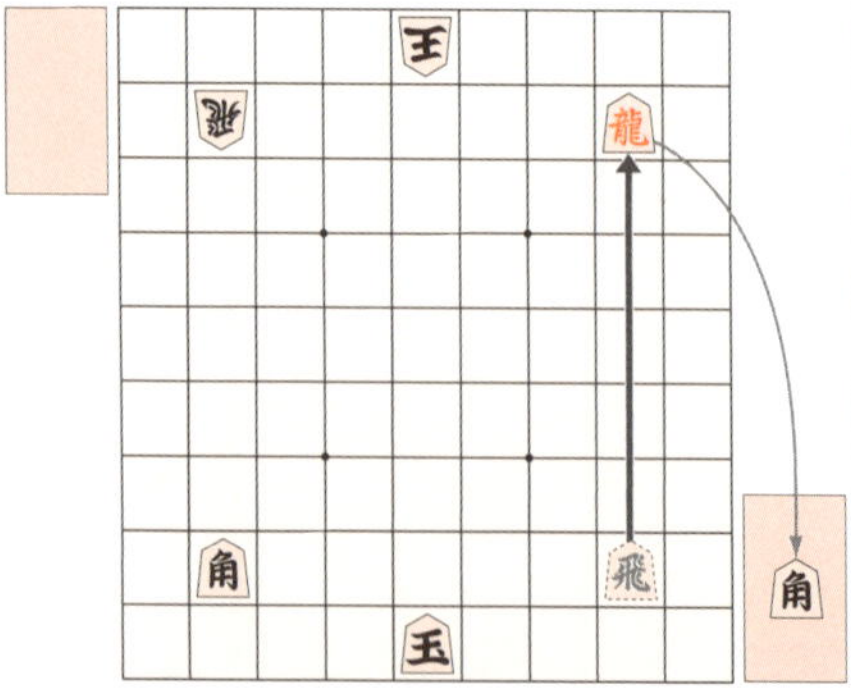

## 駒得《こまどく》

2手目《てめ》・後手《ごて》が飛《ひ》を取《と》り返《かえ》しました（37）。
3手目《てめ》・角《かく》で飛《ひ》を取《と》り馬《うま》に成《な》ります（38）。
それぞれの駒《こま》の数《かず》を数《かぞ》えてみましょう。

37

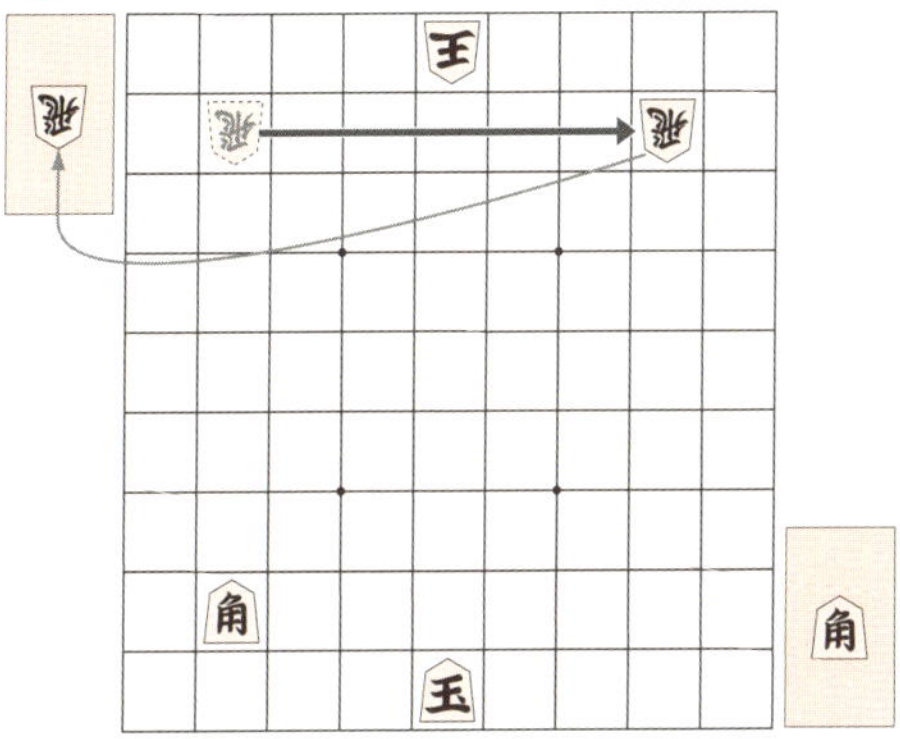


38

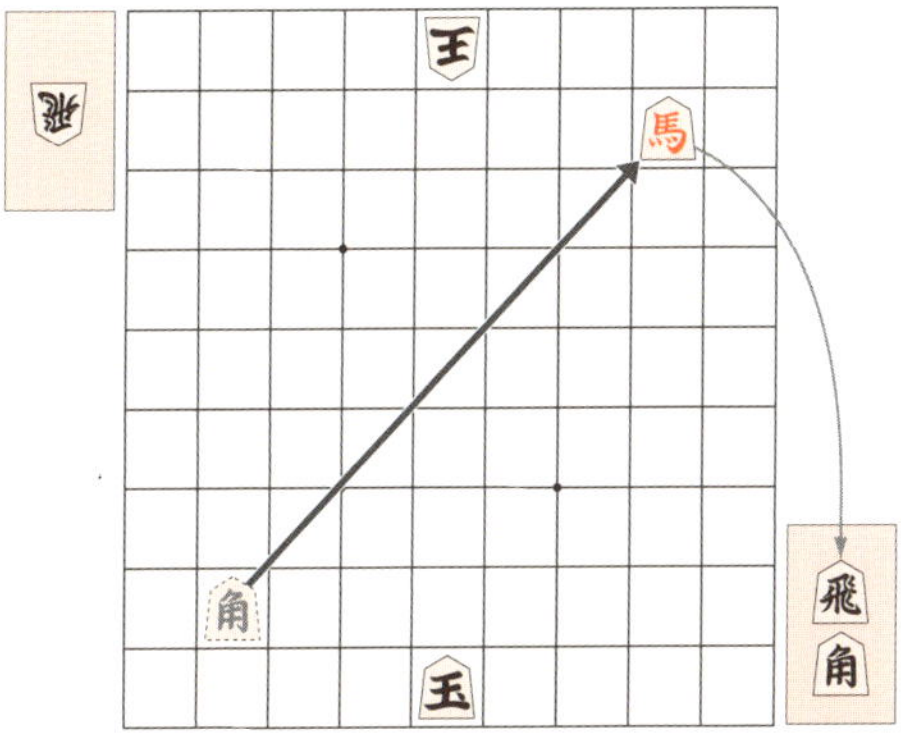


先手《せんて》は、玉《ぎょく》と馬、駒台《こまだい》に飛《ひ》と角《かく》の4枚《まい》。
後手《ごて》は、王《おう》、駒台《こまだい》に飛《ひ》の2枚《まい》。
駒《こま》を得《とく》しているほうが「駒得《こまどく》」、その逆《ぎゃく》を「駒損《こまぞん》」といいます。
駒得《こまどく》については、レッスン5の92ページでくわしく解説《かいせつ》します。

# 大駒《おおごま》を打《う》つ

取《と》った駒《こま》は自分《じぶん》の番《ばん》のときに、空《あ》いている好《す》きなマスに打《う》つことができます（40）。駒《こま》がすでにある所《ところ》には置《お》けません。成《な》った状態《じょうたい》で置《お》くこともできません（41）。

打《う》ってすぐに動《うご》かすことはできません（打《う》つ、という動作《どうさ》で一手《いって》です）。

駒《こま》を打《う》たずに、王《おう》や馬《うま》を動《うご》かしたりもできます。

40

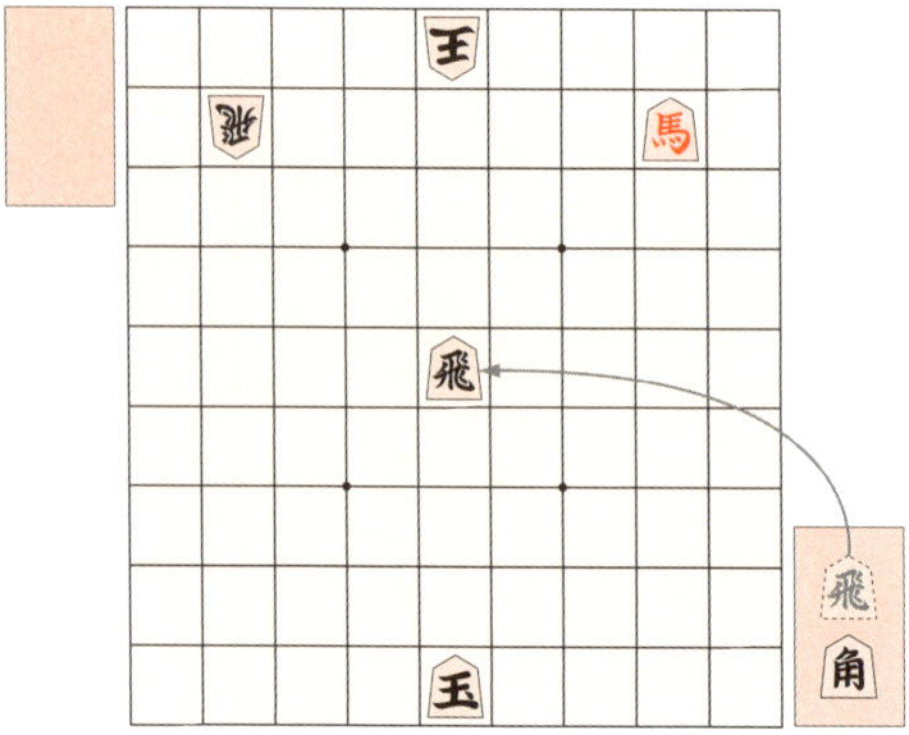


41

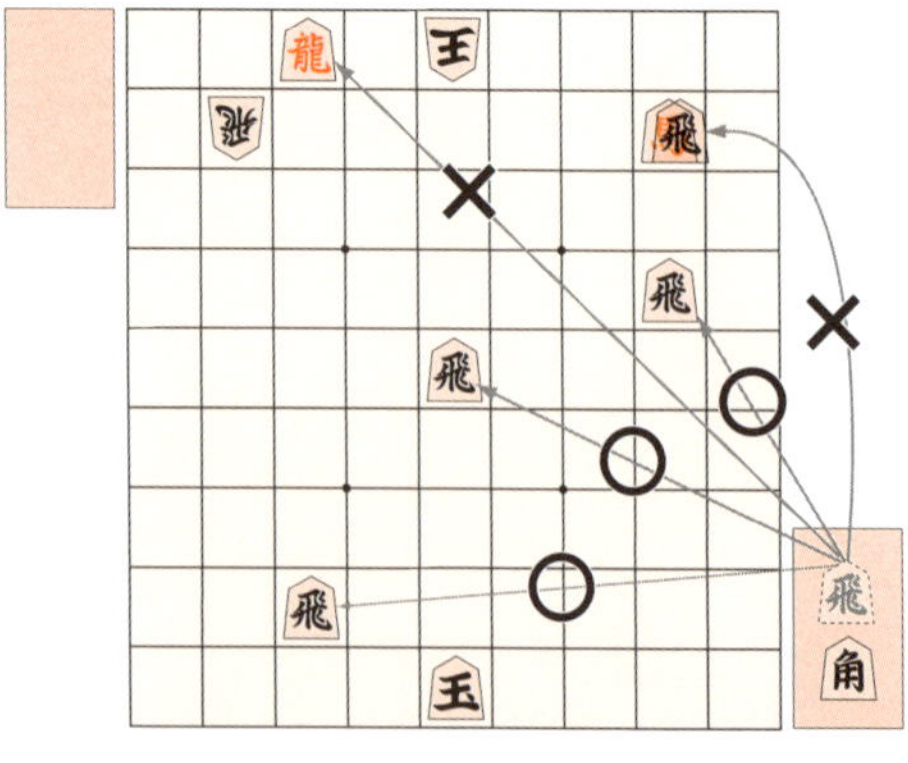

## 大駒《おおごま》の両取《りょうと》り

37とは指《さ》しかたをかえて、1手目《てめ》に角《かく》を取《と》り、2手目《てめ》に後手《ごて》も角《かく》を取《と》ってきた場合《ばあい》を見《み》てみましょう（42）。次《つぎ》の手《て》は43のように角《かく》を打《う》って王手《おうて》です。そして龍《りゅう》もねらっています。

同時《どうじ》に2つの駒《こま》をねらう手《て》を「両取《りょうと》り」といいます。将棋《しょうぎ》は一手《いって》ずつしか指《さ》せませんから、この場合《ばあい》では、必《かなら》ず龍《りゅう》を取《と》ることができます。

これは、両取《りょうと》りで一番厳《いちばんきび》しい「王手龍取《おうてりゅうと》り」です。

42

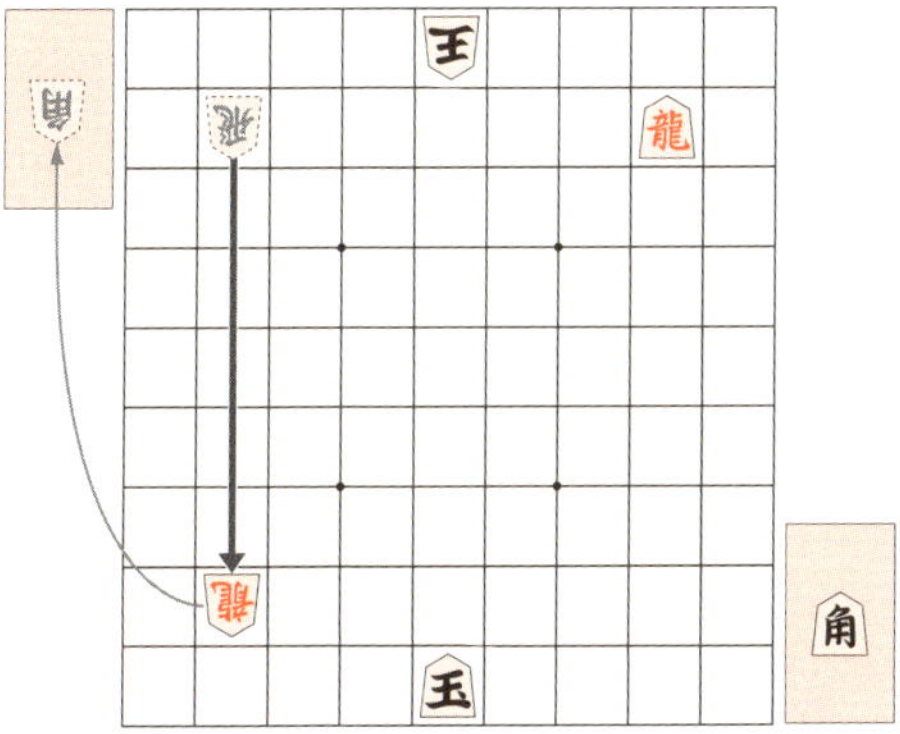


43

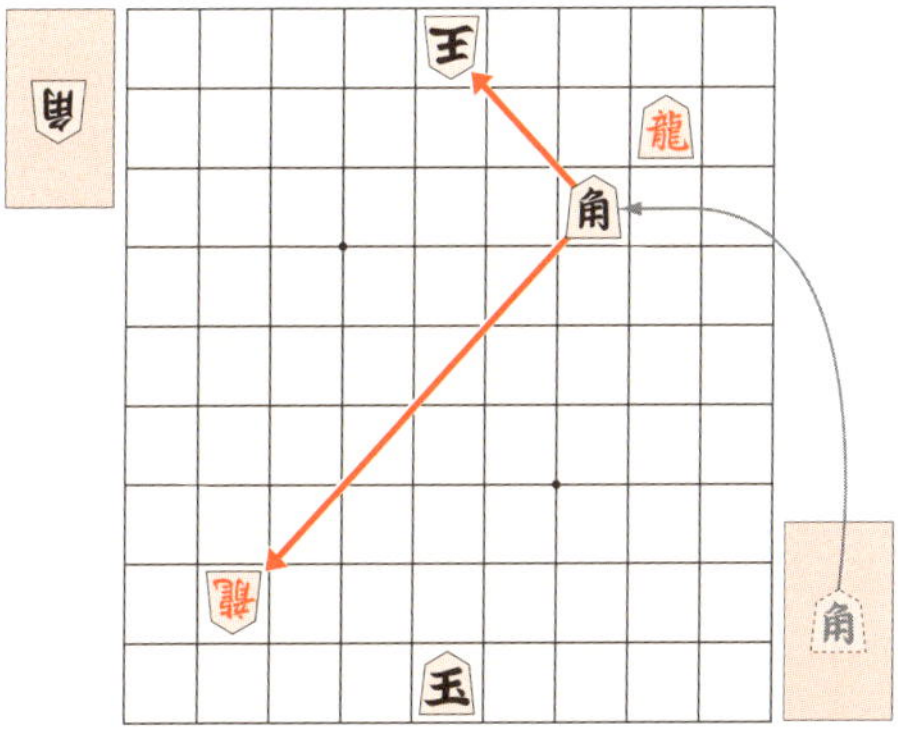

## 勝《か》ち負《ま》けとポイント

この飛角対決《ひかくたいけつ》は、1手目《てめ》に角《かく》で角《かく》を取《と》ったり（44）、飛《ひ》を動《うご》かして王手《おうて》する手《て》もあります（45）。いろいろためしてみましょう。

44

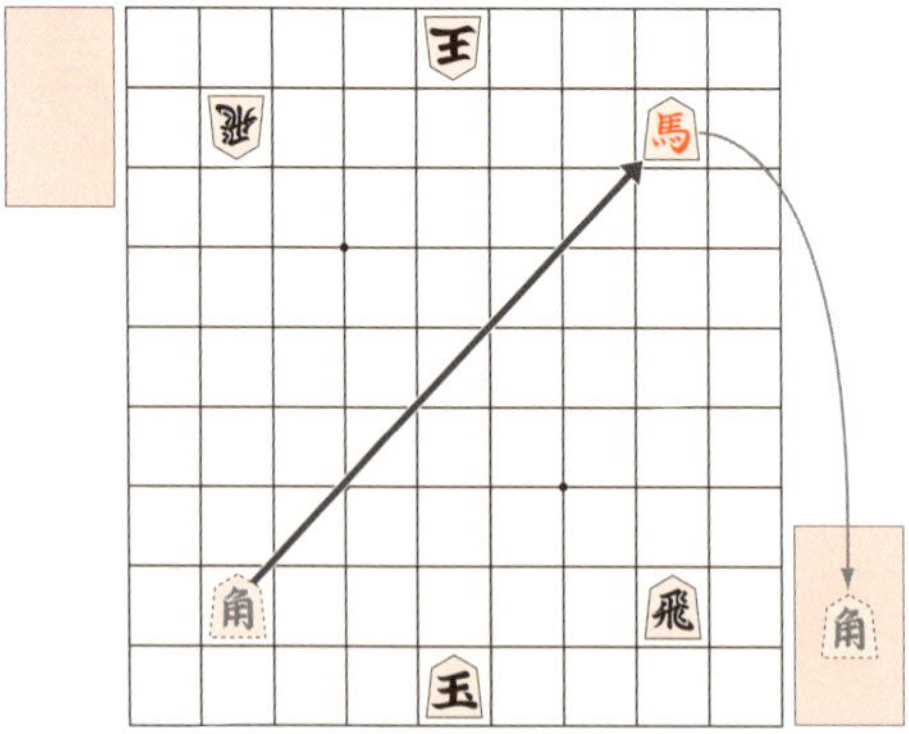

45

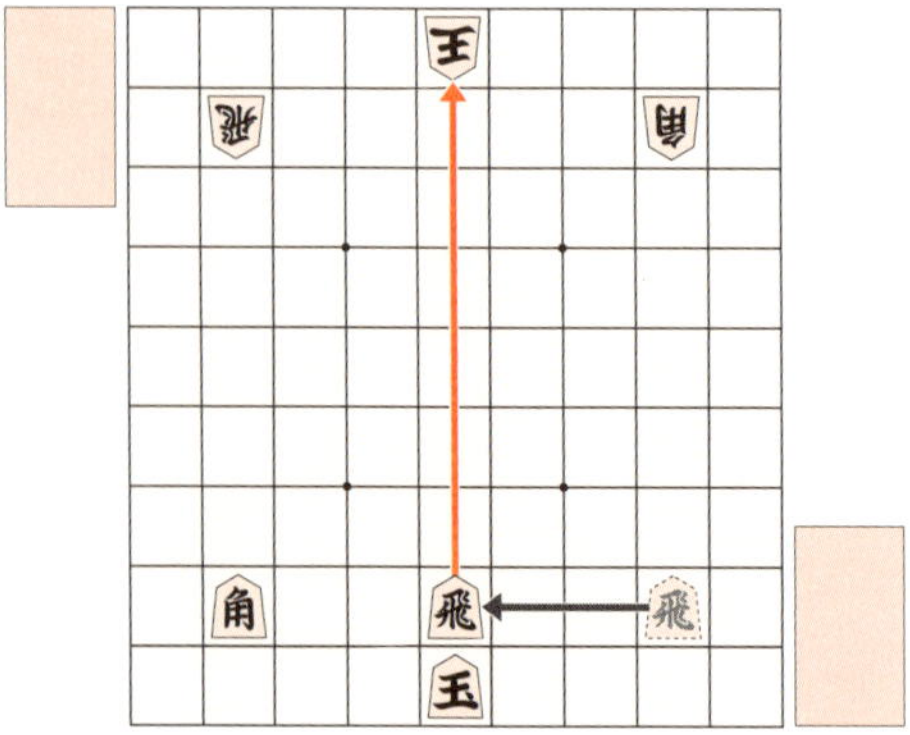

勝《か》ち負《ま》けのルールは次《つぎ》の3つとします。

1．王《おう》をつかまえたら勝《か》ち
2．王《おう》が相手《あいて》の陣地《じんち》まで行《い》けたら勝《か》ち
3．大駒《おおごま》4枚《まい》を集《あつ》めたら勝《か》ち

指《さ》すときのポイントは、次《つぎ》の3つです。

1．王《おう》を取《と》られないよう気《き》をつけること
2．駒《こま》を取《と》られたら取《と》り返《かえ》すこと
3．両取《りょうと》りをねらって駒《こま》得《どく》すること

# 両取《りょうと》りクイズ

持《も》ち駒《こま》を打《う》って両取《りょうと》りをかけてみましょう！

駒《こま》の利《き》きを頭《あたま》の中《なか》で思《おも》いうかべながらチャレンジしてくださいね。

## 問題《もんだい》❶

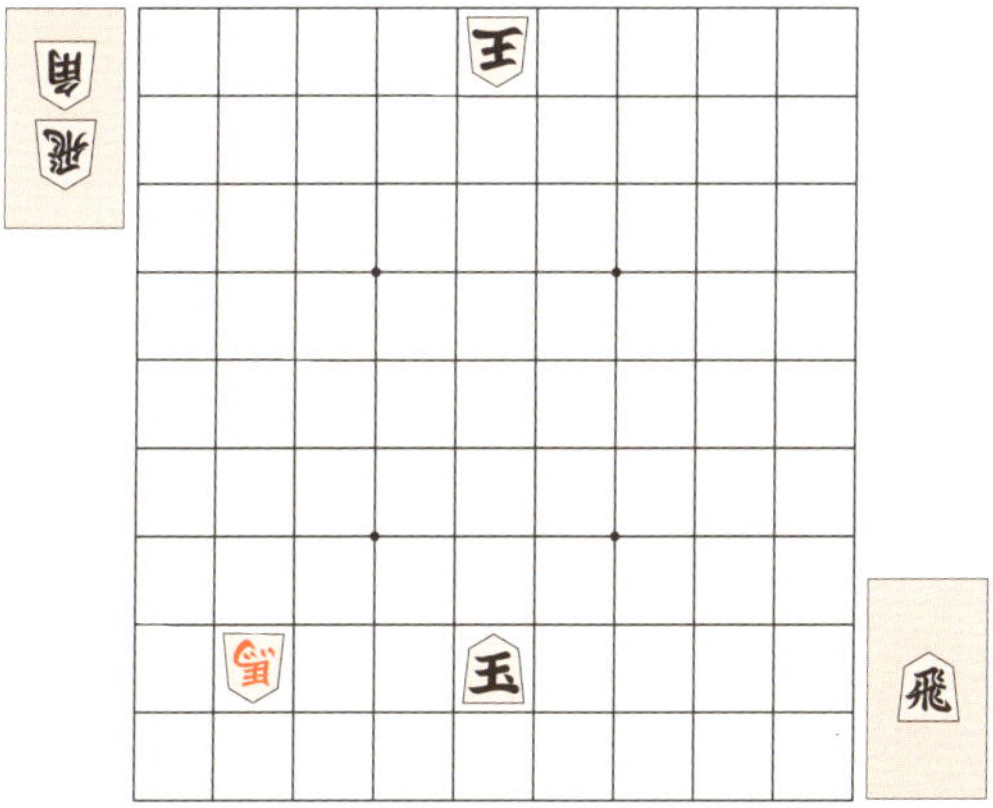

## 問題《もんだい》❷

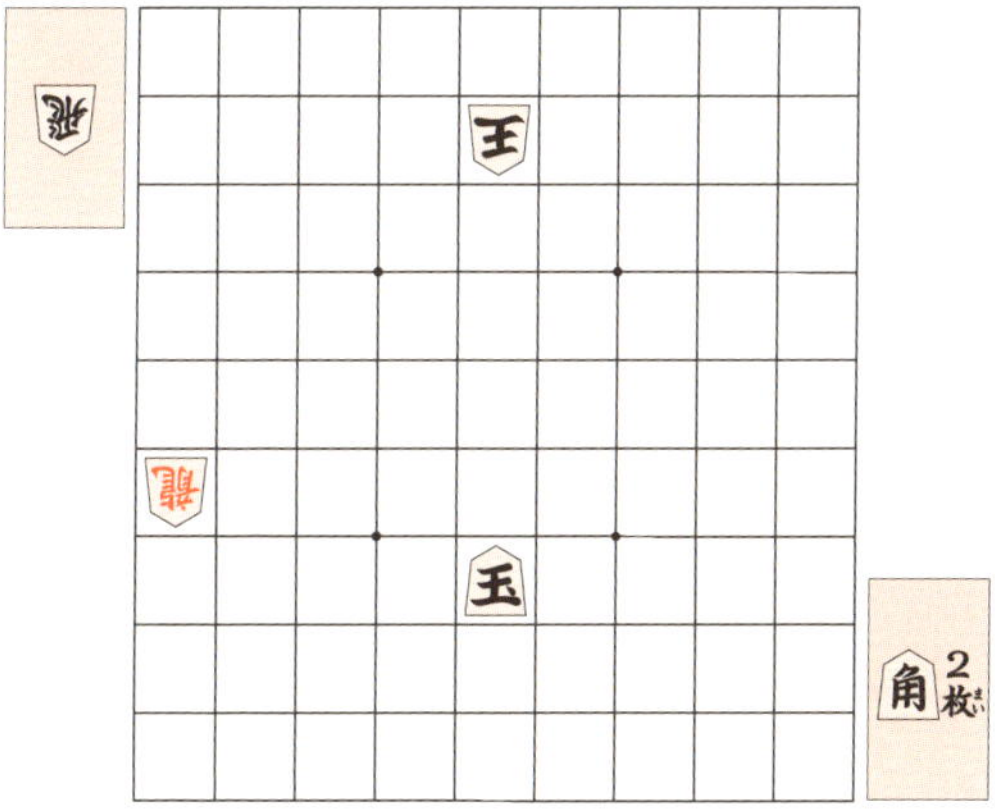

両取《りょうと》りクイズの答《こた》え

## 問題《もんだい》❶の答《こた》え

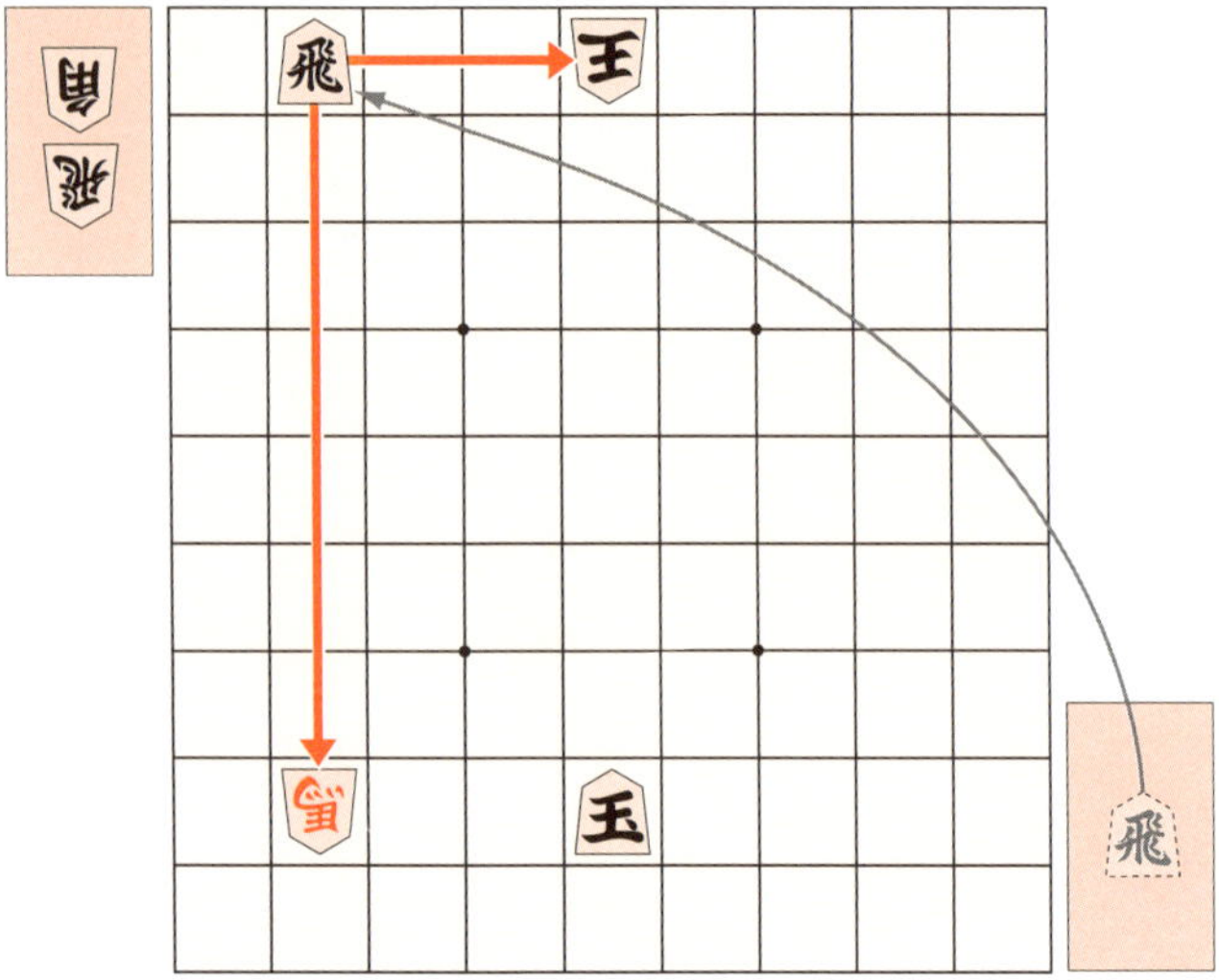


## 問題《もんだい》❷の答《こた》え

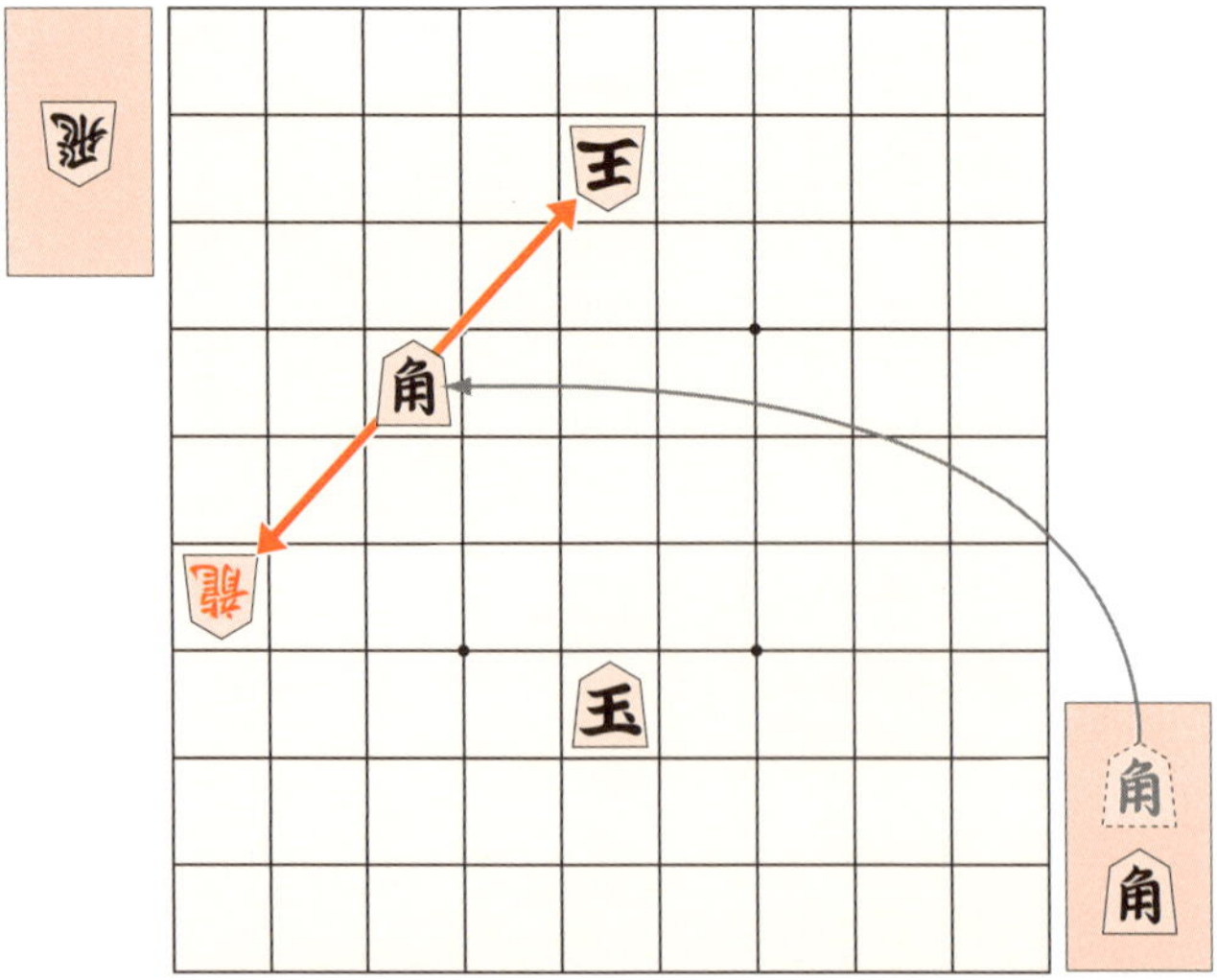

## おうちのかたへ

### 負《ま》けから学《まな》ぶ

このレッスンでは、少《すく》ない駒《こま》ながらも同《おな》じ条件《じょうけん》での勝負《しょうぶ》をします。当然《とうぜん》、勝《か》ったり負《ま》けたりするのですが、なるべく短時間《たんじかん》で決着《けっちゃく》をつけてくりかえし行《おこな》うのが良《よ》い方法《ほうほう》です。

どうして良《よ》いかわからなくて手《て》が止《と》まってしまうようなら、前《まえ》のレッスンにもどって駒《こま》の動《うご》き方《かた》から確認《かくにん》しましょう。この段階《だんかい》でつらくなってしまう場合《ばあい》は、「負《ま》けて悔《くや》しい」のではなく「わからないことをさせられる」からです。

駒《こま》の動《うご》きがわかってすぐに動《うご》かせるようであれば、くり返《かえ》し対局《たいきょく》しているうちにコツがつかめるはずです。深《ふか》く考《かんが》えずに早《はや》く動《うご》かすのは、考《かんが》える材料《ざいりょう》や経験《けいけん》が少《すく》ないうちは当然《とうぜん》のことなのです。どんどんやらせましょう。

相手《あいて》の動《うご》きを考《かんが》えたり、先《さき》を読《よ》むのは駒《こま》の動《うご》きに慣《な》れてからのこと。すでに将棋《しょうぎ》を知《し》っているかたから見《み》れば「悪《わる》い手《て》」でも、ルール違反《いはん》でなければ「あってるよ」と認《みと》め、きちんとねらいを持《も》った手《て》が指《さ》せたら「いい手《て》だね」とほめましょう。

「負《ま》けること」は「悪《わる》いこと」ではありません。将棋《しょうぎ》は勝負事《しょうぶごと》ですから、どちらかが必《かなら》ず負《ま》けます。この短《みじか》いゲームで負《ま》けて泣《な》くようなら、なにか別《べつ》のプレッシャーがあるのだと思《おも》います。たとえば、じゃんけんで負《ま》けたくらいではこどもは泣《な》かないでしょう。そのくらい気軽《きがる》に対局《たいきょく》してください。

とはいえ、負《ま》け続《つづ》けるとやりたくなくなるので、3回《かい》に2回《かい》くらいはこどもに勝《か》たせてあげるペースが良《よ》いでしょう。

コラム④

# 対局《たいきょく》の作法《さほう》

「礼《れい》にはじまり礼《れい》に終《お》わる」のが将棋《しょうぎ》。礼儀作法《れいぎさほう》やマナーを大事《だいじ》にしている日本《にほん》の伝統文化《でんとうぶんか》です。

プロの対局《たいきょく》は基本的《きほんてき》に和室《わしつ》（畳《たたみ》の部屋《へや》）で行《おこな》われます。席《せき》には上座《かみざ》と下座《しもざ》があってタイトルホルダーや段位《だんい》の高《たか》い人《ひと》、先輩《せんぱい》にあたる人《ひと》が上座《かみざ》に座《すわ》ります。

対局者《たいきょくしゃ》がそろったら、駒箱《こまばこ》を開《あ》ける前《まえ》に正座《せいざ》で一礼《いちれい》をします。上位者《じょういしゃ》が駒箱《こまばこ》を開《あ》け、駒《こま》を盤上《ばんじょう》へ取《と》り出《だ》し、王《おう》を取《と》って盤上《ばんじょう》へと置《お》きます。それから下位者《かいしゃ》がはじめて駒《こま》にふれ、玉《ぎょく》を取《と》ります。一手《いって》ずつ交代《こうたい》で丁寧《ていねい》に駒《こま》を並《なら》べ、対局《たいきょく》がはじまるときに「おねがいします」といって礼《れい》をします。

指《さ》し手《て》が進《すす》み、勝負《しょうぶ》が決《き》まるときは、片方《かたほう》が「負《ま》けました」といって礼《れい》をします。これが「投了《とうりょう》」です。

この言葉《ことば》をいうのはとても苦《くる》しいこと。しかしプロ棋士《きし》はきちんとしせいを正《ただ》して投了《とうりょう》します。誰《だれ》かが負《ま》けを判定《はんてい》するのではなく、負《ま》けを自《みずか》ら潔《いさぎ》く認《みと》めて対局《たいきょく》を終《お》えるのです。

その後《ご》に感想戦《かんそうせん》が行《おこな》われます。初手《しょて》からふりかえり、どこでなにを思《おも》ってそう指《さ》したか、別《べつ》の手《て》を指《さ》していたらどうなっていたのか、対局相手《たいきょくあいて》とともにお互《たが》いの意見《いけん》をいってその対局《たいきょく》の内容《ないよう》を研究《けんきゅう》するのです。

感想戦《かんそうせん》が終《お》わったら上位者《じょういしゃ》が駒《こま》を駒箱《こまばこ》にしまい、最後《さいご》に「ありがとうございました」といって礼《れい》をします。

相手《あいて》の力《ちから》を認《みと》め、お互《たが》い敬《うやま》うことを大切《たいせつ》にしているのです。

# レッスン5

# 小《こ》駒《ごま》の使《つか》いかた

全部《ぜんぶ》の駒《こま》の名前《なまえ》と動《うご》きをおぼえたら、青空《あおぞら》将棋《しょうぎ》で対局《たいきょく》してみましょう。

「桂《けい》」　「成《なり》桂《けい》」

（レッスンが進《すす》むたびに駒《こま》のなかまが増《ふ》えるよ）

## 「香《きょう》」（香車《きょうしゃ》）

香《きょう》は前《まえ》にまっすぐどこまでも進《すす》めます。

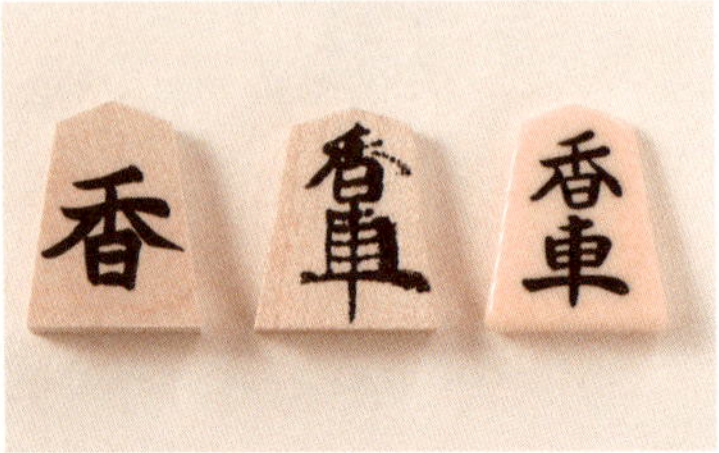


### 香《きょう》を動《うご》かしてみよう

途中《とちゅう》に自分《じぶん》の駒《こま》があった場合《ばあい》はその手前《てまえ》までストップ。進《すす》めるマスに相手《あいて》の駒《こま》があった場合《ばあい》は取《と》って止《と》まります。

#### 香《きょう》の動《うご》かしかた

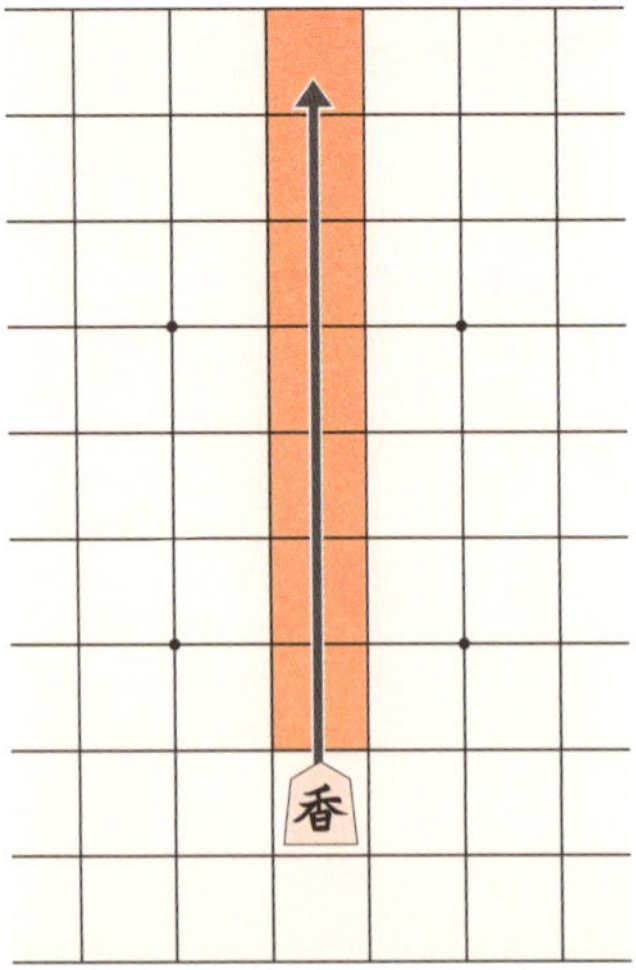

## 「桂《けい》」（桂馬《けいま》）

桂《けい》は1マス先《さき》のさらにナナメに進《すす》めます。行《い》けるのは前《まえ》だけ。横《よこ》や後《うし》ろには行《い》けません。

### 桂《けい》を動《うご》かしてみよう

とてもおもしろい動《うご》きをする駒《こま》で、途中《とちゅう》に駒《こま》があってもを飛《と》びこえることができます。動《うご》きかたは、うさぎの耳《みみ》に似《に》ています。

### 桂《けい》の動《うご》かしかた

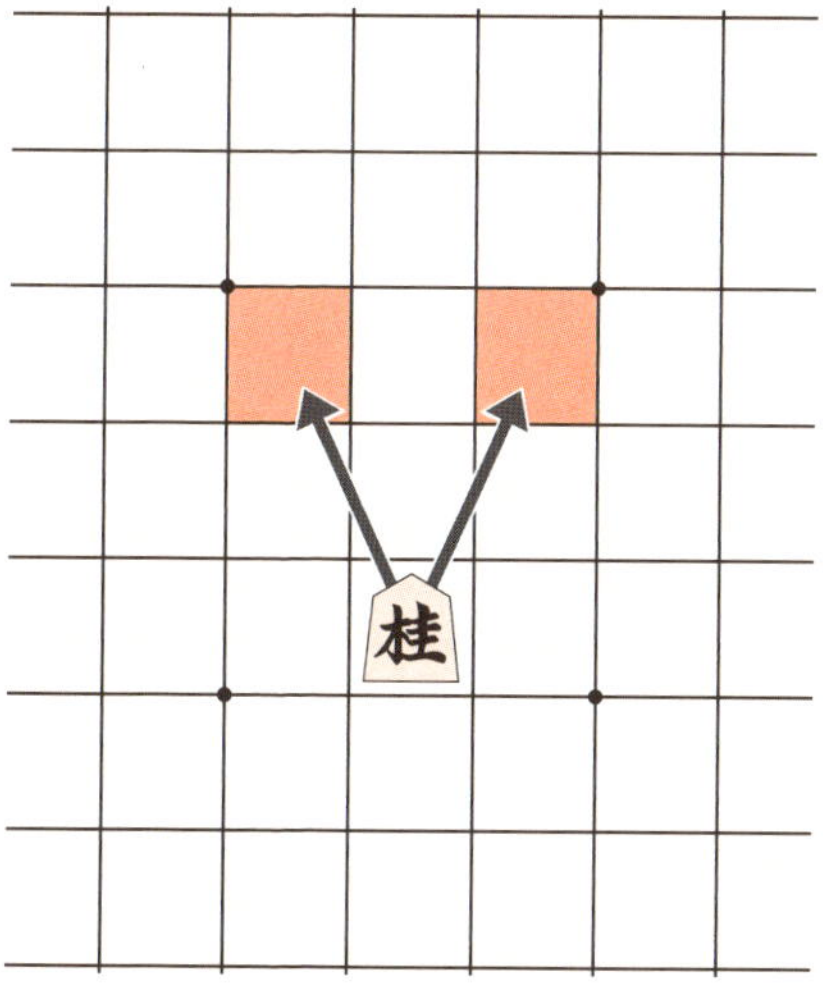

## 「銀《ぎん》」（銀将《ぎんしょう》）

銀《ぎん》はナナメと前《まえ》のマスの合《あ》わせて5つに進《すす》めます。
元々《もともと》「銀将《ぎんしょう》」という名前《なまえ》で、動《うご》きも「王将《おうしょう》」に似《に》ています。

### 銀《ぎん》を動《うご》かしてみよう

動《うご》きかたは、「お星《ほし》さま」の形《かたち》か、「バンザイをしている人《ひと》」を思《おも》いうかべるとおぼえやすいでしょう。

### 銀《ぎん》の動《うご》かしかた

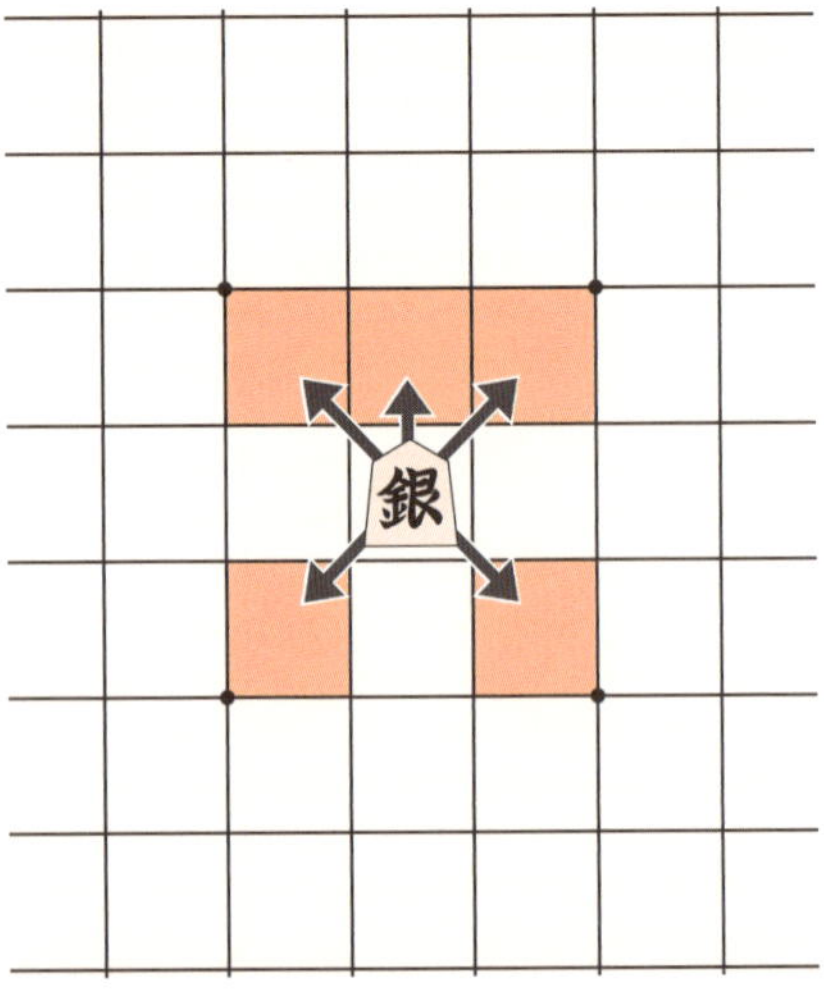

# 「金《きん》」（金将《きんしょう》）

金《きん》はタテ、ヨコと前《まえ》ナナメのマスの合《あ》わせて6つに進《すす》めます。元々《もともと》「金将《きんしょう》」という名前《なまえ》で、動《うご》きも「王将《おうしょう》」に似《に》ています。

## 金《きん》を動《うご》かしてみよう

金《きん》と銀《ぎん》はよく似《に》た動《うご》きをするのでちがいをしっかりおぼえましょう。金の動《うご》きは、「キノコ」を思《おも》いうかべるとおぼえやすいでしょう。

### 金《きん》の動《うご》かしかた

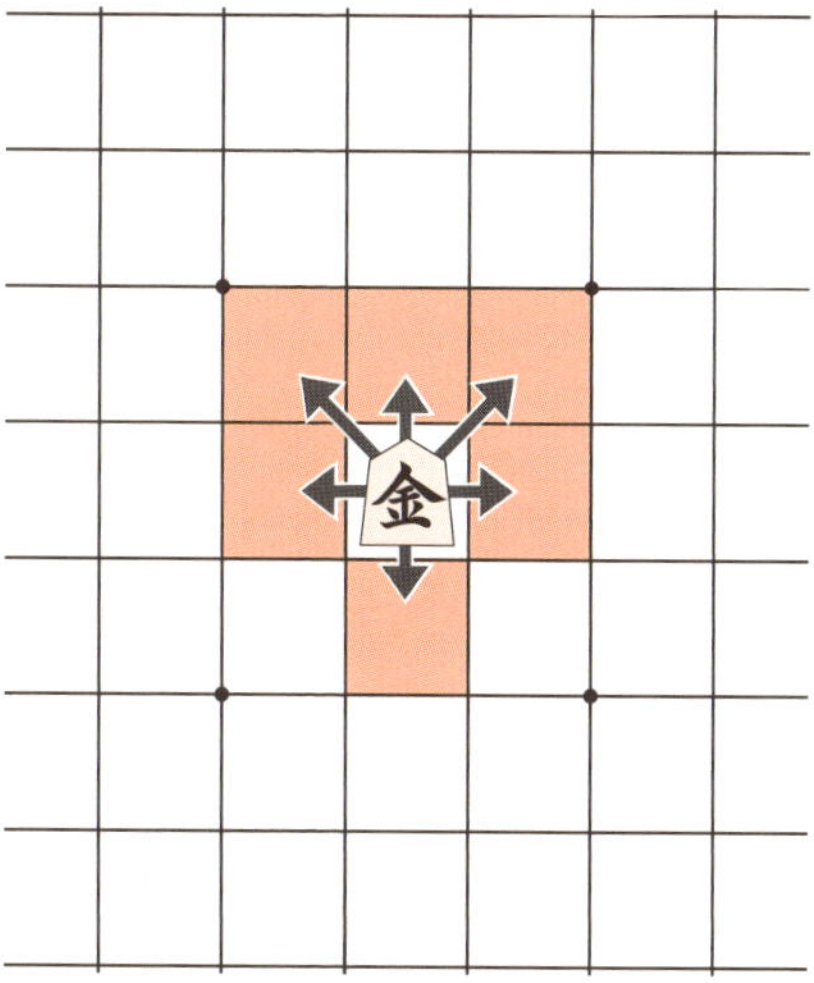

ステップ
2
# 小駒《こごま》の成《な》り

## 成《な》ると全部金《ぜんぶきん》

これで、全部《ぜんぶ》の駒《こま》をおぼえました！

あれ、小駒《こごま》の裏《うら》は…??と思《おも》いましたね。銀《ぎん》、桂《けい》、香《きょう》、歩《ふ》の駒《こま》を裏返《うらがえ》してみてください。不思議《ふしぎ》な字《じ》が書《か》かれていますね。これ、実《じつ》はみんな「金《きん》」をくずした字《じ》なのです。

これにはわけがあって、もし「金《きん》」と同《おな》じ字《じ》を書《か》いてしまうと、元々《もともと》の駒《こま》がなんだったのかがわからなくなってしまいます。それで字《じ》のくずしかたに少《すこ》しずつ差《さ》をつけてあるのです。

ということで「と」はひらがなではなく、実《じつ》は「金《きん》」をくずした字《じ》だったのです！

小駒《こごま》が成《な》るとすべて金《きん》の動《うご》きとなります。名前《なまえ》は、「成銀《なりぎん》」「成桂《なりけい》」「成香《なりきょう》」とそれぞれの駒《こま》の上《うえ》に「成《なり》」がつくだけです。

金《きん》の裏《うら》には何《なに》も書《か》かれておらず、金《きん》は相手《あいて》の陣地《じんち》に入《はい》っても成《な》りません。

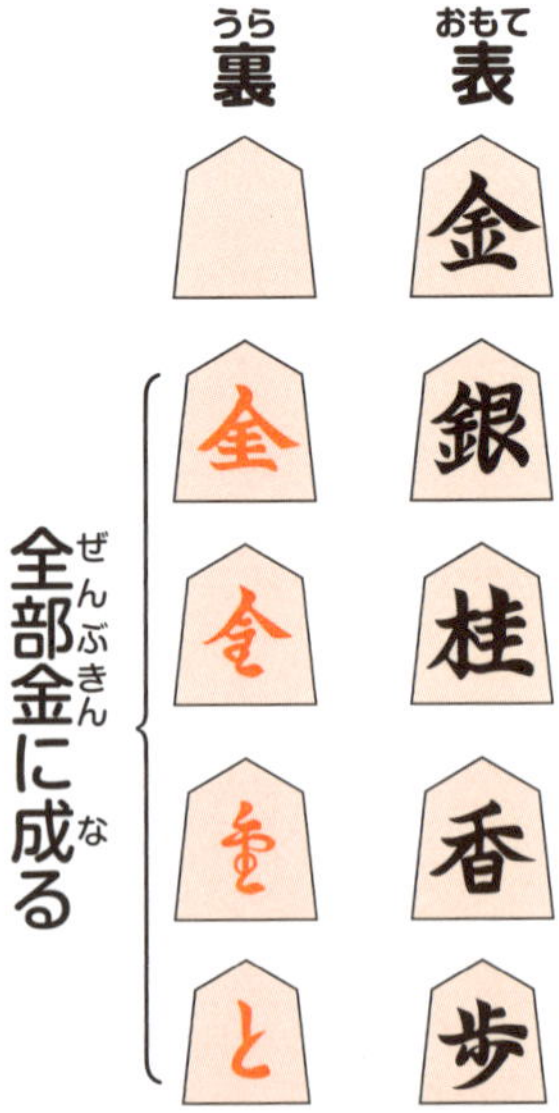

## こんなとき成《な》れる

成《な》れるのは次《つぎ》のようなときです。
❶相手《あいて》の陣地《じんち》に入《はい》るとき。
❷相手《あいて》の陣地《じんち》の中《なか》で動《うご》くとき。
❸相手《あいて》の陣地《じんち》から外《そと》に出《で》るとき。

成《な》る場合《ばあい》は動《うご》かしながらひっくり返《かえ》します。成《な》るのを忘《わす》れたからといって、後《あと》からやりなおしはできません。

駒台《こまだい》から打《う》つときはどこのマスでも必《かなら》ず表《おもて》で打《う》ちます。

❹のように、相手《あいて》の陣地《じんち》に打《う》つからといって裏《うら》（成《な》った状態《じょうたい》）では打《う》てません。

❶
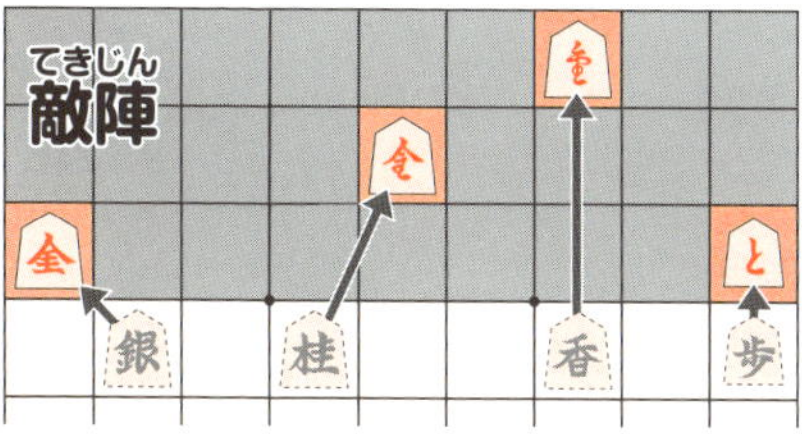


❷
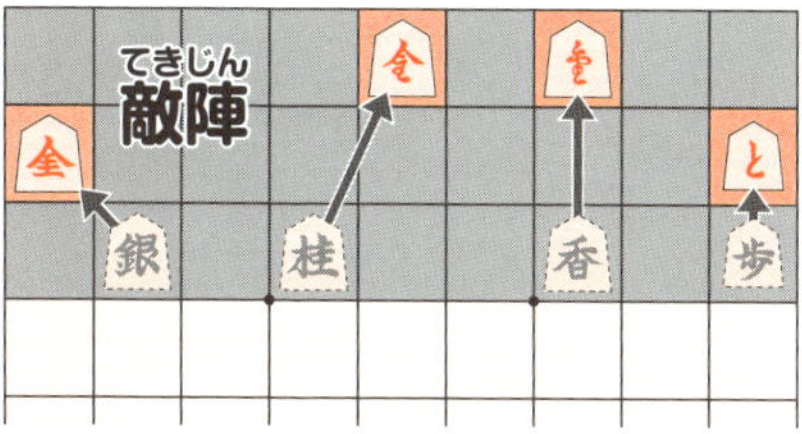


❸
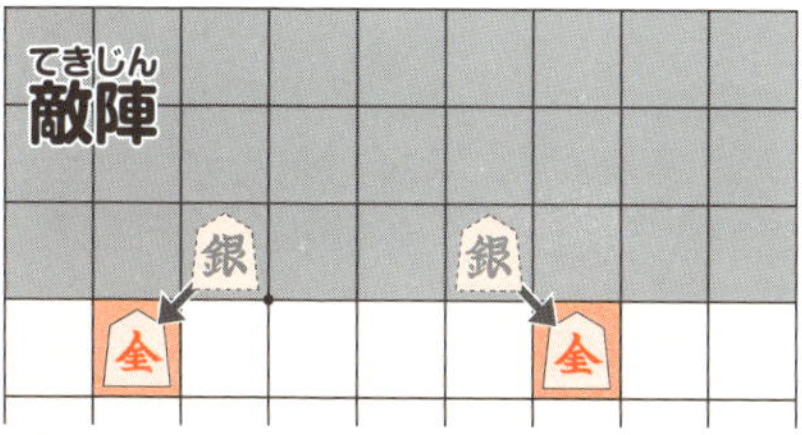


❹
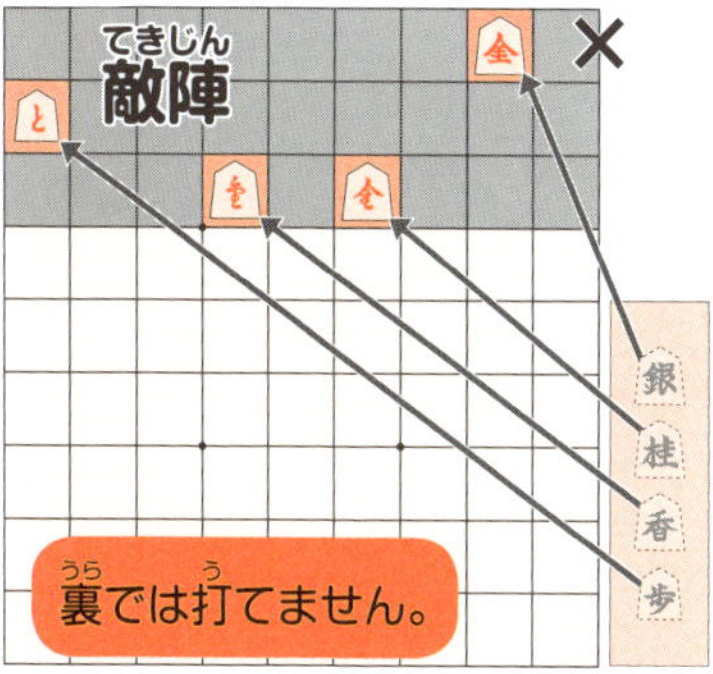

## あえて表《おもて》のままでいる

相手《あいて》の所《ところ》まで進《すす》んだけれども、成《な》らずに表《おもて》のままでいることもできます。これを「不成《ならず》」といいます。

銀《ぎん》、桂《けい》、香《きょう》は成《な》ると元《もと》の動《うご》きかたを忘《わす》れて金《きん》になってしまうので、元々《もともと》の動《うご》きを残《のこ》したほうがいい場合《ばあい》はこのように不成《ならず》で進《すす》めることができます（5、6）。

飛《ひ》、角《かく》、歩《ふ》は成《な》った後《あと》も元々《もともと》の動《うご》きができるので成《な》らないことはほとんどありません。

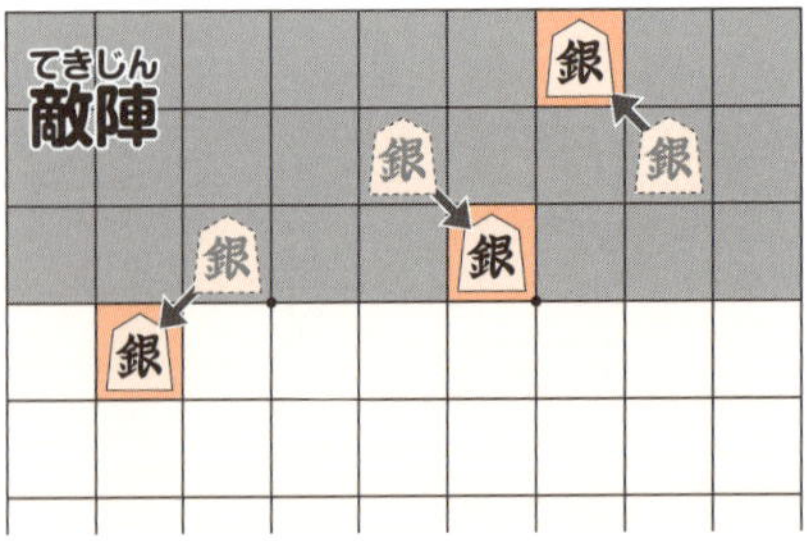


5

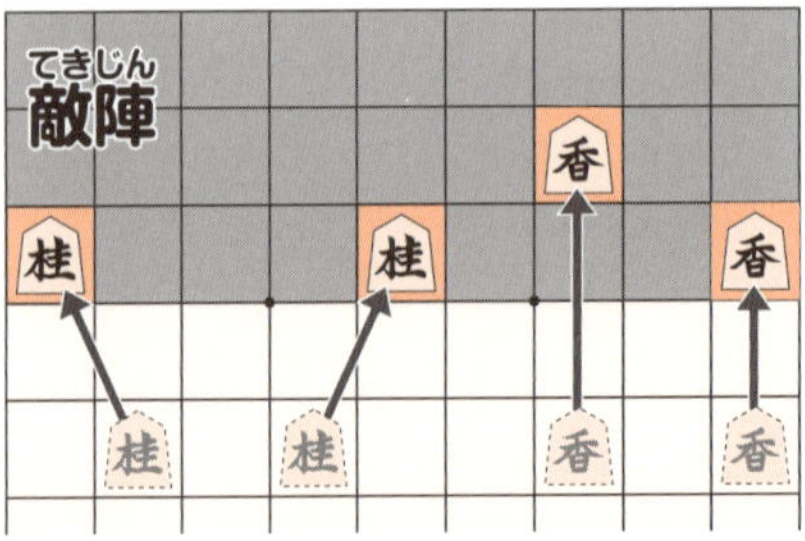


6

## 反則《はんそく》

# 行《い》き所《どころ》のない駒《こま》

成《な》りにするか、不成《ならず》にするかは自分《じぶん》でえらべますが、前《まえ》にしか進《すす》めない桂《けい》、香《きょう》、歩《ふ》を動《うご》かすときは注意《ちゅうい》が必要《ひつよう》です。

7

8

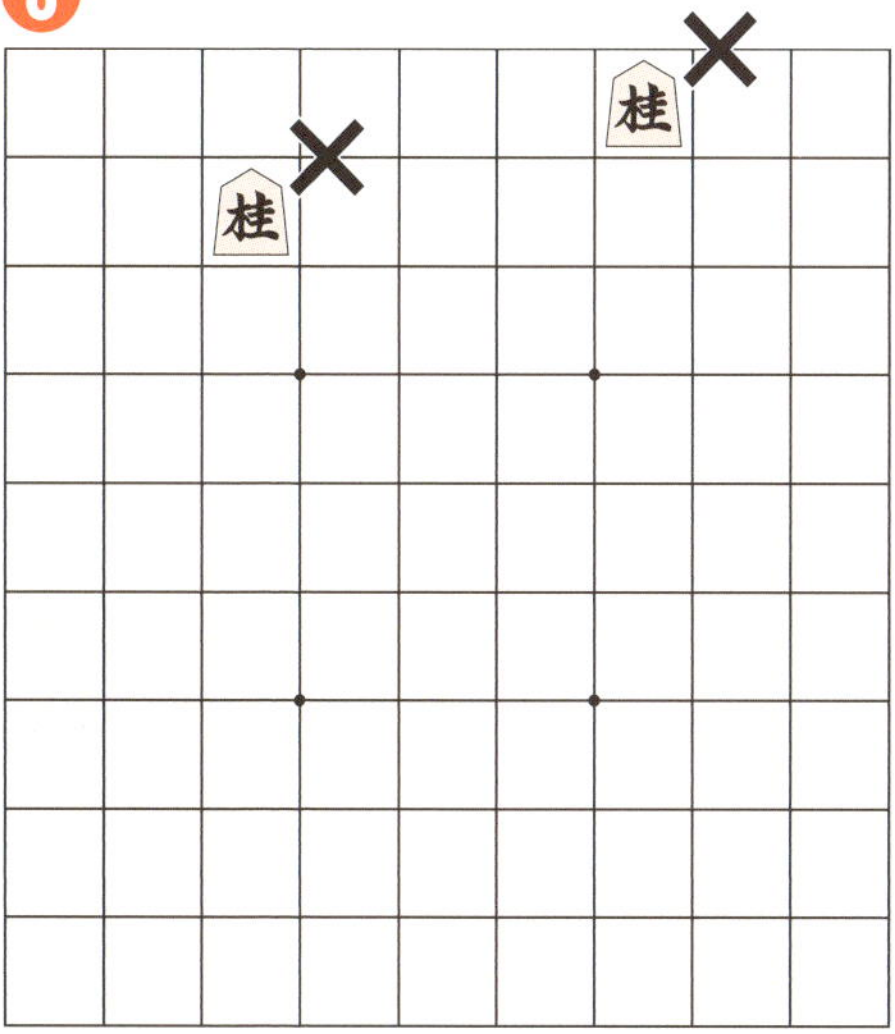


7のように歩《ふ》や香《きょう》が1段目《だんめ》まで成《な》らずに進《すす》んだり、8のように桂《けい》が1段目《だんめ》や2段目《だんめ》に成《な》らずで進《すす》んだりしてしまうと、それ以上《いじょう》まったく動《うご》けない駒《こま》になってしまいます。これはやってはいけない決《き》まりになっていて、指《さ》すと反則負《はんそくま》けとなります。

ステップ4

# 青空将棋《あおぞらしょうぎ》にチャレンジ

## 歩《ふ》なしで対局《たいきょく》

ここでは「青空将棋《あおぞらしょうぎ》」をします。駒《こま》を⑨のように並《なら》べましょう！

歩《ふ》がないので、駒《こま》を並《なら》べると雲一《くもひと》つない青空《あおぞら》が広《ひろ》がっているようですね。

⑨

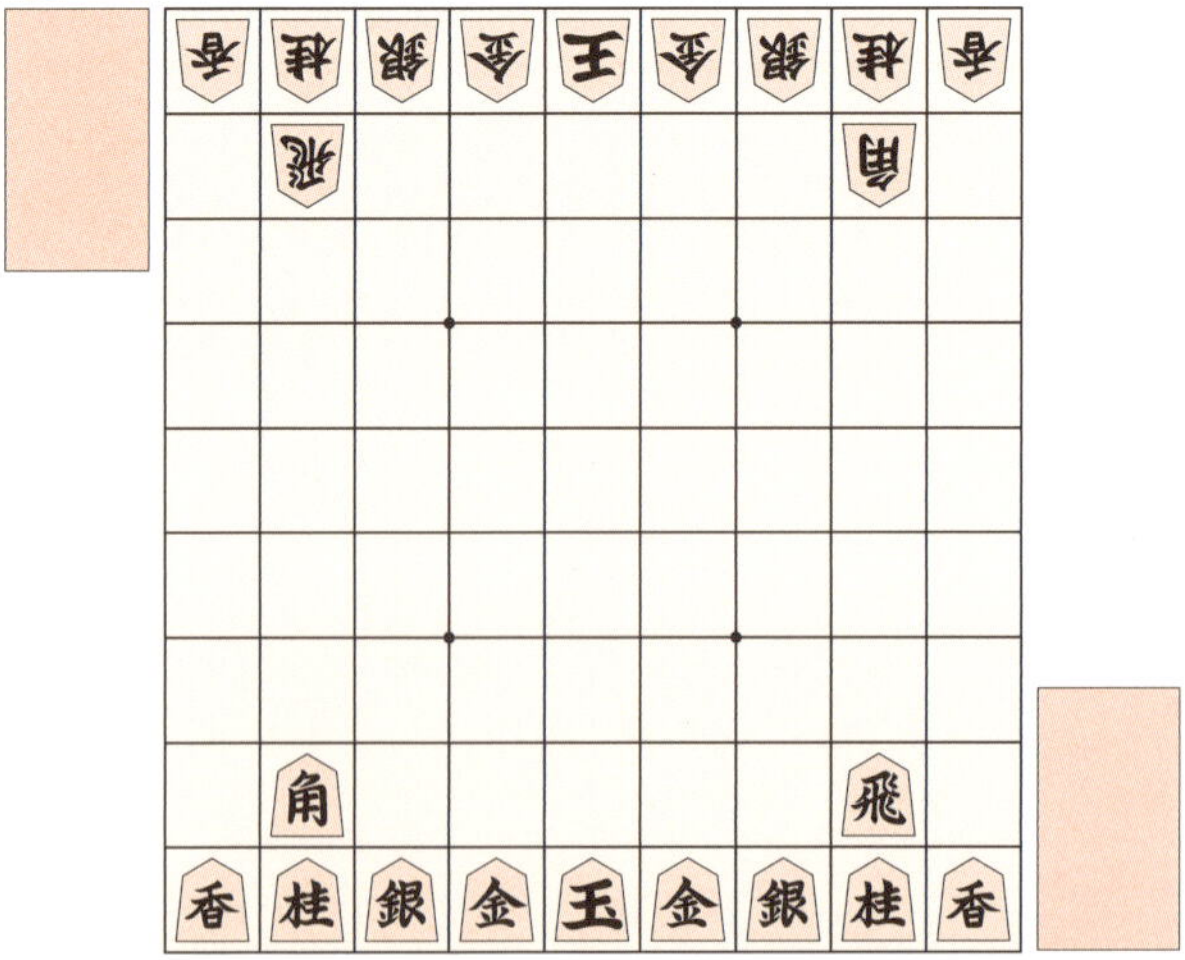

## ●ルール

じゃんけんでどちらからはじめるか決《き》めます。先《さき》に動《うご》かすほうを「先手《せんて》」、後《あと》から動《うご》かすほうを「後手《ごて》」といいます。

相手《あいて》の駒《こま》を取《と》ったら駒台《こまだい》に置《お》きます。これは自分《じぶん》の駒《こま》になるので、自分《じぶん》の番《ばん》で空《あ》いている好《す》きなマスに打《う》つことができます。

先手《せんて》、後手《ごて》とも王《おう》を詰《つ》ませたら勝《か》ちです。

**★チャレンジその1**（5分《ふん》でやってみよう）

まずは、駒《こま》をたくさん取《と》る練習《れんしゅう》です。どちらの枚数《まいすう》が多《おお》いかで勝負《しょうぶ》します。

**★チャレンジその2**（10分《ふん》でやってみよう）

なれてきたら得点《とくてん》を競《きそ》います。大駒《おおごま》＝5点《てん》、小駒《こごま》＝1点《てん》で計算《けいさん》して、得点《とくてん》の高《たか》いほうを勝《か》ちとします。

### 取《と》った駒《こま》は駒台《こまだい》へ

取《と》った駒《こま》は後《あと》で自分《じぶん》の駒《こま》として使《つか》うことができます。これを「持《も》ち駒《ごま》」といいます。

駒《こま》を取《と》ったら、駒台《こまだい》の上《うえ》にきちんとそろえて置《お》きましょう。裏返《うらがえ》しや重《かさ》ねて置《お》いたり、手《て》に持《も》ったままにするのはマナーが良《よ》くありません。相手《あいて》に見《み》えるように、自分《じぶん》でもわかりやすいように、きれいに置《お》いてください。

ステップ 5

# 駒《こま》の価値《かち》

駒《こま》は種類《しゅるい》によって強《つよ》さが違《ちが》います。

王《おう》と玉《ぎょく》は取《と》られたら負《ま》けなので特別《とくべつ》です。そのほかの駒《こま》は、図《ず》のとおり（上《うえ》から強《つよ》い順《じゅん》）です。将棋《しょうぎ》は駒《こま》を取《と》ったり取《と》られたりします。そのときに考《かんが》えるべきことは「駒得《こまどく》」「駒損《こまぞん》」です。

駒得《こまどく》するには、次《つぎ》のことを頭《あたま》に入れておきましょう。

## 駒得《こまどく》するには

**【その1】** 相手《あいて》の駒《こま》をたくさんとって、仲間《なかま》を増《ふ》やすこと。多《おお》いほうが得《とく》です。

**【その2】** 弱《よわ》い駒《こま》と強《つよ》い駒《こま》を交換《こうかん》すること。同《おな》じ枚数《まいすう》でも強《つよ》い駒《こま》が味方《みかた》になっているほうが得《とく》です。

王《おう》と玉《ぎょく》は特別《とくべつ》

青空将棋《あおぞらしょうぎ》では1手目《てめ》から駒《こま》が取《と》れます。
❶飛《ひ》で角《かく》を取《と》れます。
❷角《かく》で角《かく》を取《と》れます。
❸左下《ひだりした》の香《きょう》で左上《ひだりうえ》の香《きょう》が取《と》れます。
❹右下《みぎした》の香《きょう》で右上《みぎうえ》の香《きょう》が取《と》れます。

さて、⑩の中《なか》で駒得《こまどく》なのはどれでしょう？相手《あいて》の手《て》も考《かんが》える必要《ひつよう》があります。

❶はその後《あと》に相手《あいて》に飛《ひ》を取《と》り返《かえ》されるので、角《かく》をもらって飛《ひ》をあげることになり、少《すこ》し「駒損《こまぞん》」しています。
❷は同《おな》じ駒《こま》なので損《そん》も得《とく》もなし。
❸は相手《あいて》に取《と》り返《かえ》されないマスなので「駒得《こまどく》」
❹はむずかしい。相手《あいて》に角《かく》で取《と》り返《かえ》されるマスですが、もし角《かく》で取《と》ってくれればさらにこちらの角《かく》で取《と》れます。

こうしてどんどん先《さき》を読《よ》んでいきます。

⑩

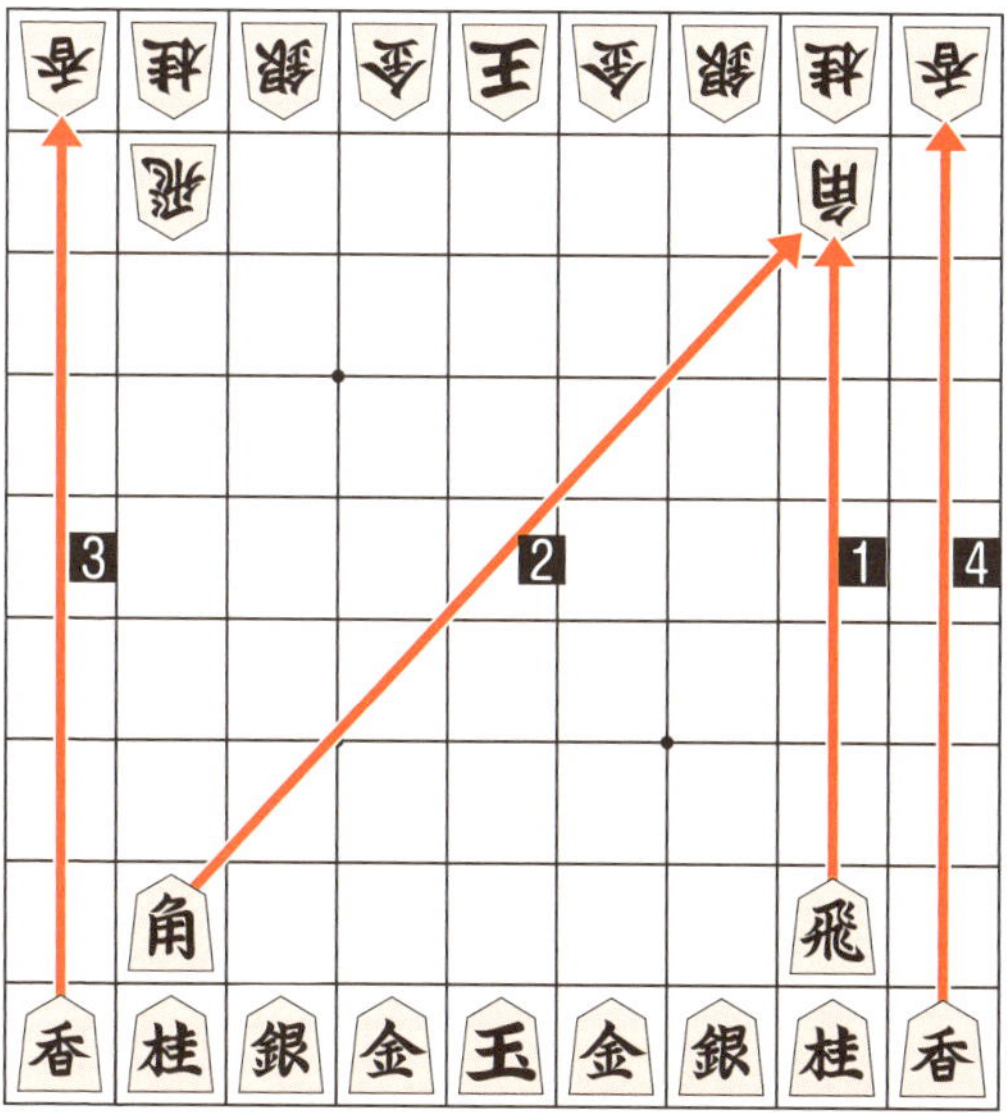

ステップ 6

# 小駒《こごま》の両取《りょうと》り

## 桂《けい》と香《きょう》の両取《りょうと》り

75ページで大駒《おおごま》での両取《りょうと》りがありましたね。今度《こんど》は小駒《こごま》での両取《りょうと》りです。⑪は桂《けい》で飛《ひ》と角《かく》をいっぺんにねらっています。

相手《あいて》はどちらかかたほうしか逃《に》げることができず、もう一方《いっぽう》を取《と》ることができます。⑫の香《きょう》の両取《りょうと》りは「田楽刺《でんがくざ》し」「串刺《くしざ》し」と言《い》われています。角《かく》を逃《に》げたら王《おう》が取《と》れるので、相手《あいて》は角《かく》を逃《に》げたくても逃《に》げられない状況《じょうきょう》です。

⑪

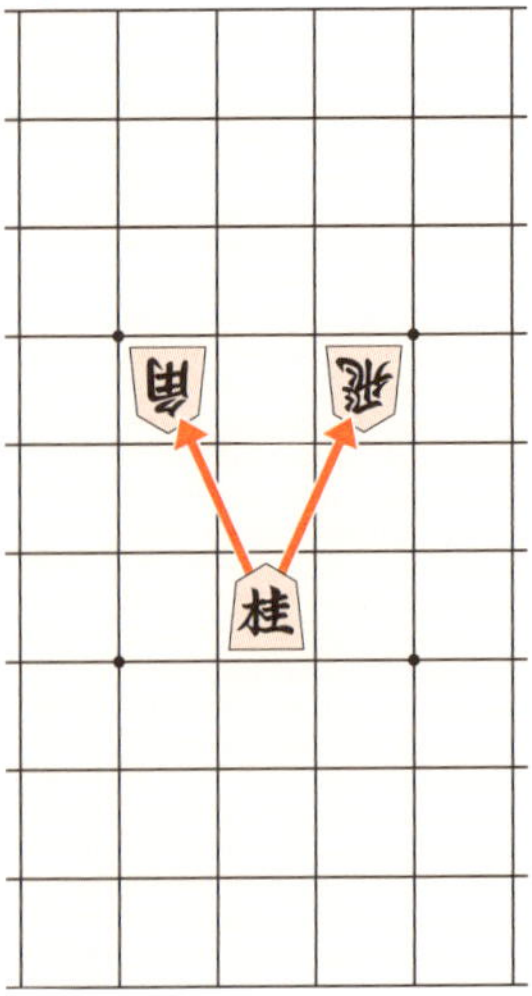


⑫

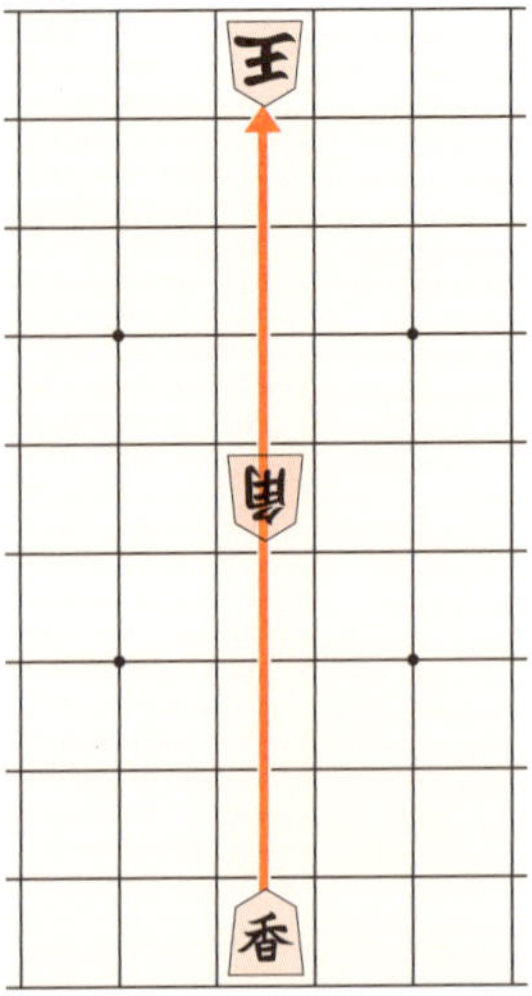

## 銀《ぎん》の両取《りょうと》り

⑬は銀《ぎん》の「割《わ》り打《う》ち」と呼《よ》ばれる両取《りょうと》りです。金《きん》と飛《ひ》は後《うし》ろナナメにスキがあるので、そこを銀《ぎん》でねらってみましょう。とてもよくでてくる形《かたち》です。

ただし、飛《ひ》を横《よこ》に逃《に》げて金《きん》を取《と》った後《あと》に、再《ふたた》び飛《ひ》で銀《ぎん》を取《と》り返《かえ》されます。わずかな駒得《こまどく》です。

⑬

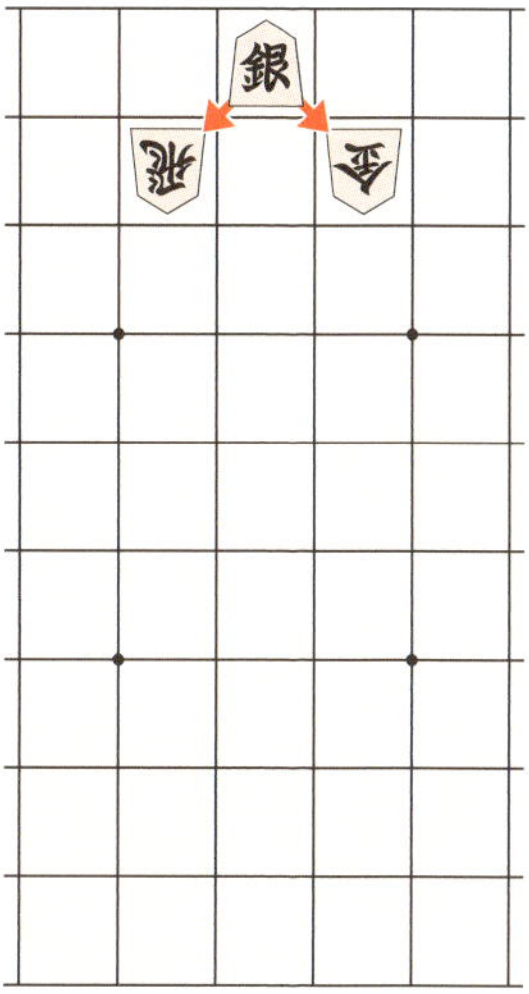


## と金《きん》の両取《りょうと》り

打《う》つだけでなく、盤《ばん》にすでにある駒《こま》を動《うご》かして両取《りょうと》りをかけることもあります。これは歩《ふ》が成《な》って飛《ひ》と角《かく》の両取《りょうと》りとなっています（⑭）。と金《きん》は元々《もともと》は歩《ふ》なので、大《おお》きな差《さ》のある大駒《おおごま》を取《と》れたら、だいぶ駒得《こまどく》です。

⑭

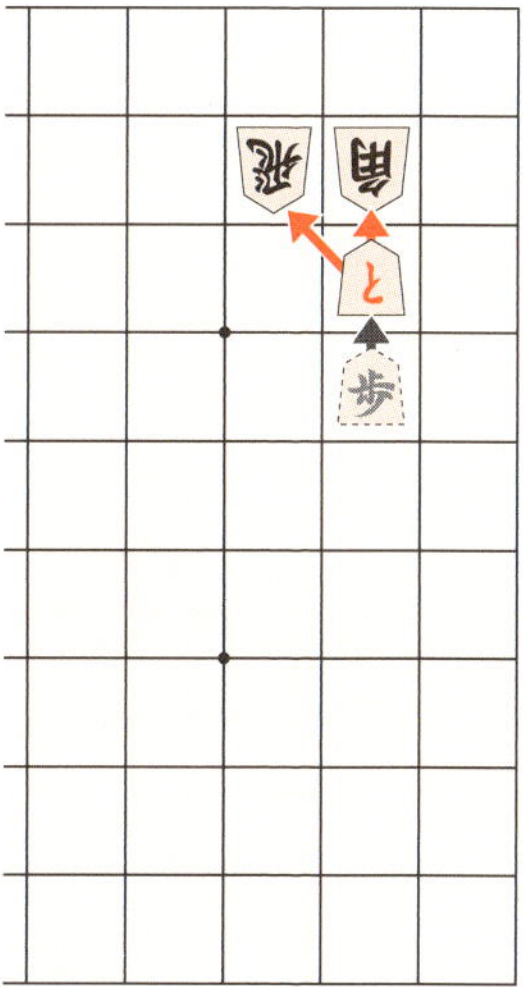

ステップ 7

# 駒《こま》を取《と》られないように守《まも》る

## 守《まも》りのポイント

**〔その1〕駒《こま》を逃《に》げる**（⑮）

ねらわれているマスから逃《に》げます。

⑮

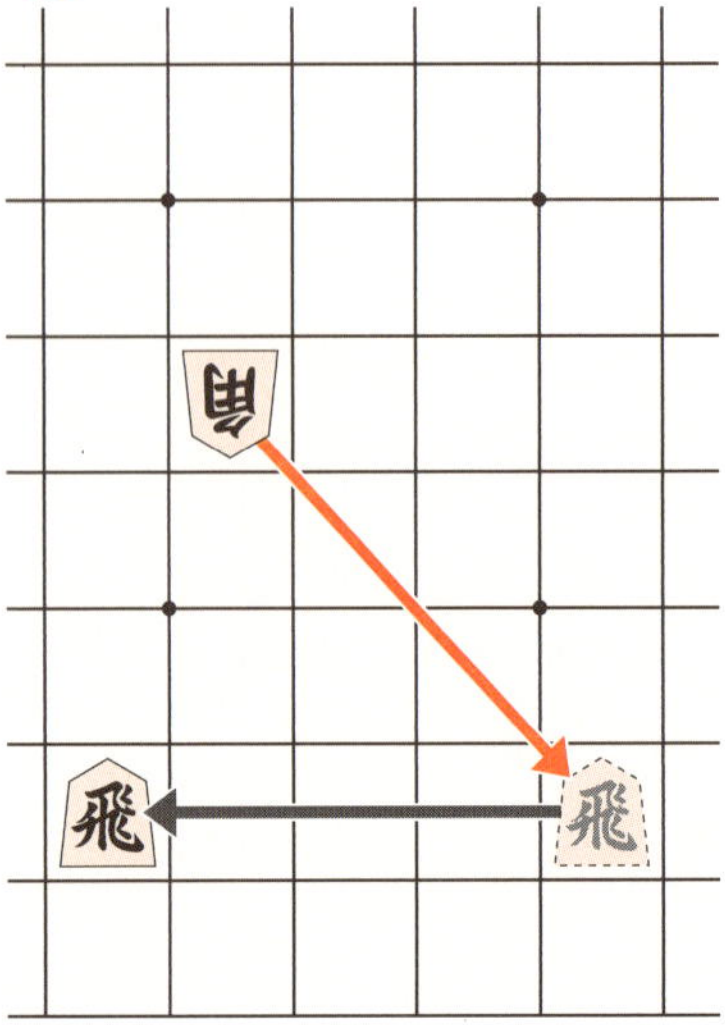


**〔その2〕取《と》られた後《あと》で取《と》り返《かえ》せるようにほかの駒《こま》をつれてくる**（⑯）

取《と》られたら取《と》り返《かえ》せるように銀《ぎん》を金《きん》で守《まも》りました。

⑯

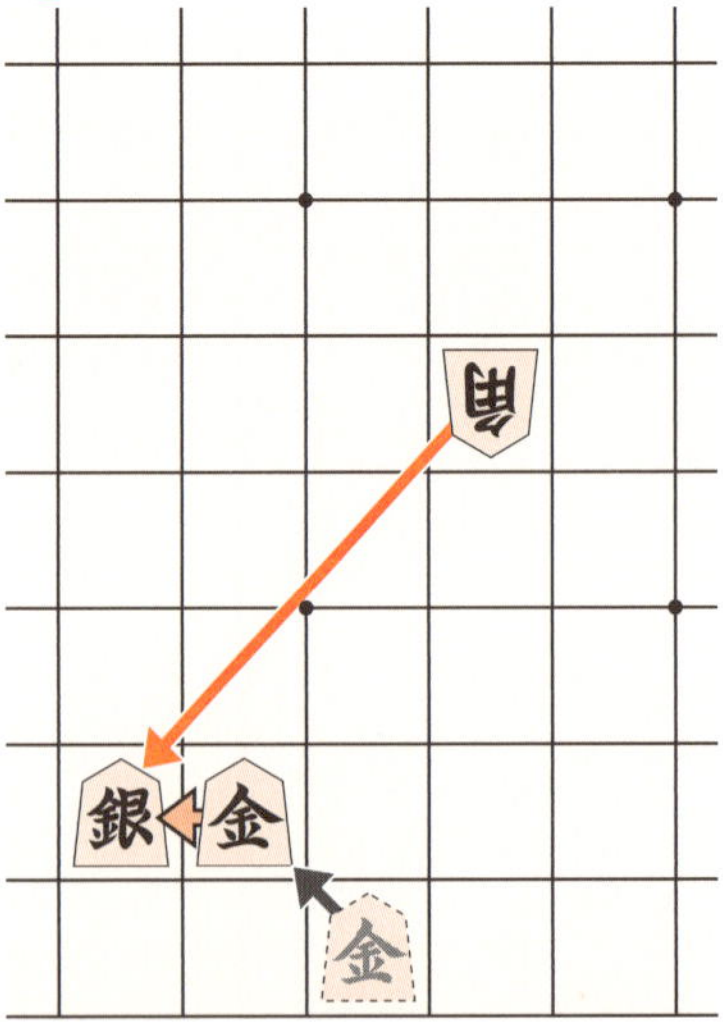

**〔その3〕ほかの駒《こま》でふせぐ**（⑰）

飛《ひ》、角《かく》、香《きょう》など利《き》きの長《なが》い駒《こま》でねらわれたときには、取《と》られそうな駒《こま》の間《あいだ》に相手《あいて》の攻《せ》め駒《こま》より弱《よわ》い駒《こま》を入《い》れてふせぐ方法《ほうほう》もあります。

⑰は味方《みかた》の駒《こま》をつれてきて、桂《けい》を「取《と》ってごらん、でも取《と》り返《かえ》すよ」という状態《じょうたい》にしています。

⑰

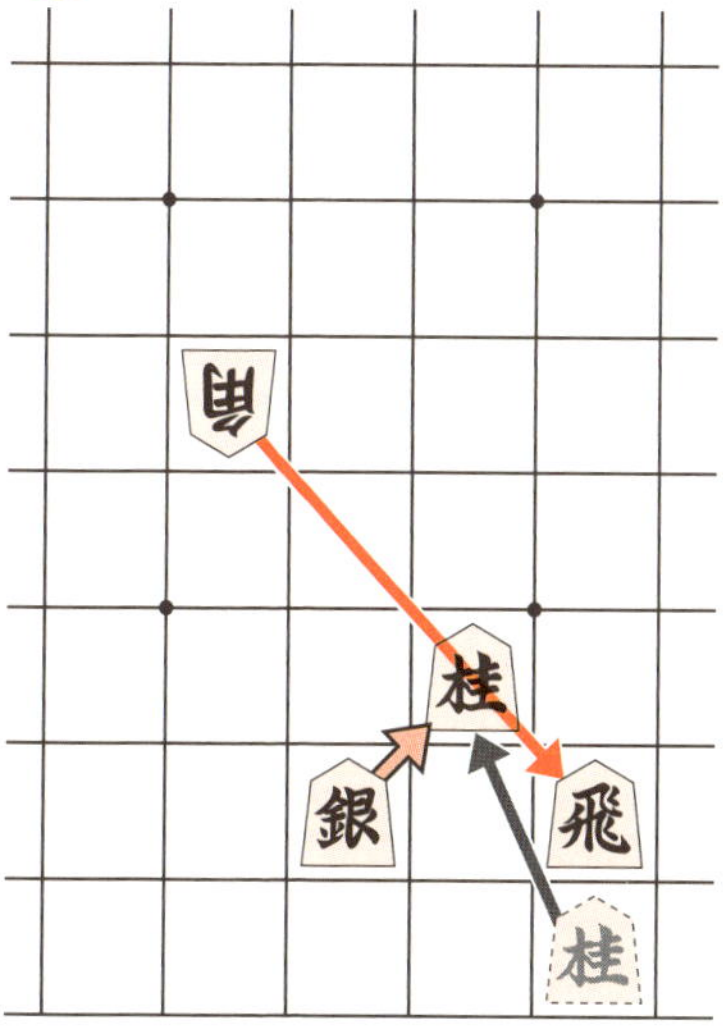


**〔その4〕取《と》られた後《あと》で取《と》り返《かえ》せるようにほかの駒《こま》が動《うご》ける所《ところ》に進《すす》める**（⑱）

⑱は取《と》られそうになっていた銀《ぎん》を、桂《けい》の利《き》きがあるマスに動《うご》かしました。

駒《こま》を取《と》られそうなときの守《まも》りかたのポイントは以上《いじょう》の4つです。

守《まも》りかたにもいろいろありますね。

⑱

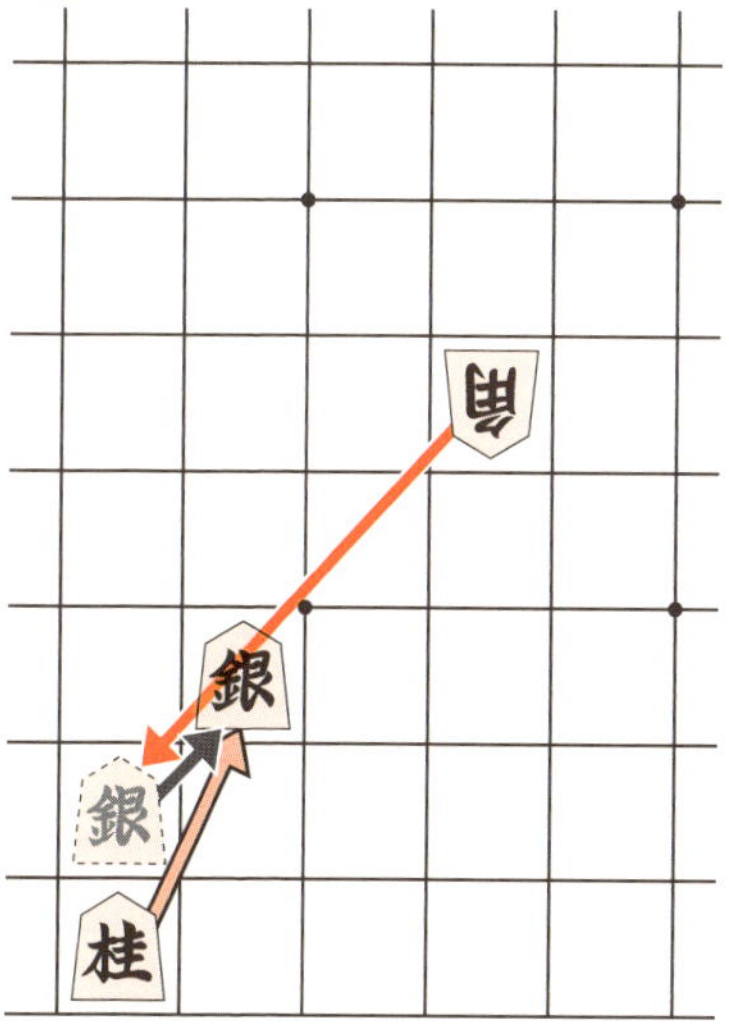

## 王手《おうて》のふせぎかた

駒《こま》を守《まも》るのとほぼ同《おな》じですが、玉《ぎょく》（王《おう》）の場合《ばあい》は取《と》られたら負《ま》けなので、方法《ほうほう》が限《かぎ》られます。ポイントは3つです。

**〔その1〕取《と》る**

まずは王手《おうて》している駒《こま》を取《と》ることができないか確認《かくにん》しましょう。取《と》ってしまえば安心《あんしん》です（⑲）。

⑲

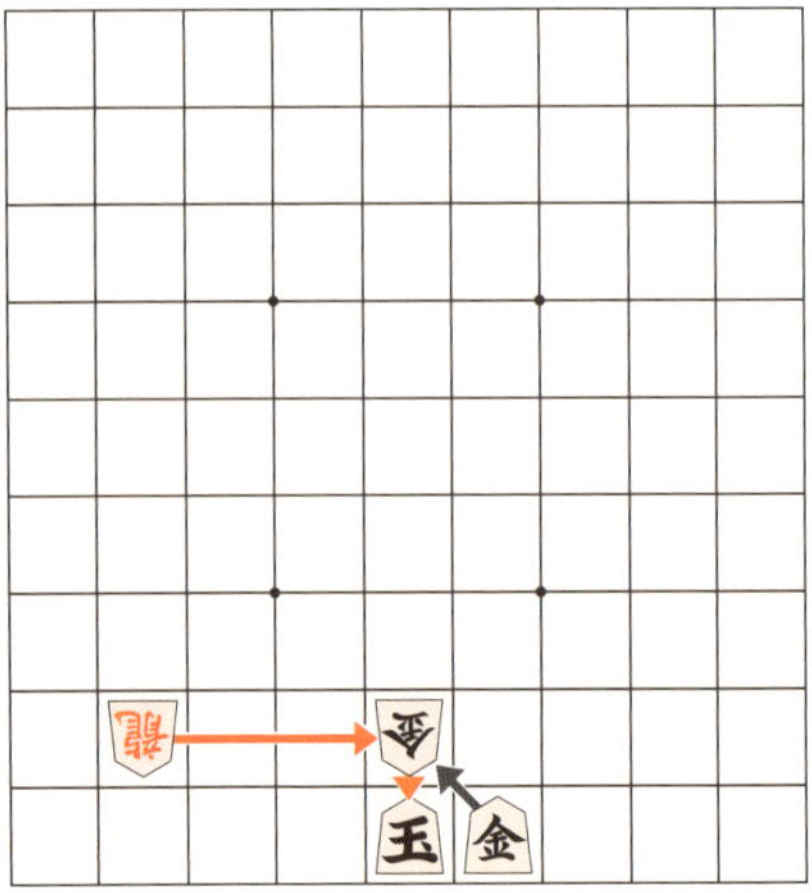

**〔その2〕逃《に》げる**

王手《おうて》している駒《こま》を取《と》れなければ、逃《に》げましょう。

なるべく敵《てき》の多《おお》い所《ところ》からはなれて逃《に》げ出《だ》したいものです（⑳）。

⑳

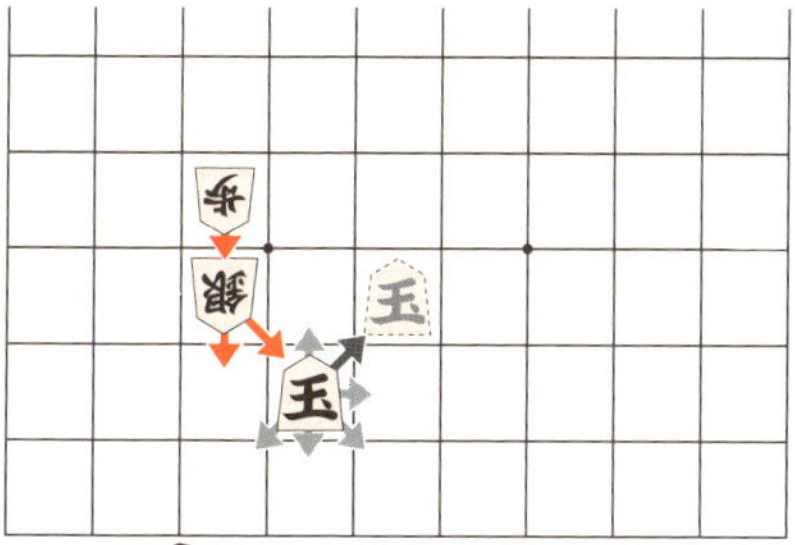

**〔その3〕合駒《あいごま》**

飛《ひ》や角《かく》や香《きょう》で遠《とお》くから王手《おうて》をされたときに、間《あいだ》に駒《こま》をはさんで守《まも》る方法《ほうほう》です（㉑）。相手《あいて》がこの駒《こま》を取《と》ってくれれば、銀《ぎん》で取《と》り返《かえ》すことができます。盾《たて》のようですね。

㉑

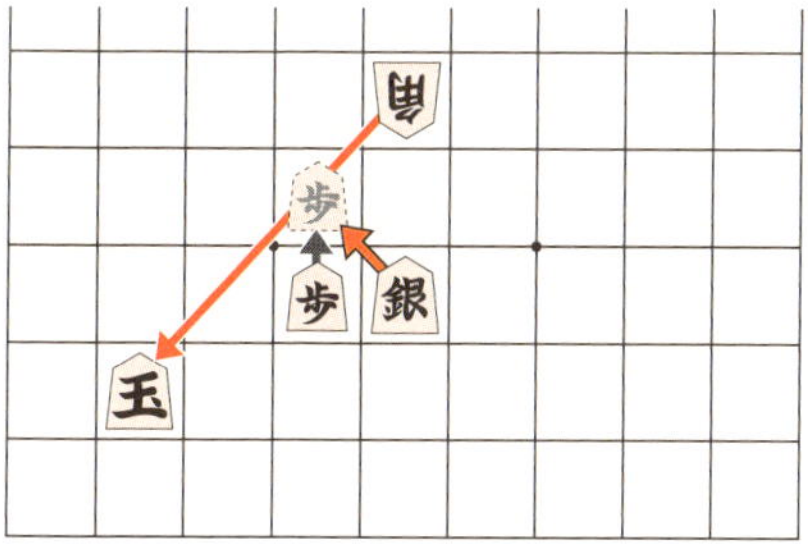

# 駒得《こまどく》クイズ

小駒《こごま》で両取《りょうと》りをかけて、じょうずに駒得《こまどく》しましょう。

## 問題《もんだい》❶

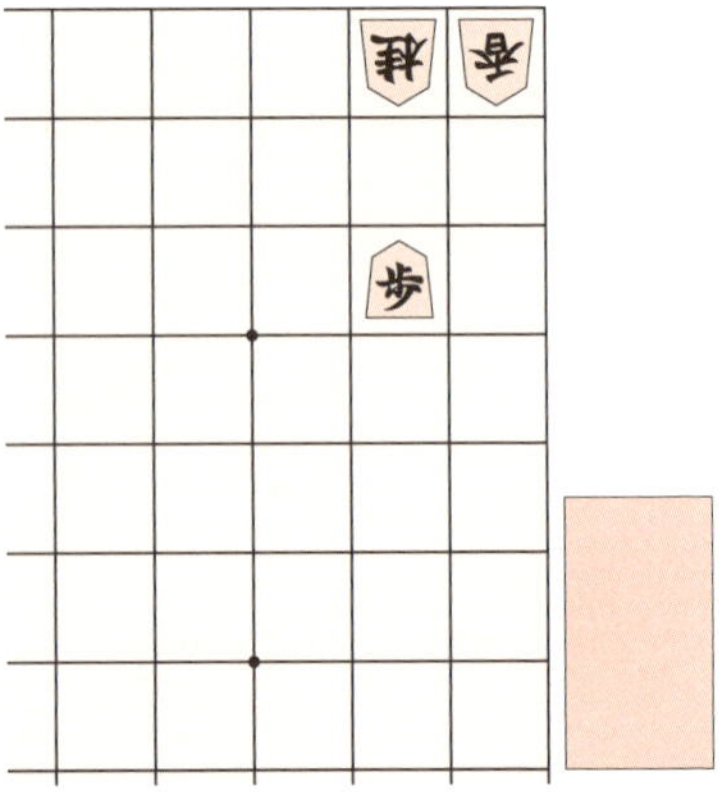


歩《ふ》をどうする？

## 問題《もんだい》❷

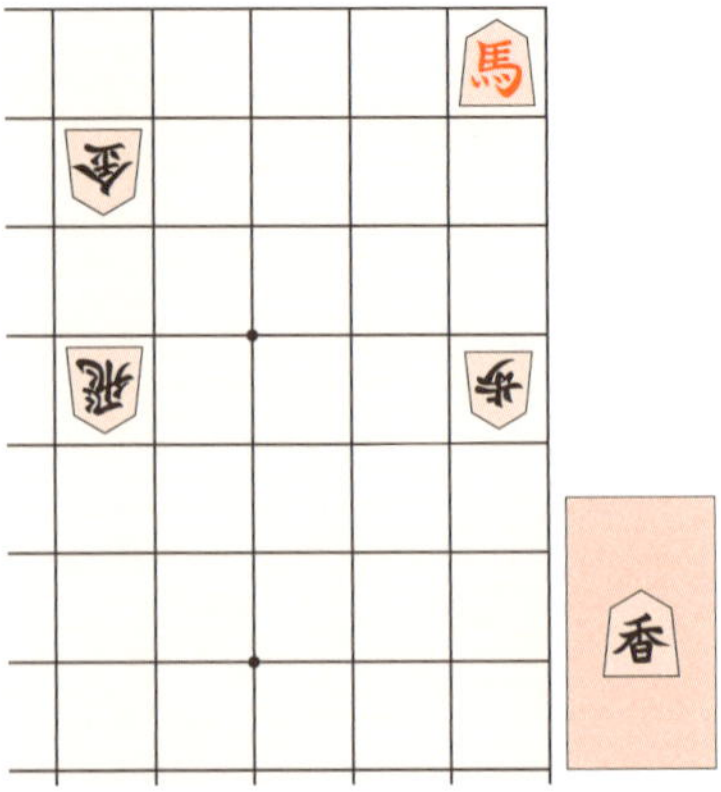


馬《うま》と協力《きょうりょく》して……

## 問題《もんだい》❸

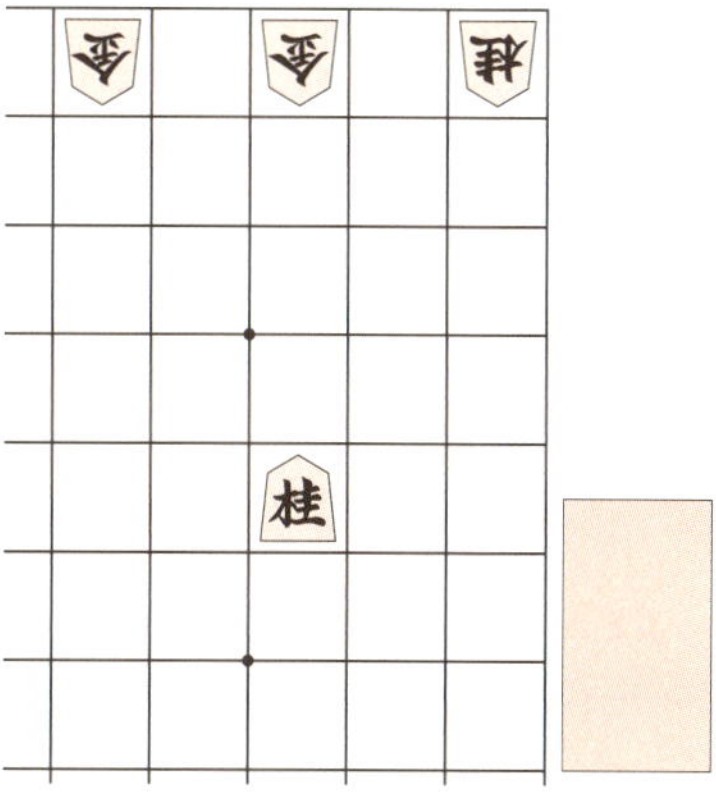


どっちに行《い》けばいい？

## 問題《もんだい》❹

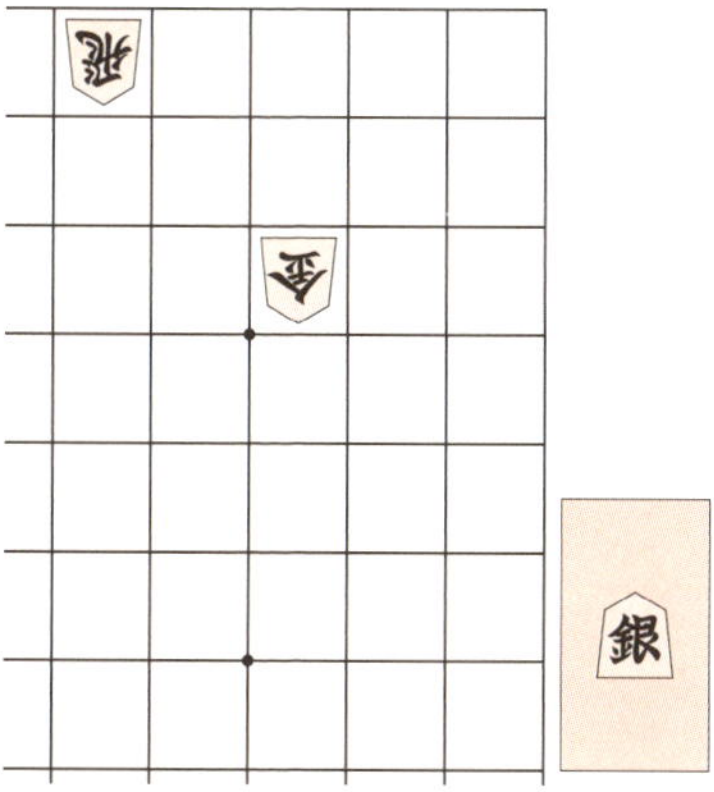


飛《ひ》と金《きん》の弱点《じゃくてん》は？

## 問題《もんだい》❺

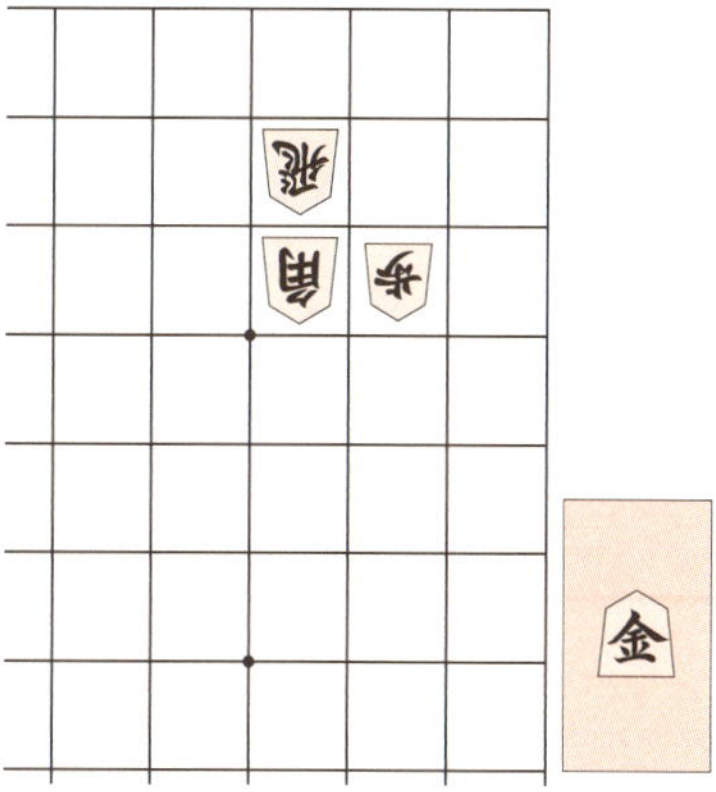


金《きん》で大駒《おおごま》を取《と》ろう！

## 問題《もんだい》❻

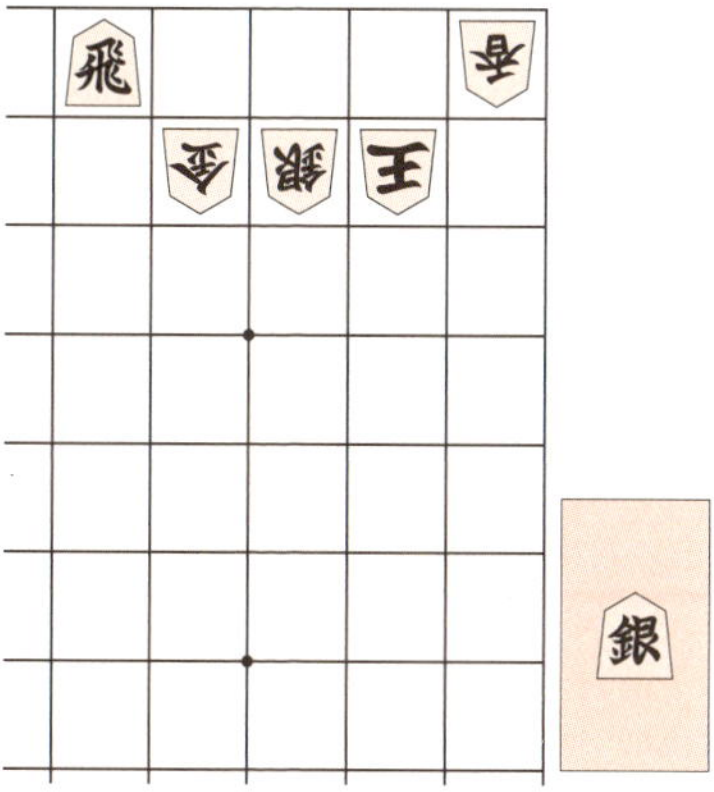


こんな両取《りょうと》りも……

# 駒得《こまどく》クイズの答《こた》え

## 問題《もんだい》❶の答《こた》え

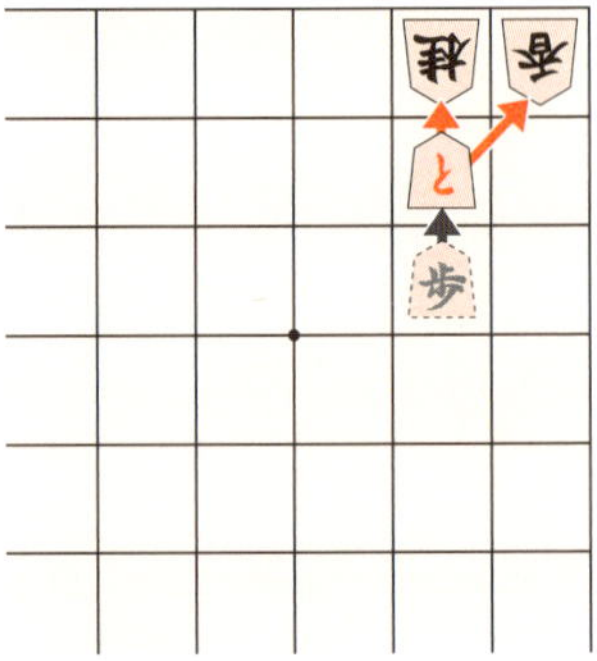

## 問題《もんだい》❷の答《こた》え

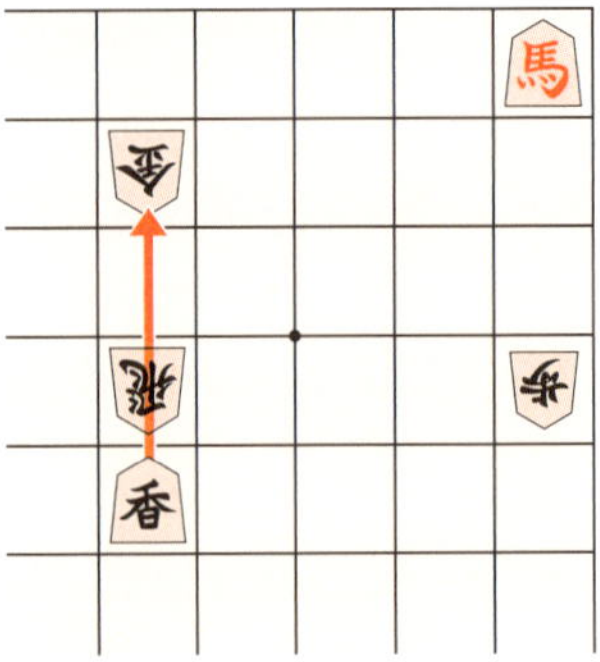

## 問題《もんだい》❸の答《こた》え

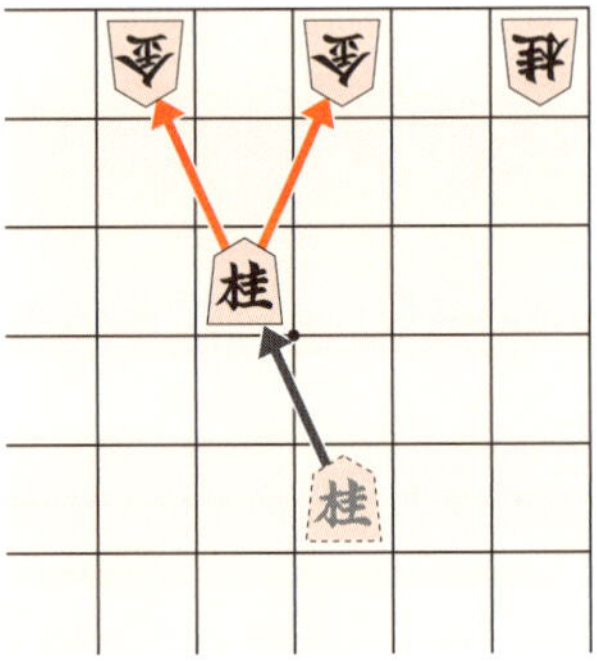

## 問題《もんだい》❹の答《こた》え

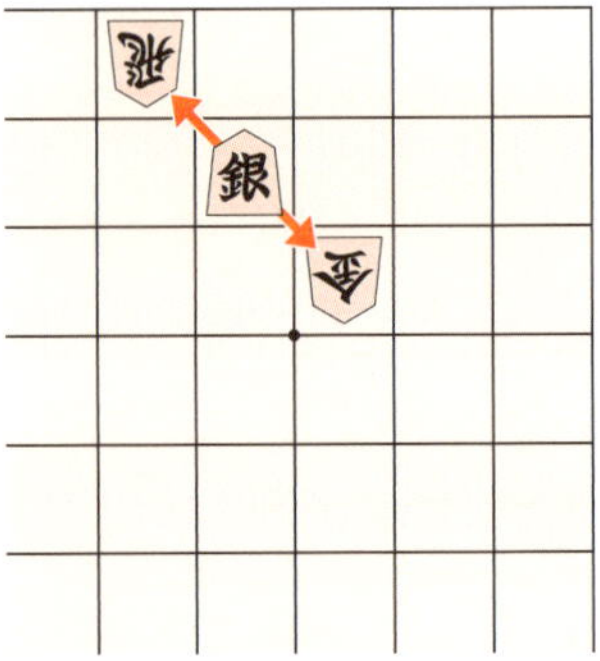

## 問題《もんだい》❺の答《こた》え

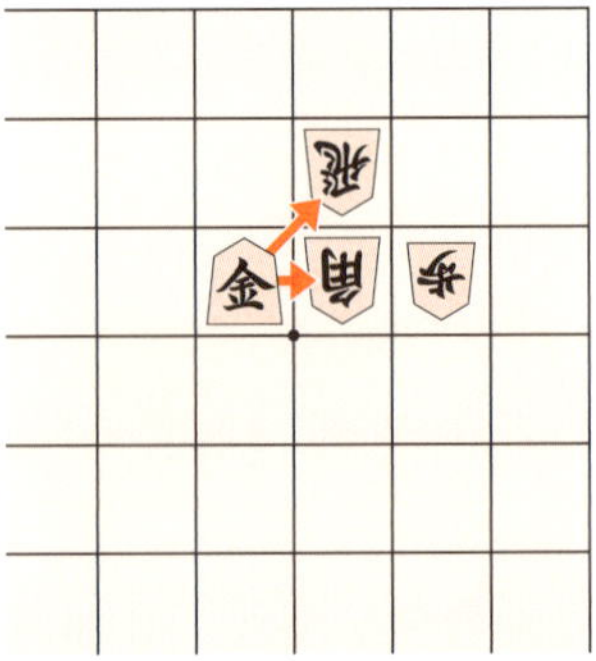

## 問題《もんだい》❻の答《こた》え

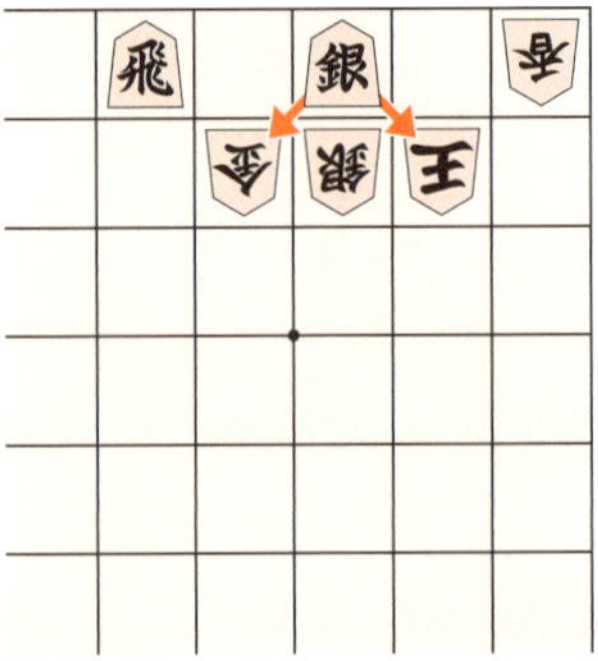

## おうちのかたへ

# オススメの将棋《しょうぎ》アプリ

たくさん対局《たいきょく》するのが良《よ》い練習法《れんしゅうほう》ですが、おうちのかたがずっと相手《あいて》をするのは大変《たいへん》…。そんなときは将棋《しょうぎ》アプリがオススメです。いつでもどこでもできる手軽《てがる》さだけでなく、駒《こま》の動《うご》きやルールを間違《まちが》えた手《て》を指《さ》せないので初心者《しょしんしゃ》でも正《ただ》しく指《さ》せます。

スマホやタブレットで使《つか》える将棋《しょうぎ》アプリはたくさんあります。その中《なか》でも使《つか》いやすいものをご紹介《しょうかい》します。

**●ぴよ将棋《しょうぎ》**

強《つよ》さレベル1～30のかわいいひよこたちが対戦相手《たいせんあいて》です。「飛角《ひかく》おにごっこ」や「青空将棋《あおぞらしょうぎ》」もプレイ可能《かのう》です。高機能《こうきのう》なのに無料《むりょう》なのがうれしいところです。

**●将棋《しょうぎ》ウォーズ**

常時《じょうじ》5000人以上《にんいじょう》がオンライン対局《たいきょく》をしている将棋《しょうぎ》ウォーズ。

戦法《せんぽう》や囲《かこ》いの名前《なまえ》が対局中《たいきょくちゅう》に表示《ひょうじ》され、それをコレクションすることができます。楽《たの》しみながら形《かたち》を覚《おぼ》えられます。1日《にち》3局《きょく》まで無料《むりょう》です。

勝《か》ち負《ま》けの報告《ほうこく》を聞《き》いたり、「棋譜《きふ》」を見《み》て、応援《おうえん》してあげてください。

コラム⑤

# 将棋《しょうぎ》とインターネット

昔《むかし》はどこの家《いえ》にもあった将棋盤《しょうぎばん》ですが、テレビゲームができてからこどもたちの遊《あそ》びかたがかわり、将棋《しょうぎ》もインターネットやスマホアプリで対局《たいきょく》されるようになりました。

スポーツ競技《きょうぎ》とちがって、将棋《しょうぎ》はインターネットを使《つか》って遠《とお》く離《はな》れた人とも対局《たいきょく》することができます。コンピューター相手《あいて》に対局《たいきょく》したり、自分《じぶん》で練習《れんしゅう》するためのソフトやアプリがたくさん出《で》てきています。

この本《ほん》を読《よ》んで将棋《しょうぎ》ができるようになった後《あと》、対局相手《たいきょくあいて》をさがすにはアプリがおすすめです。

「ぴよ将棋《しょうぎ》」はかわいいひよこのキャラのコンピューターが相手《あいて》をしてくれます。「将棋《しょうぎ》ウォーズ」はいつでも5000人くらいが通信対局《つうしんたいきょく》をしています。「将棋倶楽部《しょうぎくらぶ》24」や「81dojo《どうじょう》」は、ゆっくり時間《じかん》をかけて対局《たいきょく》したいときにおすすめです。どれも棋譜《きふ》（対局《たいきょく》の記録《きろく》）が残《のこ》るので、自分《じぶん》の対局《たいきょく》をふりかえるのにも便利《べんり》です。

プロ棋士《きし》の対局《たいきょく》をインターネットで見《み》ることもできます。

AbemaTVやニコニコ生放送《なまほうそう》には将棋《しょうぎ》の番組《ばんぐみ》がありますし、プロ棋士《きし》の指《さ》し手《て》がリアルタイムで配信《はいしん》され、解説《かいせつ》が読《よ》める「将棋連盟《しょうぎれんめい》ライブ中継《ちゅうけい》」もあります。

対局《たいきょく》するだけではなく、見《み》たり勉強《べんきょう》したりするための新《あたら》しいツールが増《ふ》えてきました。いろいろえらべるので自分《じぶん》にあった方法《ほうほう》で将棋《しょうぎ》を楽《たの》しんでください！

# レッスン 6

# 駒《こま》落《お》ちで対《たい》局《きょく》しよう

だんだんレベルアップ！　全部《ぜんぶ》の駒《こま》を並《なら》べて対局《たいきょく》にチャレンジしましょう。

「香《きょう》」　「成香《なりきょう》」

（レッスンが進《すす》むたびに駒《こま》のなかまが増《ふ》えるよ）

ステップ1

# 符号《ふごう》の読《よ》みかた

## 符号《ふごう》

将棋盤《しょうぎばん》のマスには住所《じゅうしょ》があります。
タテの筋《すじ》が1から9　ヨコの段《だん》が一《いち》から九《きゅう》
それを組《く》み合《あ》わせて場所《ばしょ》を示《しめ》します（下《した》の図《ず》）。この住所《じゅうしょ》をあらわす数字《すうじ》の組《く》み合《あ》わせを「符号《ふごう》」といいます。

たとえば、●のマスは1筋目《すじめ》の一段目《だんめ》なので、「1一《いちいち》」と書《か》きます。
★のマスは2筋目《すじめ》の3段目《だんめ》なので、「2三《にさん》」と書《か》きます。

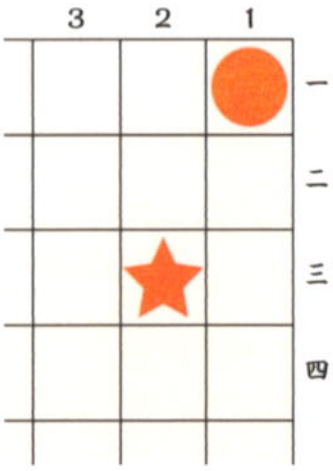


| 9 | 8 | 7 | 6 | 5 | 4 | 3 | 2 | 1 | |
|---|---|---|---|---|---|---|---|---|---|
| 9一 | 8一 | 7一 | 6一 | 5一 | 4一 | 3一 | 2一 | 1一 | 一 |
| 9二 | 8二 | 7二 | 6二 | 5二 | 4二 | 3二 | 2二 | 1二 | 二 |
| 9三 | 8三 | 7三 | 6三 | 5三 | 4三 | 3三 | 2三 | 1三 | 三 |
| 9四 | 8四 | 7四 | 6四 | 5四 | 4四 | 3四 | 2四 | 1四 | 四 |
| 9五 | 8五 | 7五 | 6五 | 5五 | 4五 | 3五 | 2五 | 1五 | 五 |
| 9六 | 8六 | 7六 | 6六 | 5六 | 4六 | 3六 | 2六 | 1六 | 六 |
| 9七 | 8七 | 7七 | 6七 | 5七 | 4七 | 3七 | 2七 | 1七 | 七 |
| 9八 | 8八 | 7八 | 6八 | 5八 | 4八 | 3八 | 2八 | 1八 | 八 |
| 9九 | 8九 | 7九 | 6九 | 5九 | 4九 | 3九 | 2九 | 1九 | 九 |

## マス目《め》の住所《じゅうしょ》と棋譜《きふ》

符号《ふごう》で対局《たいきょく》の指《さ》し手《て》を記録《きろく》したものを棋譜《きふ》といいます。

たとえば「☗2六歩《にろくふ》」と書《か》いてあったら

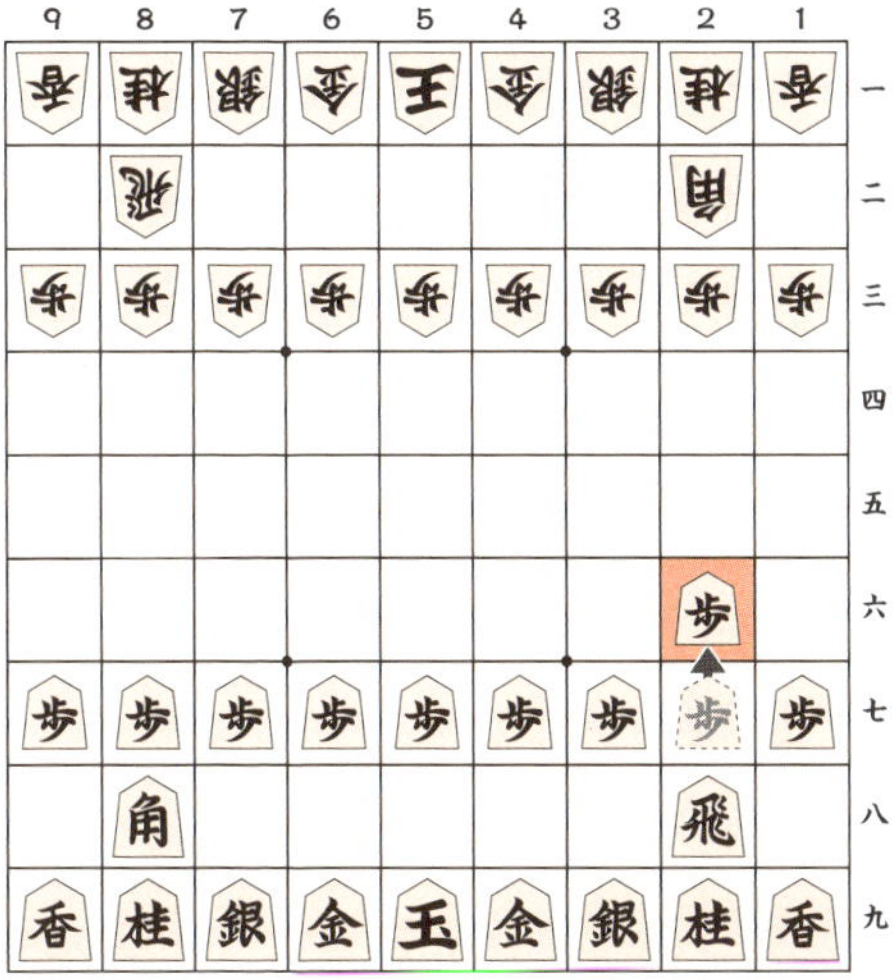


「先手《せんて》が2筋目《すじめ》の六段目《ろくだんめ》に歩《ふ》を進《すす》めた」という意味《いみ》です。

棋譜《きふ》は次《つぎ》の❶〜❺の内容《ないよう》を組《く》み合《あ》わせて記《しる》します。

❶先手後手《せんてごて》の区別《くべつ》（☗＝先手《せんて》、☖＝後手《ごて》）
❷マスの符号《ふごう》
❸駒《こま》の名前《なまえ》

※❹と❺は必要《ひつよう》のあるときだけ書《か》きます。

❹そのマスに行《い》ける同《おな》じ種類《しゅるい》の駒《こま》が2つ以上《いじょう》あり駒《こま》を区別《くべつ》する必要《ひつよう》があるとき「駒《こま》の名前《なまえ》」の後《あと》に動《うご》いた駒《こま》を示《しめ》す（右《みぎ》＝右《みぎ》の駒《こま》が動《うご》いた、左《ひだり》＝左《ひだり》の駒《こま》が動《うご》いた、直《すぐ》＝前《まえ》に動《うご》いた、引《ひく》＝後《うしろ》に動《うご》いた、寄《よる》＝横《よこ》に動《うご》いた）
❺特別《とくべつ》な動《うご》きを示《しめ》す（成《なり》＝成《な》った、不成《ならず》＝成《な》らなかった、打《うつ》＝盤上《ばんじょう》の同《おな》じ種類《しゅるい》の駒《こま》がその場所《ばしょ》に進《すす》めるが持《も》ち駒《こま》を打《う》った）

ステップ 2

# 駒《こま》の並《なら》べかたをおぼえよう

## 2つの流派《りゅうは》

ここからは、全部《ぜんぶ》の駒《こま》を使《つか》う本将棋《ほんしょうぎ》の練習《れんしゅう》をしていきましょう。

盤《ばん》の真《ま》ん中《なか》に駒《こま》を出《だ》し、まず上位者《じょういしゃ》が「王《おう》」❶を取《と》って、盤《ばん》に並《なら》べます。次《つぎ》に下位者《かいしゃ》が「玉《ぎょく》」❷を並《なら》べます。上位者《じょういしゃ》とは、将棋《しょうぎ》の強《つよ》さのレベルが上《うえ》の人《ひと》のことで、下位者《かいしゃ》はそれとは反対《はんたい》の人《こと》のことです。

次《つぎ》に上位者《じょういしゃ》が左側《ひだりがわ》の金《きん》、下位者《かいしゃ》が左側《ひだりがわ》の金《きん》……とひとつずつ交互《こうご》に並《なら》べるのが正式《せいしき》な作法《さほう》です。

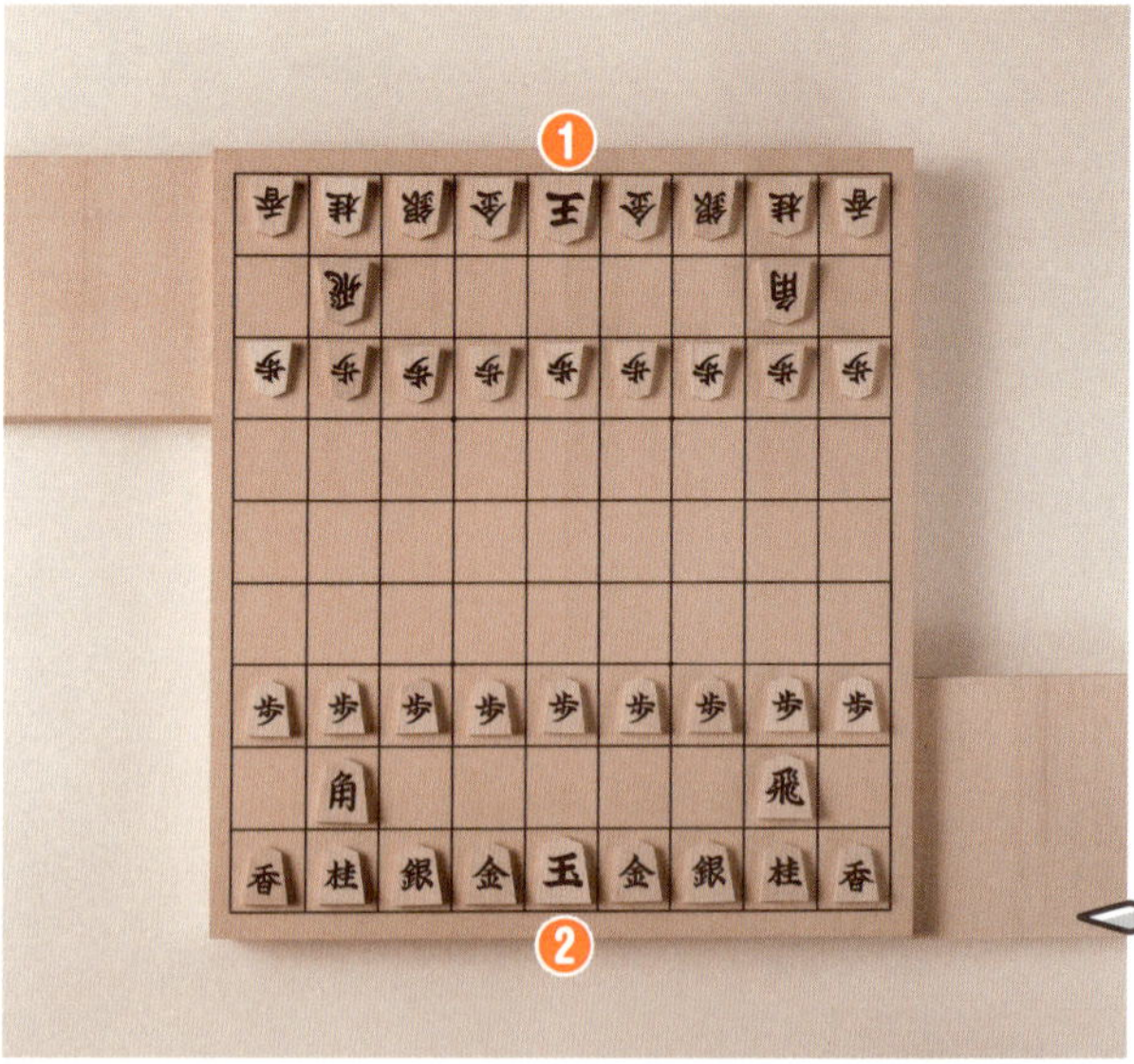

## ●大橋流《おおはしりゅう》

いまから400年《ねん》ほど前《まえ》の江戸時代《えどじだい》に「大橋《おおはし》家《け》」と「伊藤家《いとうけ》」という将棋《しょうぎ》の家元《いえもと》がありました。その大橋家《おおはしけ》の駒《こま》の並《なら》べかたです。いまでもプロ棋士《きし》の多《おお》くがこの並《なら》べかたをしています。

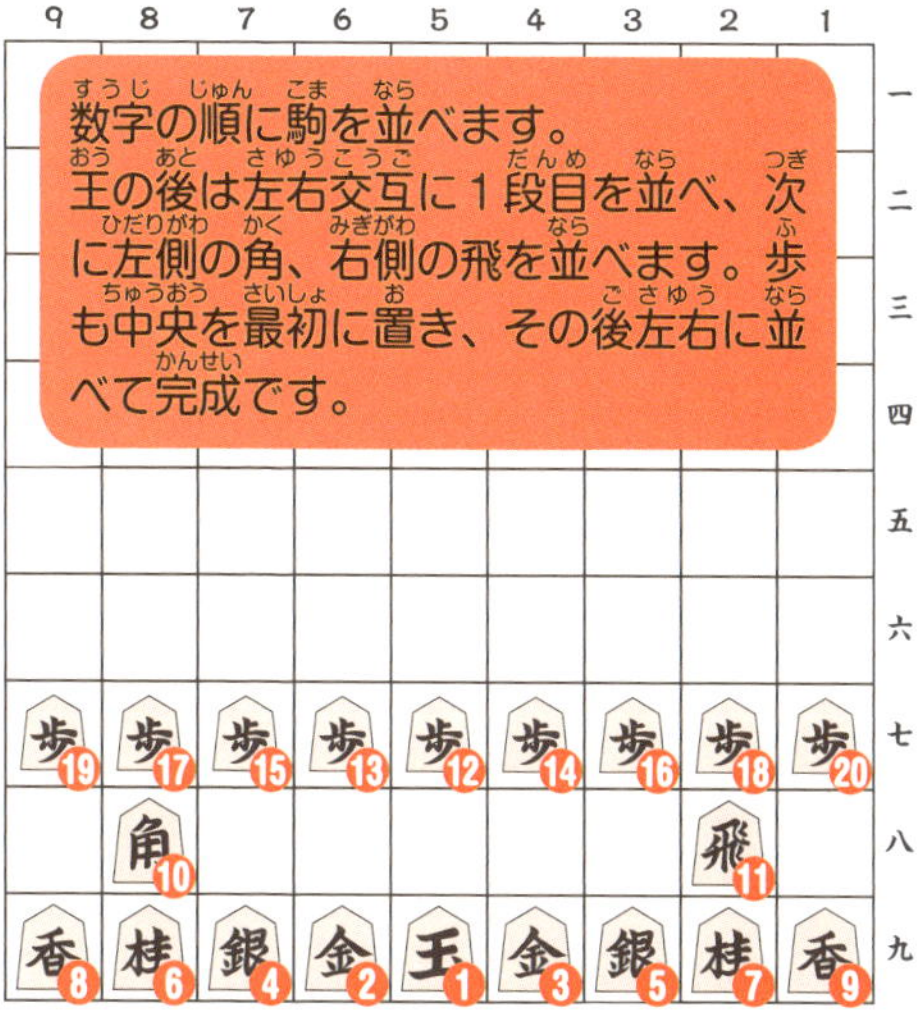
数字《すうじ》の順《じゅん》に駒《こま》を並《なら》べます。
王《おう》の後《あと》は左右交互《さゆうこうご》に1段目《だんめ》を並《なら》べ、次《つぎ》に左側《ひだりがわ》の角《かく》、右側《みぎがわ》の飛を並《なら》べます。歩《ふ》も中央《ちゅうおう》を最初《さいしょ》に置《お》き、その後左右《ごさゆう》に並《なら》べて完成《かんせい》です。

## ●伊藤流《いとうりゅう》

もう一方《いっぽう》の家元《いえもと》「伊藤家《いとうけ》」の並《なら》べかた。1段目《だんめ》の桂馬《けいま》まで大橋流《おおはしりゅう》と同《おな》じように並《なら》べ、歩《ふ》を左《ひだり》から順《じゅん》に並《なら》べます。「走《はし》り駒《ごま》」といわれる飛《ひ》角香《かくきょう》を歩《ふ》の後《あと》に並《なら》べるのがとくちょうです。

数字《すうじ》の順《じゅん》に駒《こま》を並《なら》べます。
並《なら》べる途中《とちゅう》で駒《こま》の利《き》きが敵陣《てきじん》に直通《ちょくつう》しないように配慮《はいりょ》した並《なら》べかたです。

ステップ
3
# 駒《こま》落《お》ち

## ハンデつきで対局《たいきょく》する

本将棋《ほんしょうぎ》の形《かたち》に並《なら》べてから、対局《たいきょく》する前《まえ》に駒《こま》を減《へ》らすことを「駒《こま》を落《お》とす」といいます。

ハンデをつける「駒落《こまお》ち」は、棋力《きりょく》（強《つよ》さ）に差《さ》がある相手《あいて》とでも対局《たいきょく》できます。

駒《こま》を落《お》とした側《がわ》を「上手《うわて》」、もう一方《いっぽう》を「下手《したて》」といいます。そして必《かなら》ず上手《うわて》が王《おう》、下手《したて》が玉《ぎょく》を持《も》ちます。

❶の10枚落《まいお》ちはレッスン4の66ページでチャレンジした飛角鬼《ひかくおに》ごっこのレベル4がクリアできていれば卒業《そつぎょう》です。

### ❶ 10枚落《まいお》ち

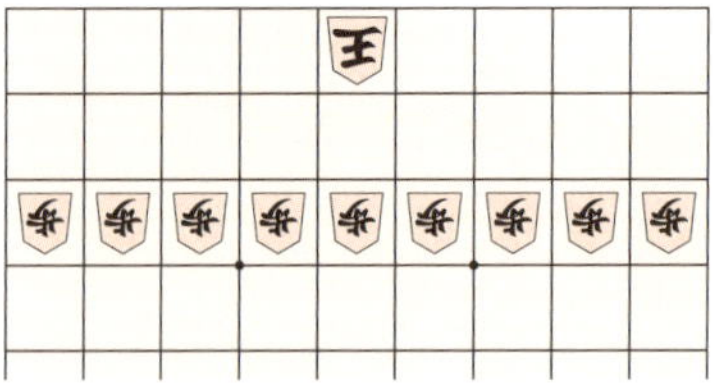

王《おう》と歩《ふ》以外《いがい》の駒《こま》（飛《ひ》、角《かく》、金《きん》2枚《まい》、銀《ぎん》2枚《まい》、桂《けい》2枚《まい》、香《きょう》2枚《まい》）の合計《ごうけい》10枚《まい》減《へ》らした（落《お》とした）ものが「10枚落《まいお》ち」。

### ❷ 9枚落《まいお》ち

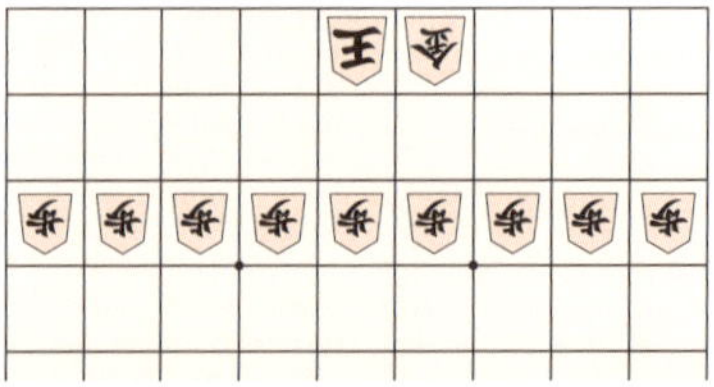

10枚落《まいお》ちに左《ひだり》か右《みぎ》、どちらかの金《きん》が増《ふ》えたものです。

（左金《ひだりきん》バージョン）

レッスン6では②の9枚《まい》落《お》ちを見《み》ていきましょう。なお、この本《ほん》ではくわしく取《と》り上《あ》げませんが、ほかの駒《こま》落《お》ちについてもしょうかいしておきます。通常《つうじょう》は10枚《まい》→9枚《まい》→8枚《まい》（③）→6枚《まい》（飛角桂香落《ひかくけいきょうお》ち）→4枚《まい》（飛角香落《ひかくきょうお》ち）→2枚《まい》（④）（飛角落《ひかくお》ち）→飛香落《ひきょうお》ち→飛落《ひお》ち→角《かく》落《お》ち→左香落《ひだりきょうお》ち→平手《ひらて》と進《すす》みます。

「2枚落《まいお》ちでプロに勝《か》てたらアマ初段《しょだん》」というのが昔《むかし》からいわれているひとつの目安《めやす》。いまはパソコンソフトや携帯《けいたい》アプリでコンピューター相手《あいて》に対局《たいきょく》できるので、ハンデの大《おお》きいほうから挑戦《ちょうせん》してみましょう。

落《お》とした駒《こま》は基本的《きほんてき》には駒箱《こまばこ》の中《なか》にしまって対局《たいきょく》には使《つか》いません。しかし、⑤や⑥のようにして、上手《うわて》が落《お》とした駒《こま》を下手《したて》が持《も》って対局《たいきょく》するなど、自由《じゆう》にやってみてください。

## ③ 8枚落《まいお》ち

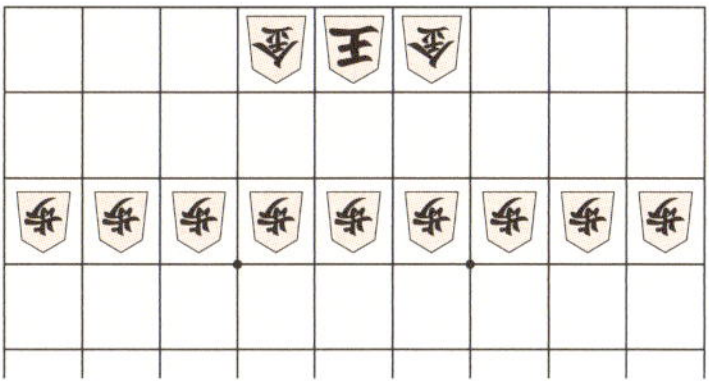

## ④ 2枚落《まいお》ち

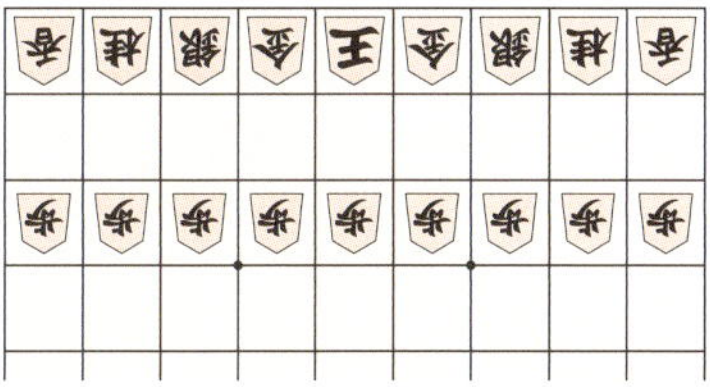

## ⑤とんぼ

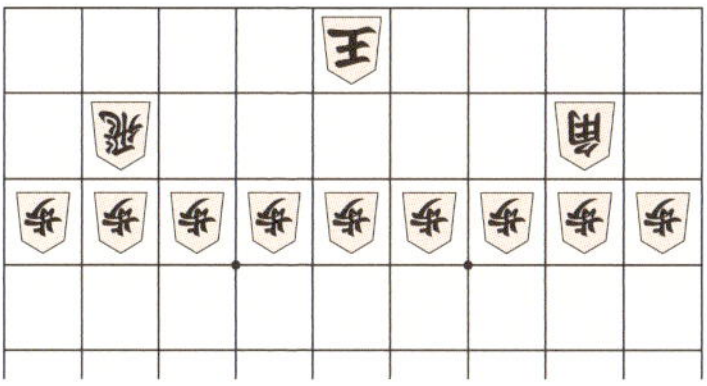

## ⑥飛角金銀落《ひかくきんぎんお》ち

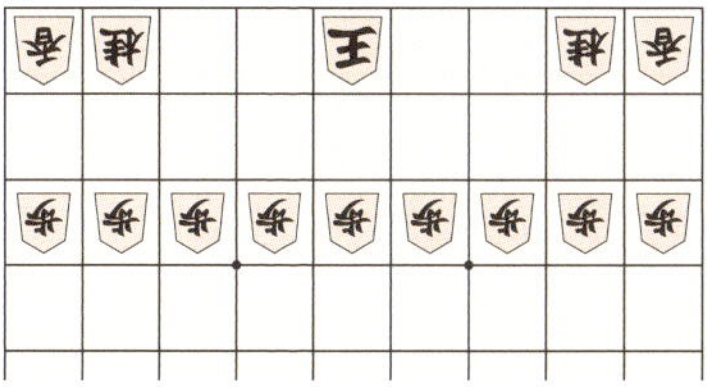

# 9枚落《まいお》ち

9枚落《まいお》ち（7）の対局《たいきょく》の例《れい》を見《み》ていきましょう。

7

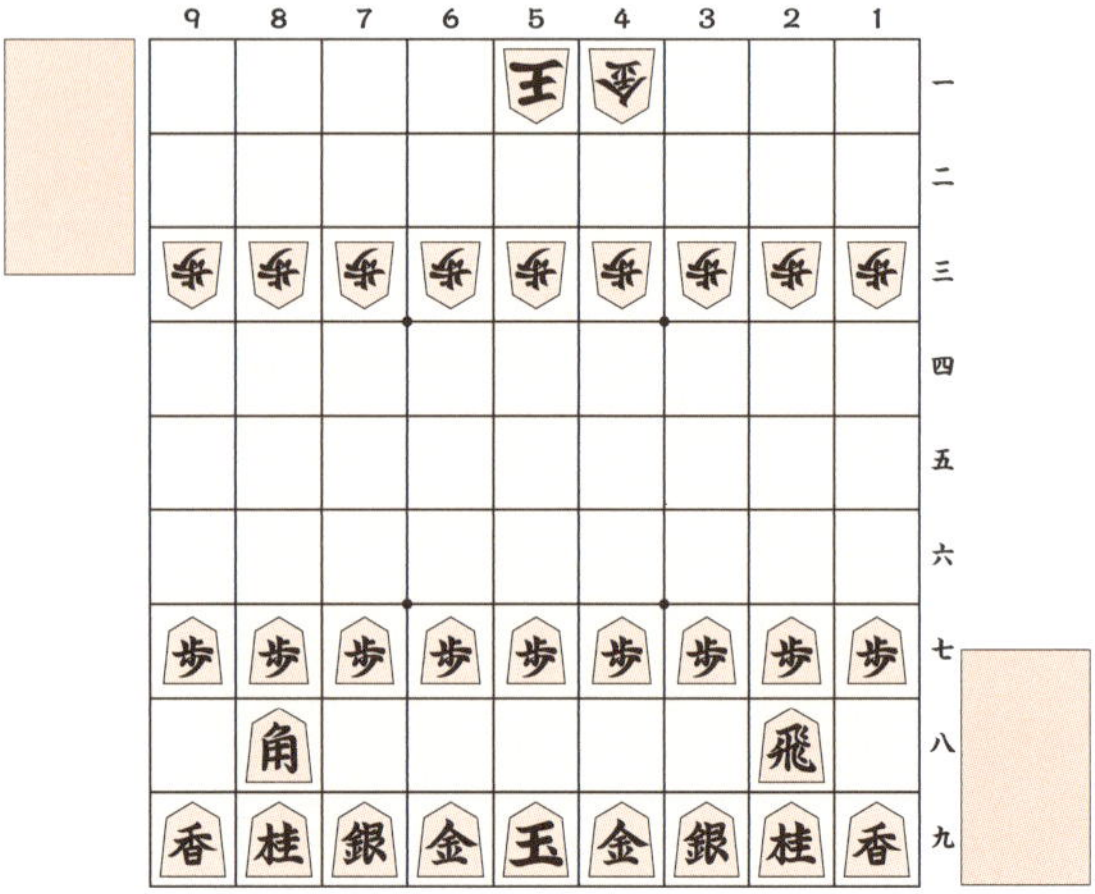


［初手《しょて》からの指《さ》し手《て》］

☖3二金《さんにきん》　☗7六歩《ななろくふ》　☖6二玉《ろくにぎょく》（8）

下手《したて》はまず☗7六歩《ななろくふ》と角道《かくみち》を開《あ》けましょう。

角《かく》を成《な》れるにはどこをねらいますか？

8

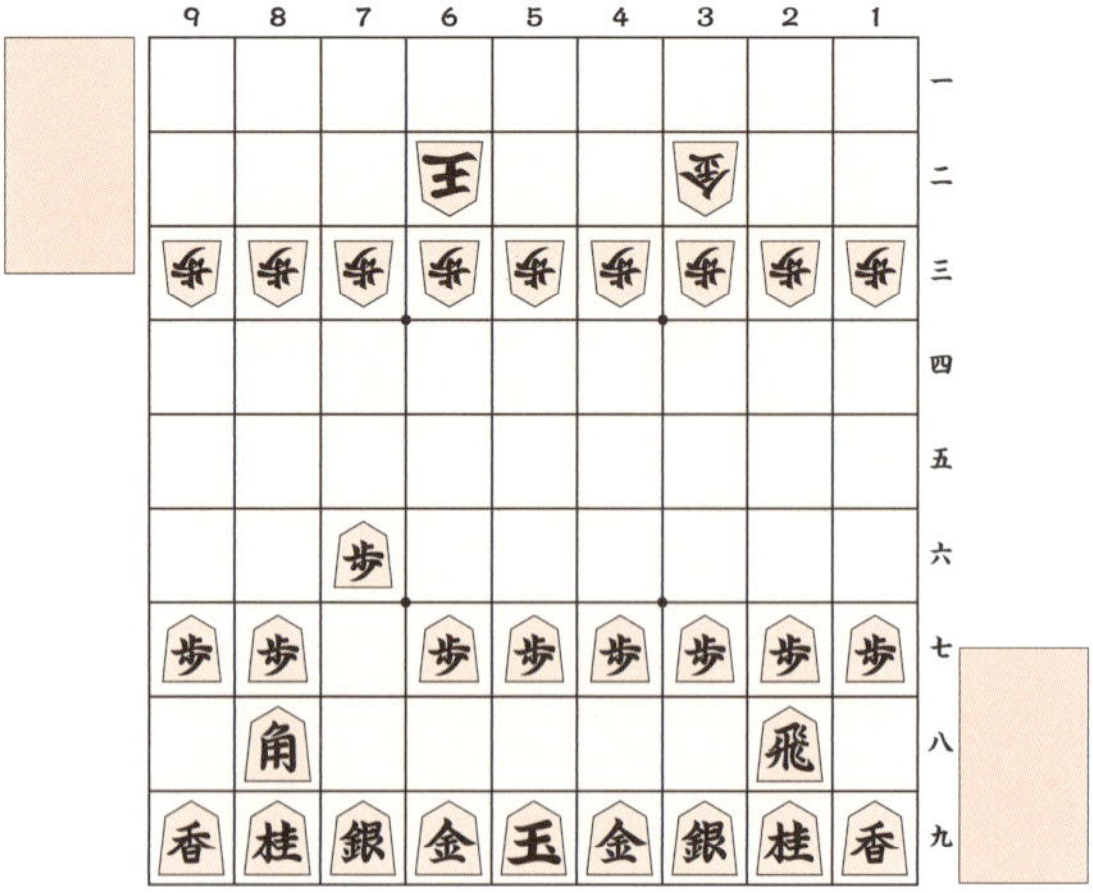

▲6六角《ろくろくかく》　△5四歩《ごよんふ》（9）

▲6六角《ろくろくかく》と上《あ》がって左側《ひだりがわ》をねらうのが良《よ》い手《て》です。上手《うわて》は守《まも》りが間《ま》に合《あ》いませんので、玉《ぎょく》の逃《に》げ道《みち》を開《あ》けます。

9

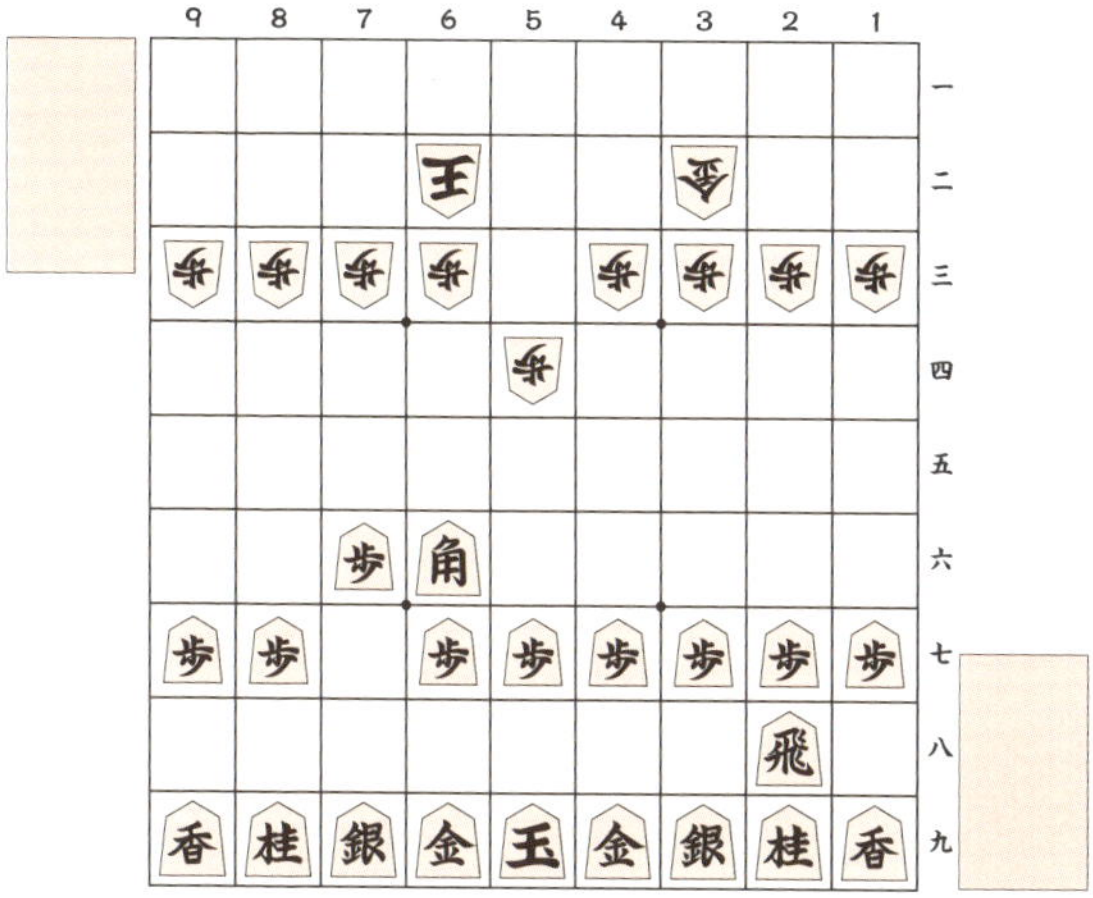

▲9三角成《きゅうさんかくなり》（10）

あっという間《ま》に馬《うま》ができました。いきなり王《おう》をねらおうとするのではなく、まずは大駒《おおごま》を成《な》り込《こ》むことを考《かんが》えましょう。

10

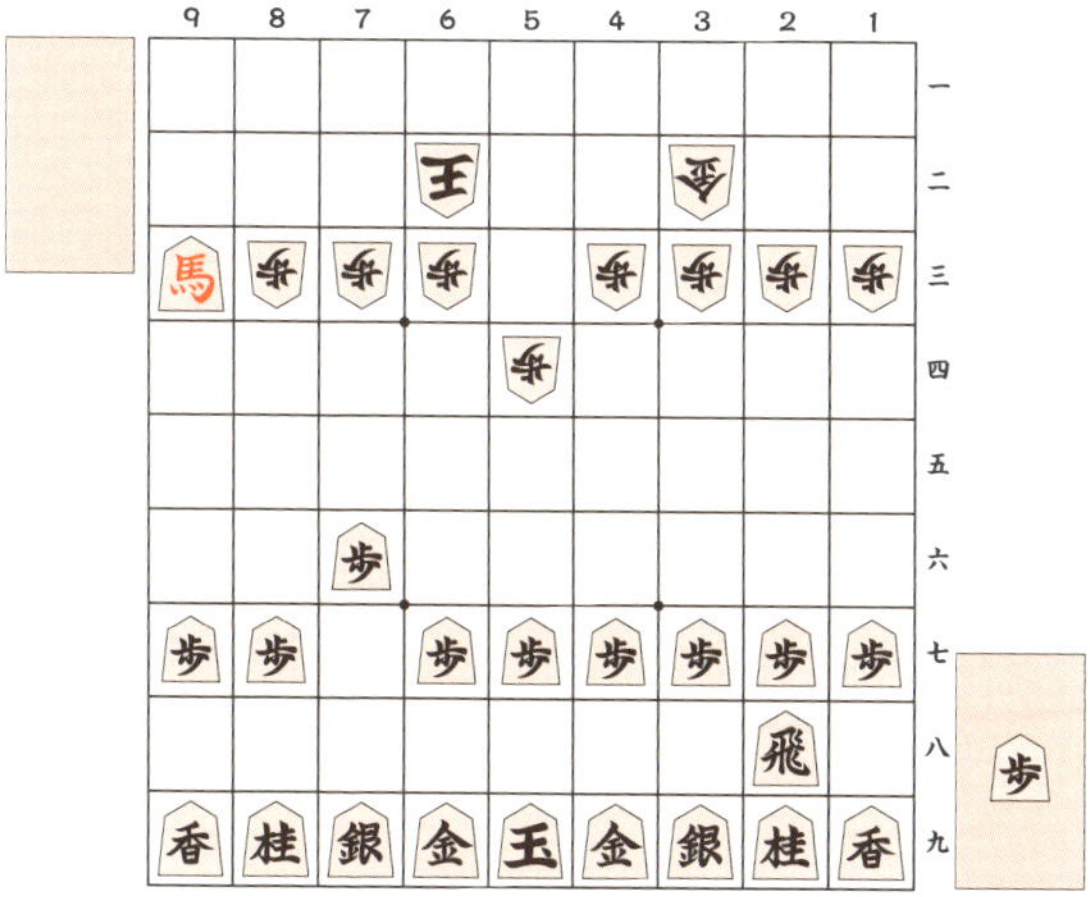

△5三玉《ごさんぎょく》　▲2六歩《にろくふ》（⑪）

下手《したて》としては次《つぎ》は飛《ひ》を成《な》りたいですね。飛《ひ》を前《まえ》に動《うご》かせるようにするためには「飛先《ひさき》を突《つ》く」ことからはじめます。

⑪

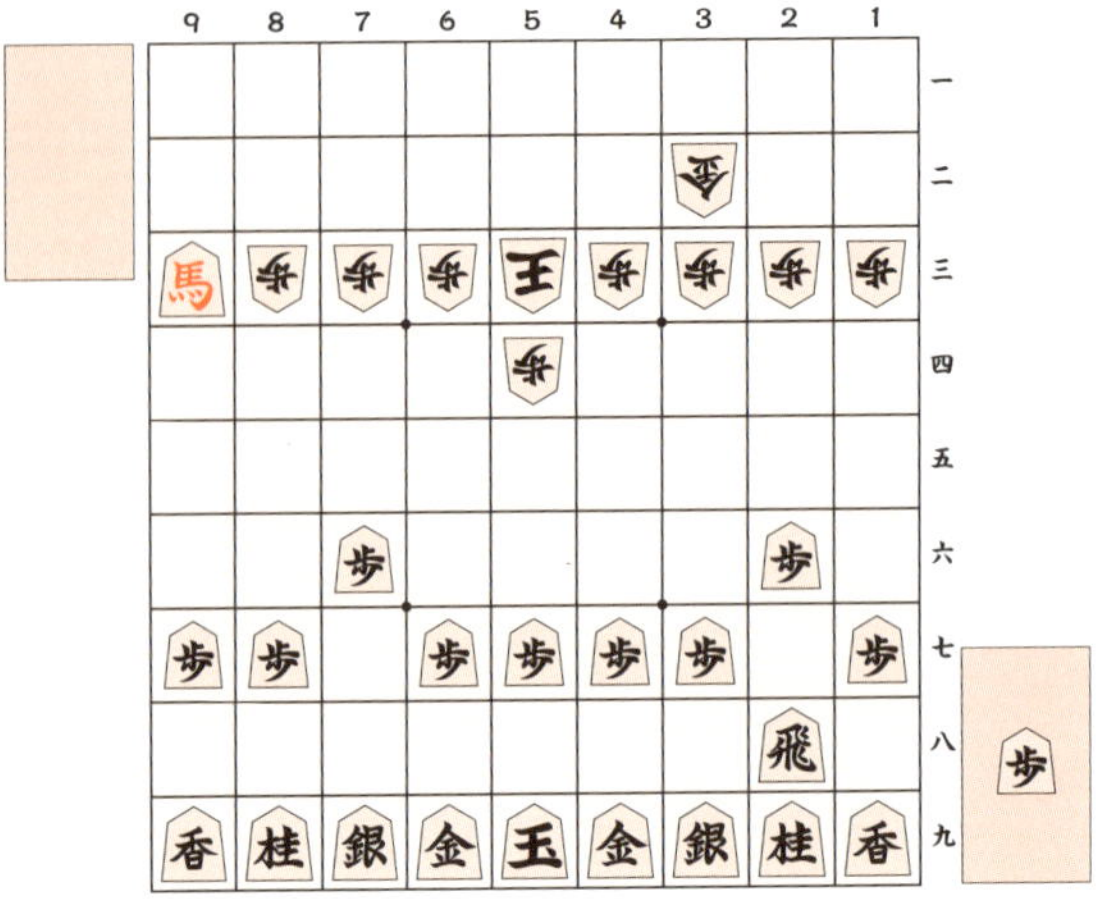

△4四歩《よんよんふ》　▲2五歩《にごふ》

△6四歩《ろくよんふ》　▲2四歩《によんふ》（⑫）

飛先《ひさき》の歩《ふ》をどんどん進《すす》めて、上手《うわて》の歩《ふ》にぶつけます。飛先《ひさき》の歩交換《ふこうかん》は、しておいたほうが得《とく》です。

⑫

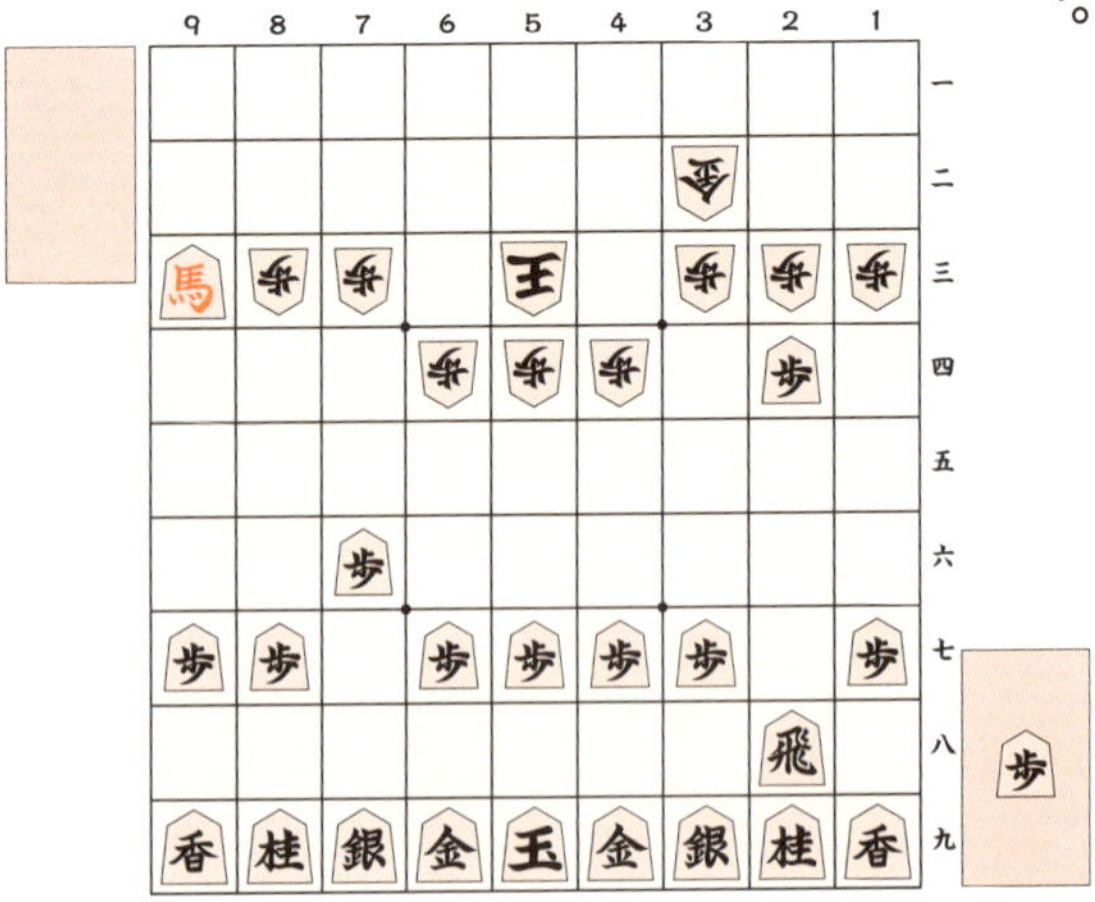

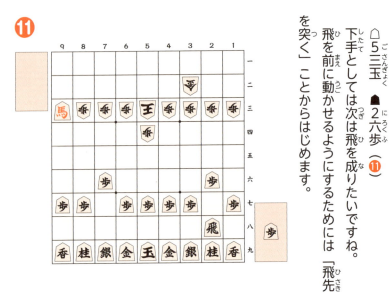

☖2四同歩《によんどうふ》　☗同《どう》　飛《ひ》　☖2三歩《にさんふ》（⑬）
飛《ひ》を成《な》らせないように上手《うわて》は☖2三歩《にさんふ》を打《う》ってふせぎました。いったんは飛《ひ》を逃《に》げる必要《ひつよう》があります。さて、どこに逃《に》げましょう？

⑬

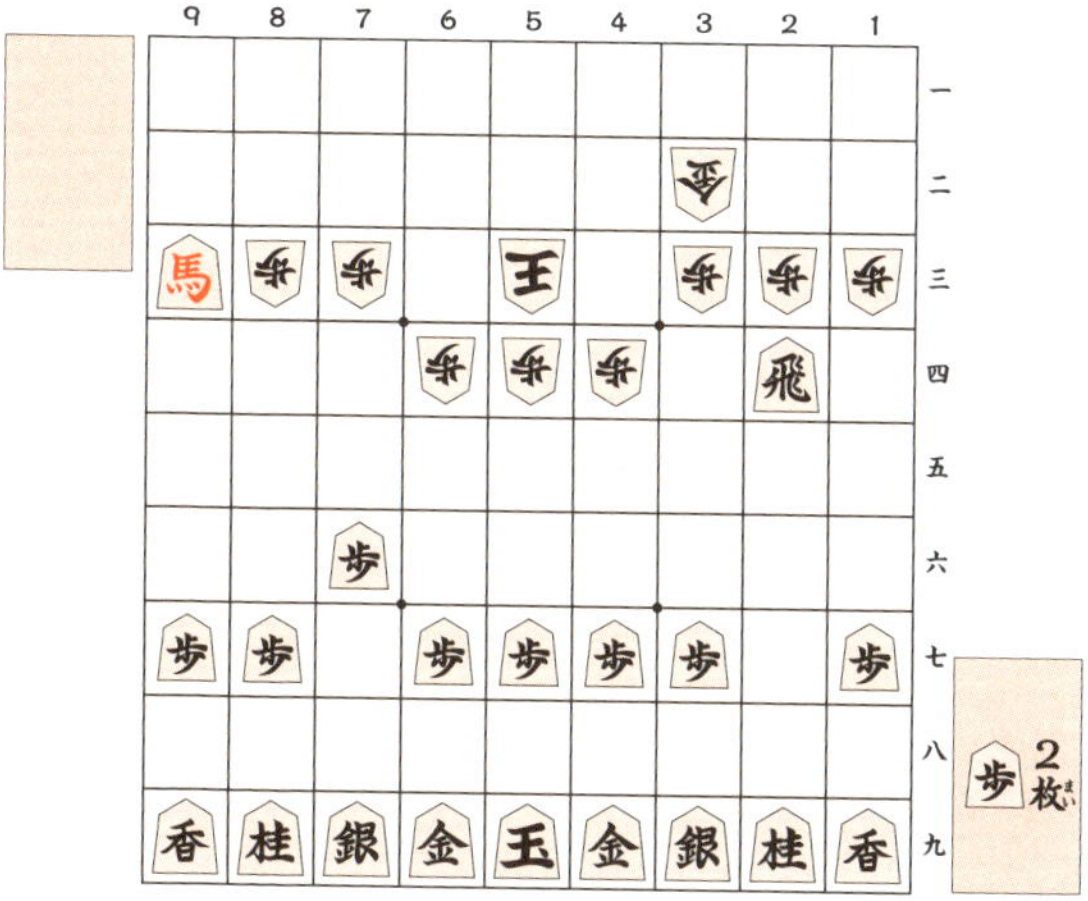

☗2五飛《にごひ》　☖3四歩《さんよんふ》　☗8五飛《はちごひ》（⑭）
まず☗2五飛《にごひ》と五段目《ごだんめ》に引《ひ》いて、次《つぎ》に横《よこ》に☗8五飛《はちごひ》とビュンと移動《いどう》します。すでに馬《うま》で突破《とっぱ》している横《よこ》から成《な》り込《こ》みましょう。

⑭

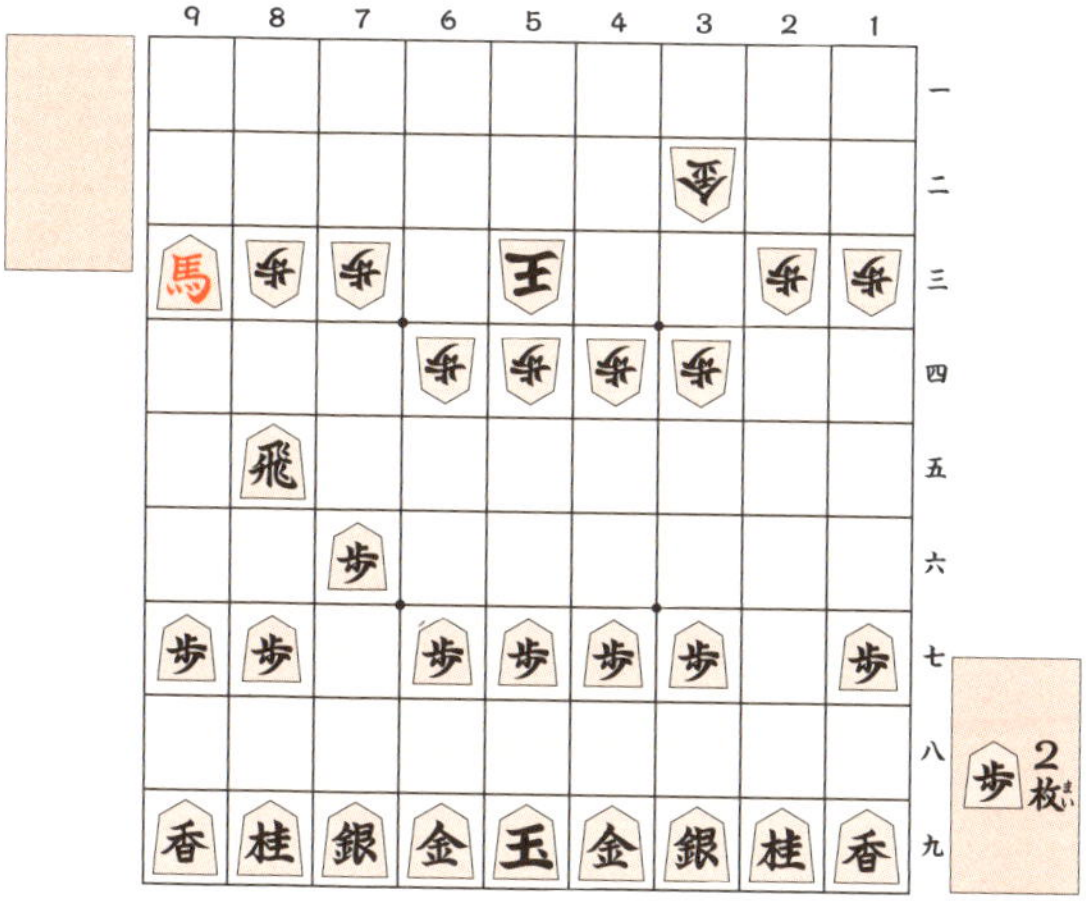

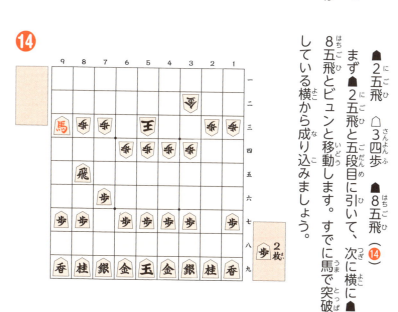

☖4三玉《よんさんぎょく》　☗8三飛成《はちさんひなり》（⑮）
上手《うわて》は飛成《ひな》りをふせぎようがないので早《はや》めに逃《に》げ出《だ》しました。
龍《りゅう》をつくることができました！

⑮

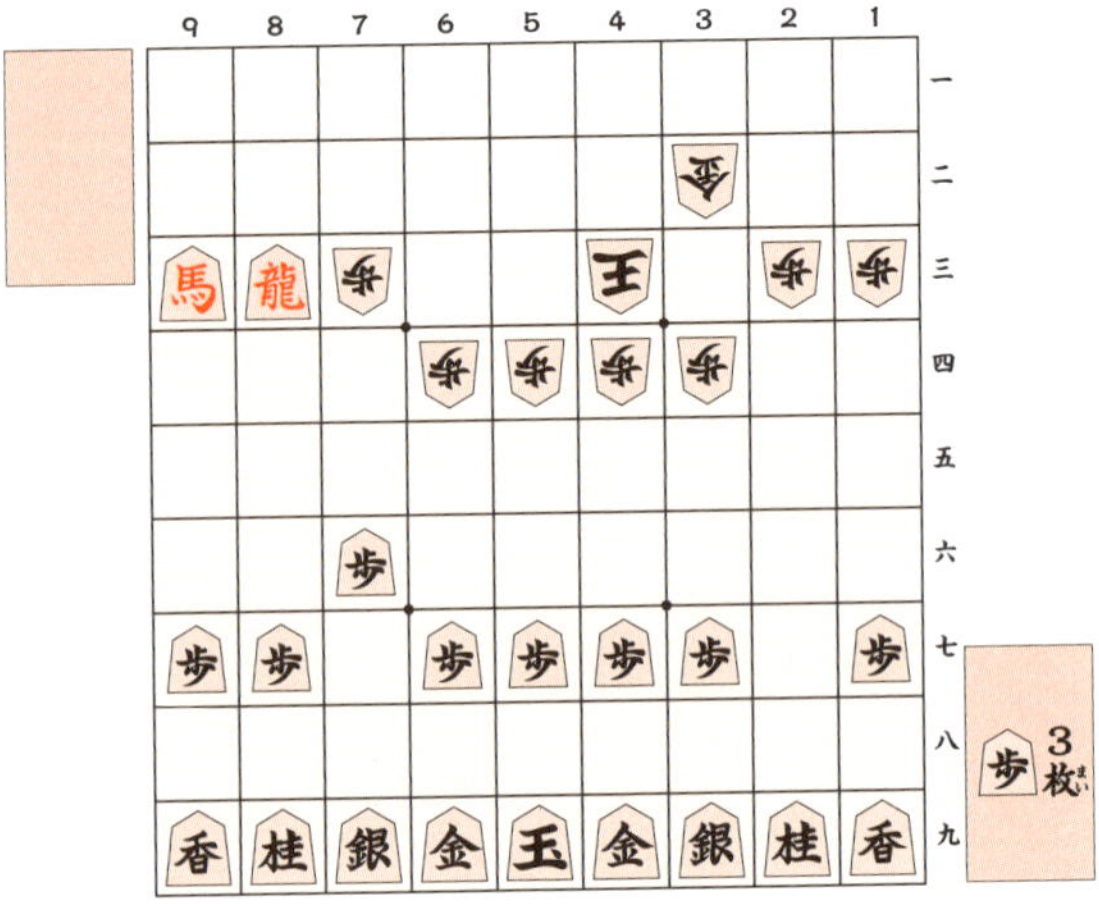


☖3三玉《さんさんぎょく》　☗7三龍《ななさんりゅう》　☖4三金《よんさんきん》（⑯）
飛角鬼《ひかくおに》ごっこのときとのちがいは、守《まも》りの金《きん》がいることです。王《おう》をねらうために、まずこの金《きん》をつかまえてしまいましょう。

⑯

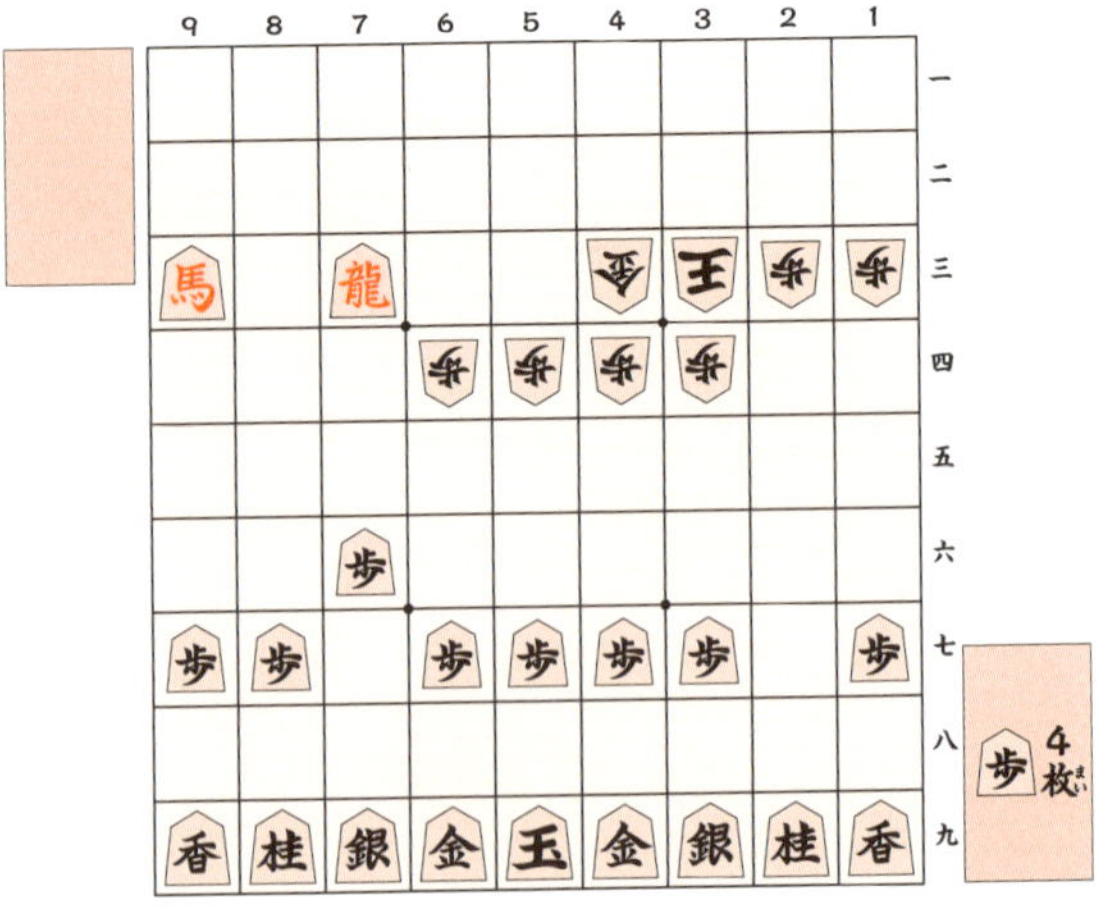

☗7一馬《なないちうま》　☖3五歩《さんごふ》　☗6一馬《ろくいちうま》（⑰）

上手《うわて》の金《きん》に龍《りゅう》と馬《うま》の利《き》きをあわせます。上手《うわて》は金《きん》を動《うご》かすと龍《りゅう》で王《おう》が取《と》られてしまうため、金《きん》は逃《に》げられません。

⑰

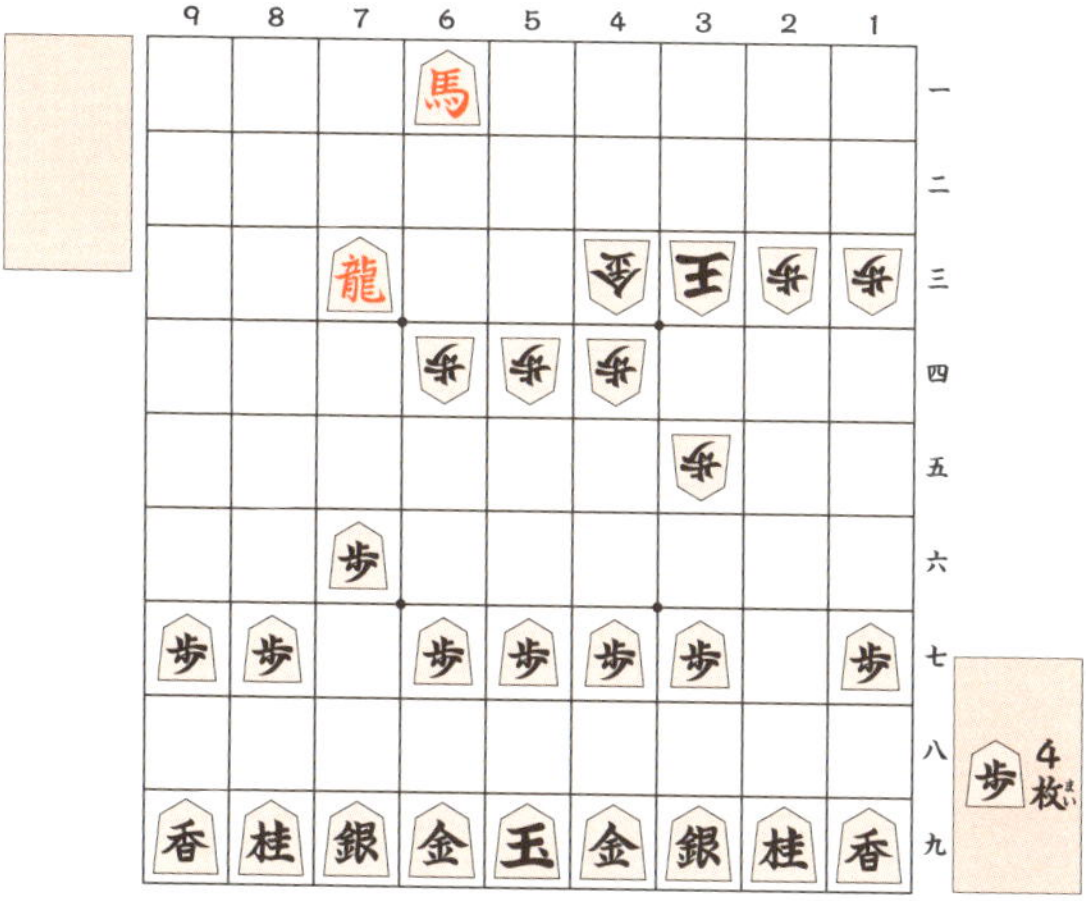

☖1四歩《いちよんふ》　☗4三馬《よんさんうま》（⑱）と金《きん》を取《と》って王手《おうて》。この馬《うま》には龍《りゅう》が利《き》いているので、同王《どうおう》と取《と》ることができません。このように龍《りゅう》と馬《うま》の協力《きょうりょく》で、金《きん》を取《と》ることができました。

⑱

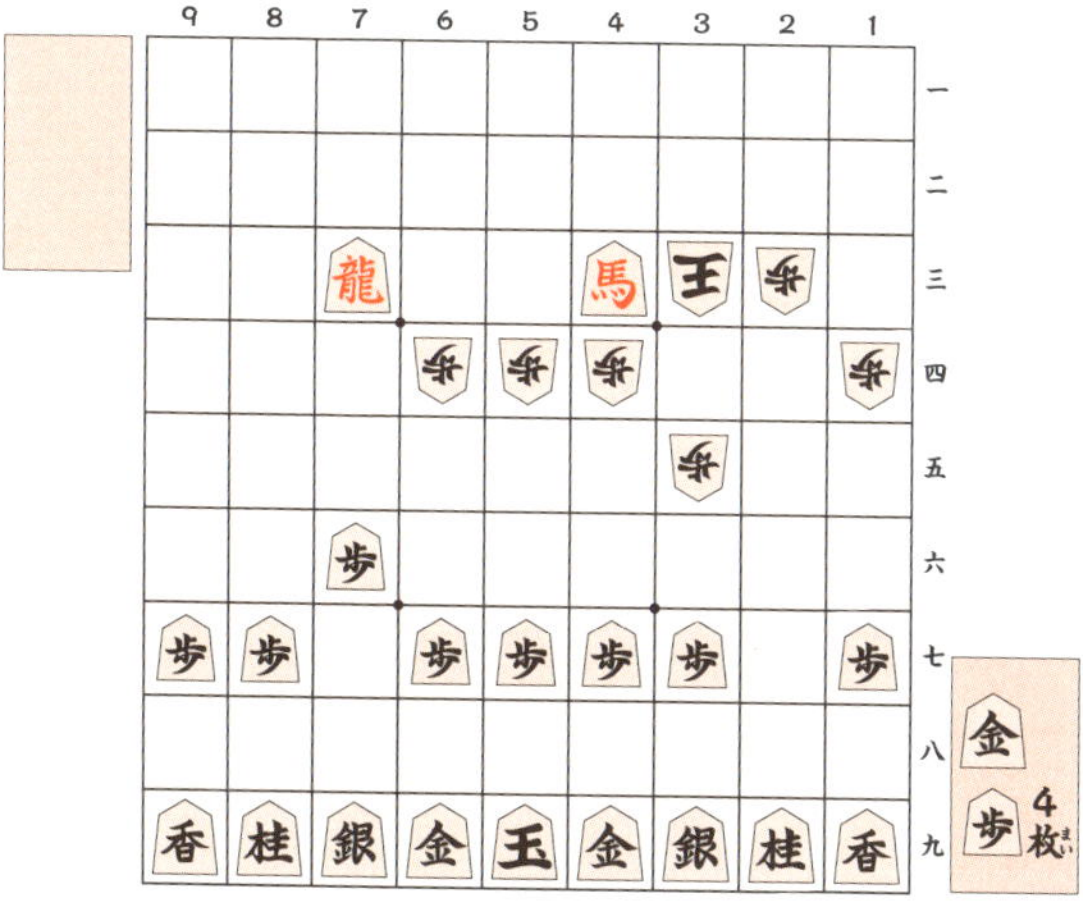

☖2四玉《によんぎょく》　☗2五歩《にごふ》
☖1三玉《いちさんぎょく》　☗3四馬《さんよんうま》（⑲）

上手《うわて》の金《きん》を取《と》れば攻《せ》めやすくなります。逃《に》がさないように隅《すみ》へと王《おう》を寄《よ》せていきましょう。

⑲

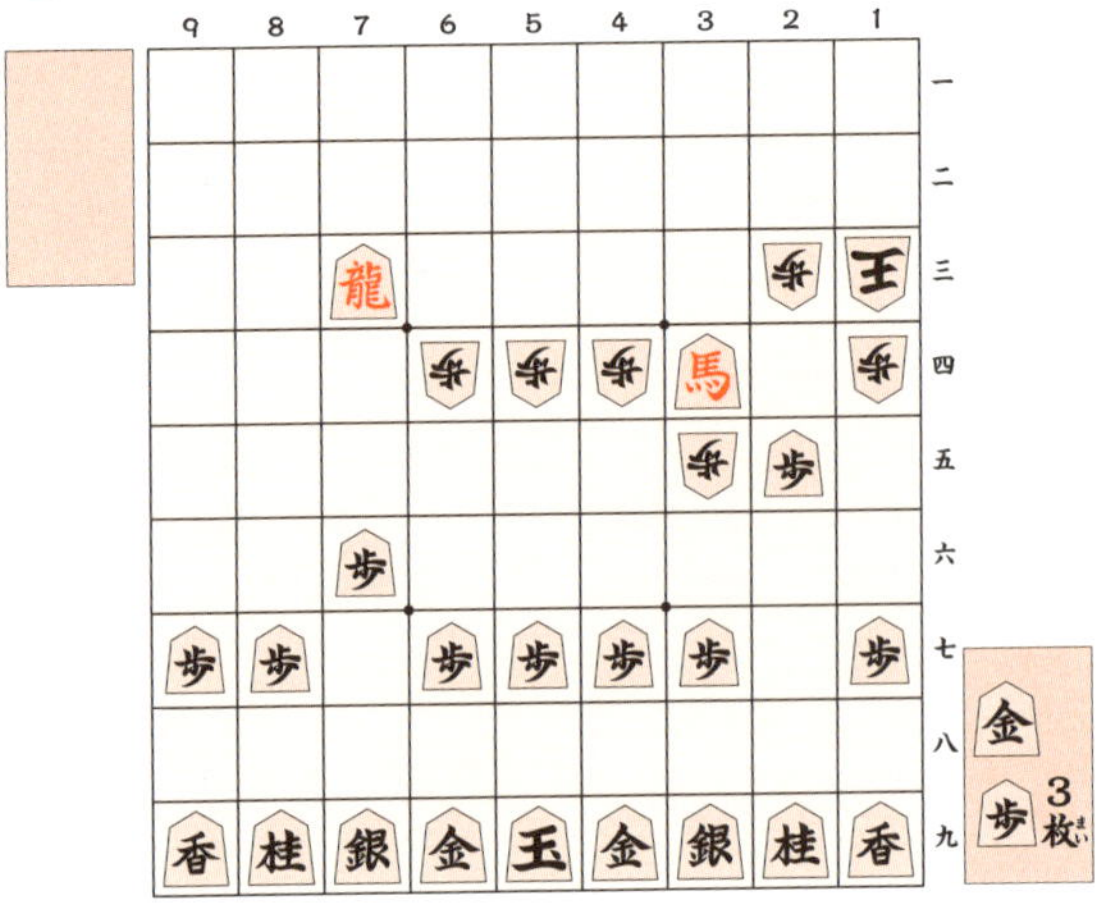

☖2二玉《ににぎょく》　☗2三馬《にさんうま》（⑳）

つかまえやすい壁《かべ》ぎわに王《おう》を追《お》いつめていきます。

勝《か》ちに近《ちか》づいてきました。

⑳

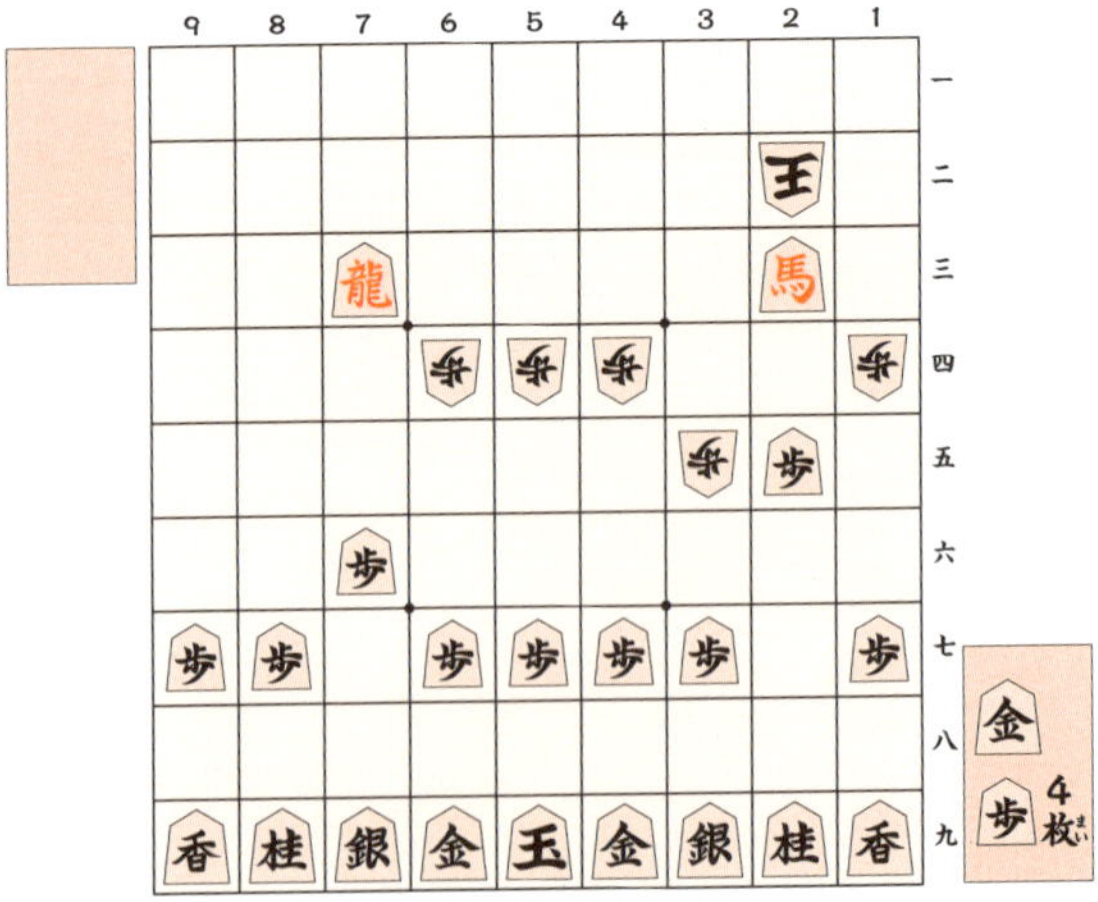

△3一玉《さんいちぎょく》　▲3二金《さんにきん》（21）まで下手《したて》の勝《か》ち

最後《さいご》は▲3二金《さんにきん》と頭金《あたまきん》を打《う》って詰《つ》み。

一局《いっきょく》の流《なが》れがわかりましたか？　先《さき》のことを考《かんが》えながら一手《いって》ずつ大切《たいせつ》に指《さ》しましょう。

21

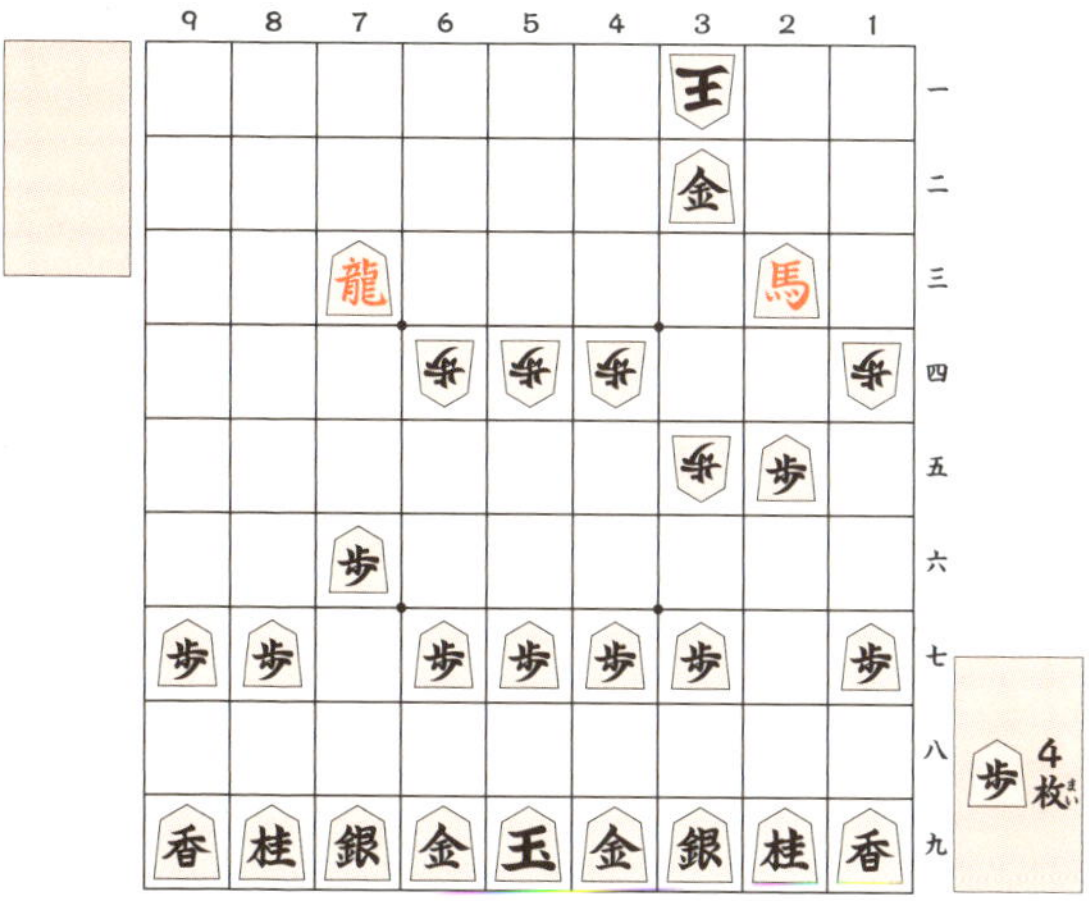

## 9枚落《まいお》ちのポイント

9枚落《まいお》ちで対局《たいきょく》するときのポイントをまとめると次《つぎ》のようになります。

1. 角《かく》が成《な》る
2. 飛《ひ》が成《な》る
3. 龍《りゅう》と馬《うま》を協力《きょうりょく》させて金《きん》を取《と》る
4. 王《おう》を隅《すみ》に寄《よ》せる
5. 詰《つ》ます

この順番《じゅんばん》にひとつずつねらいを成功《せいこう》させていくのが勝《か》つためのコツです。

勝《か》ちを急《いそ》いでいきなり王《おう》をねらったりすると、どんどん逃《に》げられてしまいます。相手《あいて》の指《さ》したい手《て》を考《かんが》えながら、それをふせぐ方法《ほうほう》を考《かんが》えましょう。

王手《おうて》に関係《かんけい》するルールを知《し》っておきましょう。

## 反則《はんそく》

# 打《う》ち歩《ふ》詰《づ》め

「打《う》ち歩《ふ》詰《づ》め」は王《おう》を持《も》ち駒《ごま》の歩《ふ》を打《う》って詰《つ》ますこと。これはやってはいけない反則《はんそく》となっていて、指《さ》すと負《ま》けになります。

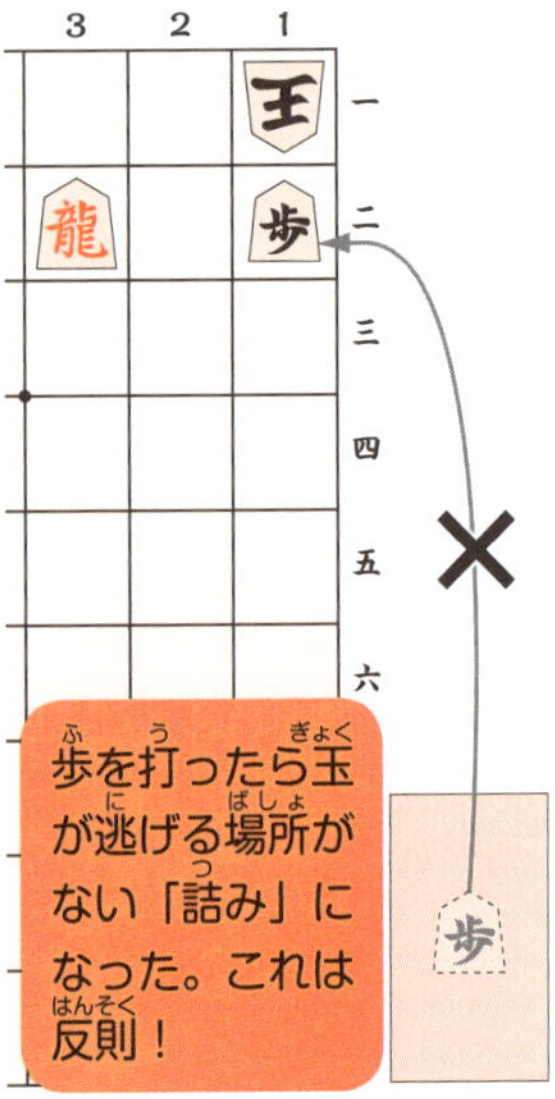


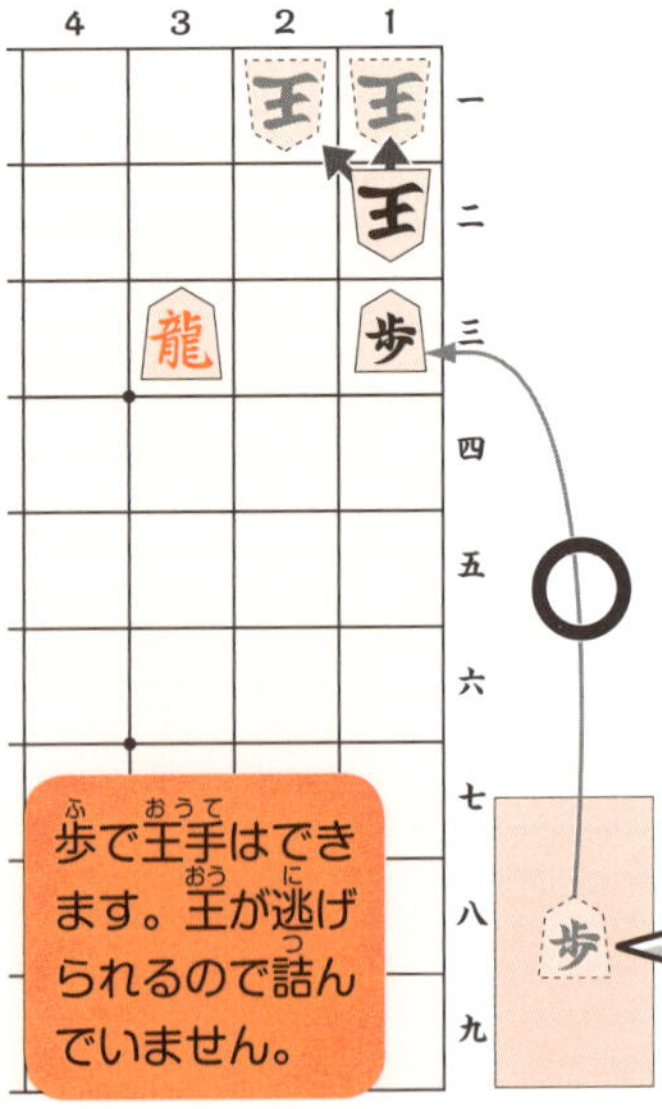

## 反則《はんそく》
# 連続王手《れんぞくおうて》の千日手《せんにちて》

同《おな》じ局面《きょくめん》に4回《かい》なると「千日手《せんにちて》」という引《ひ》き分《わ》けになります（くわしくは71ページにあります）。

しかし、「連続王手《れんぞくおうて》の千日手《せんにちて》」は反則《はんそく》となります。

王手《おうて》→王手《おうて》をさける→また王手《おうて》→王手《おうて》をさける、となってずっと王手《おうて》を続《つづ》けながら同《おな》じ局面《きょくめん》に4回《かい》なると、王手《おうて》をしている側《がわ》が反則負《はんそくま》けになります。

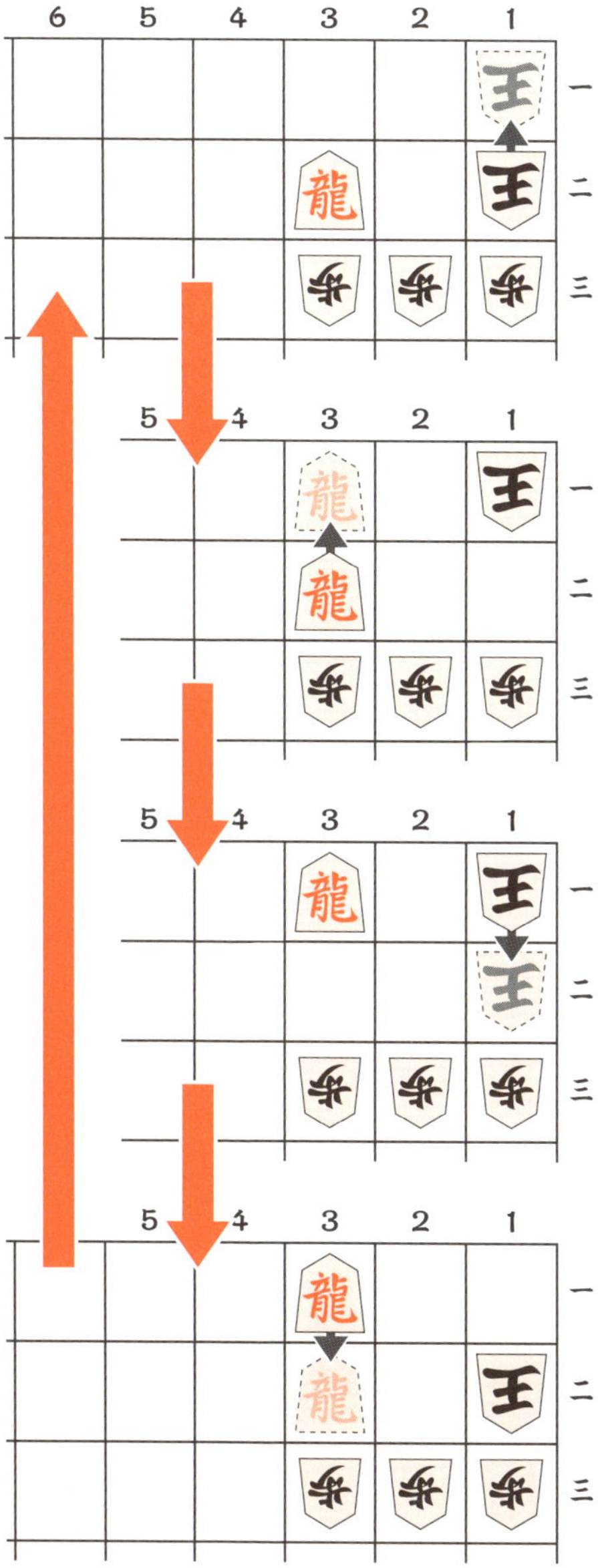

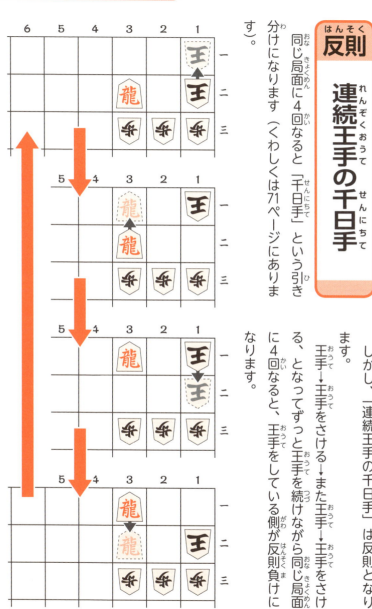

ステップ5

# 詰将棋《つめしょうぎ》にチャレンジ

## 詰将棋《つめしょうぎ》は詰《つ》みのパズル

将棋《しょうぎ》は「王《おう》を詰《つ》みにすれば勝《か》ち！」

その方法《ほうほう》を考《かんが》えるパズルが「詰将棋《つめしょうぎ》」です。

たとえば㉒では、持《も》ち駒《ごま》に金《きん》があります。これをどこに打《う》てば詰《つ》みになるでしょうか。正解《せいかい》は、王《おう》の前《まえ》に金《きん》を打《う》つ手（㉓）。

これを符号《ふごう》であらわすと「☗2二金《ににきん》」となります。

もし王《おう》が金《きん》を取《と》れば歩《ふ》で取《と》り返《かえ》すことができます。ほかのどこに王《おう》が動《うご》いても金《きん》でつかまえることができます。どうやっても王手《おうて》から逃《のが》れることができず、「詰《つ》み」となりました。

㉒

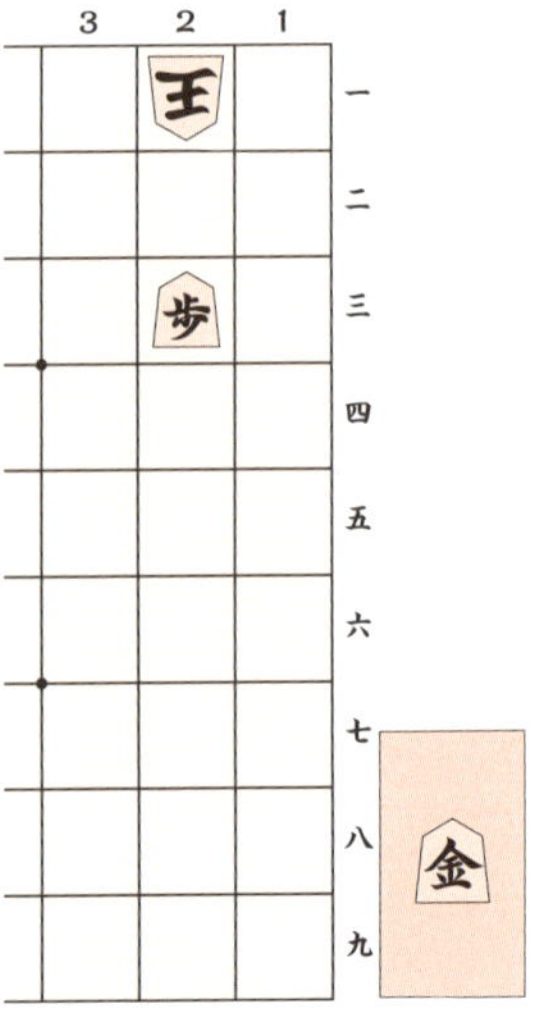


㉓

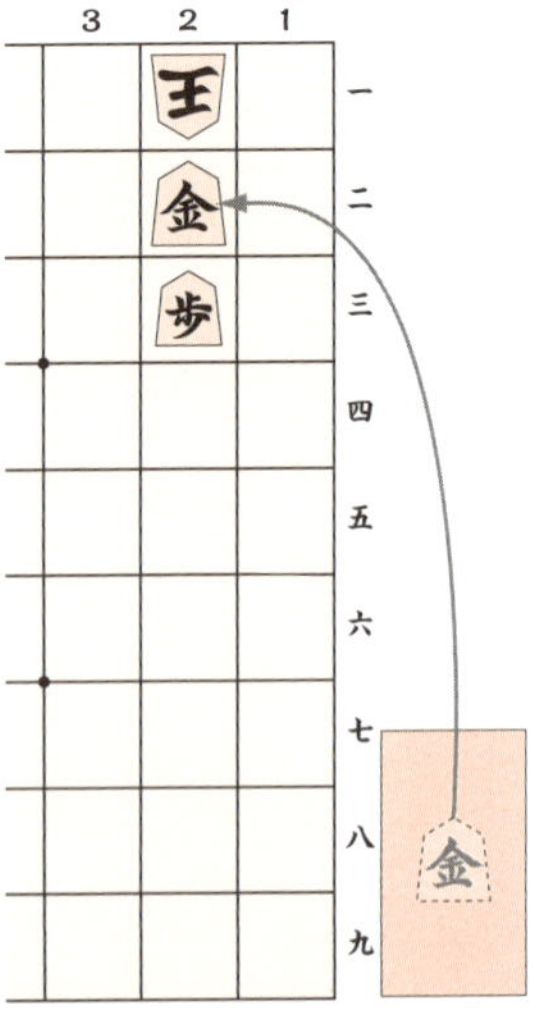

## 頭金《あたまきん》の詰《つ》み

自分《じぶん》の駒《こま》が利《き》いている状態《じょうたい》で、相手《あいて》の王《おう》の頭《あたま》の上《うえ》に金《きん》を打《う》つ形《かたち》を「頭金《あたまきん》」といいます。

㉔は王手《おうて》をしている金《きん》に飛《ひ》が利《き》いています。

㉔

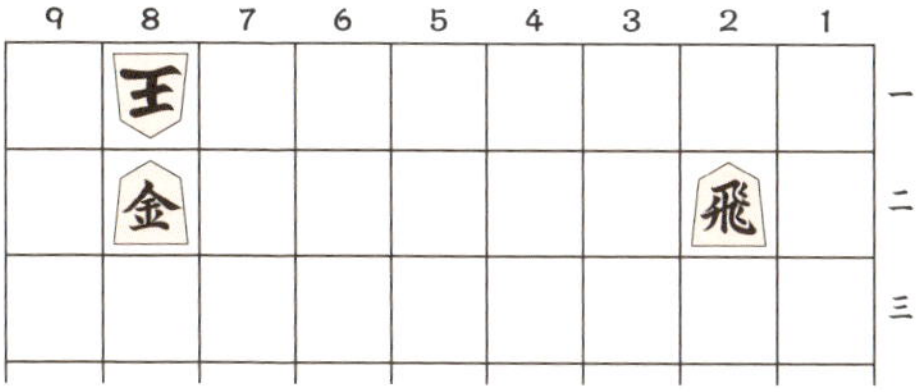

㉕

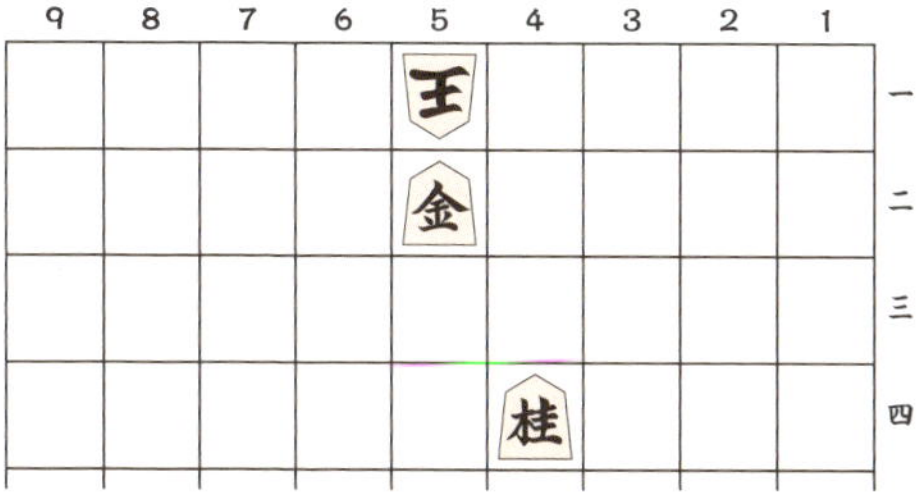

㉕は王手《おうて》をしている金《きん》に桂《けい》が利《き》いています。どちらも詰《つ》みとなります。

王《おう》が端《はし》の段《だん》にいて、この金《きん》を取《と》れない場合《ばあい》は必《かなら》ず詰《つ》みとなります。

「頭金《あたまきん》」は詰《つ》みの基本形《きほんけい》でとてもよく出《で》てきますので、しっかりおぼえましょう。

### ●詰《つ》みのチェックポイント

詰《つ》みになっているか、次《つぎ》の4つのポイントを確認《かくにん》しましょう。

1. 王手《おうて》をしている
2. 王《おう》の逃《に》げるところがない
3. 王手《おうて》をしている駒《こま》が取《と》られない
4. 合駒《あいごま》されない

これがすべてそろえば詰《つ》み。相手《あいて》がどんな手《て》を指《さ》しても、次《つぎ》に王《おう》が取《と》れる状態《じょうたい》です。

## 詰将棋《つめしょうぎ》

詰将棋《つめしょうぎ》は相手《あいて》の王《おう》を詰《つ》ますパズルです。必《かなら》ず詰《つ》みにできる正解手《せいかいしゅ》がひとつあります。それを探《さが》して符号《ふごう》で答《こた》えましょう。

前《まえ》のページに書《か》いた「詰《つ》みのチェックポイント」をもう一度《いちど》読《よ》み返《かえ》してください。答《こた》える前《まえ》にすべてにあてはまるかよく確認《かくにん》してくださいね。

実際《じっさい》の対局《たいきょく》とはちがって、盤上《ばんじょう》には一部《いちぶ》の駒《こま》しか置《お》いていません。そしてここにない駒《こま》（玉《ぎょく》以外《いがい》）は相手《あいて》がすべて持《も》っていることになっています。そのため合駒《あいごま》ができるときは、王側《おうがわ》にとって一番良《いちばんよ》い合駒《あいごま》をすることができます。ただし、手数《てすう》を長《なが》くするために取《と》られるだけの無駄《むだ》な合駒《あいごま》はしない、と決《き》まっています。

### 問題《もんだい》❶

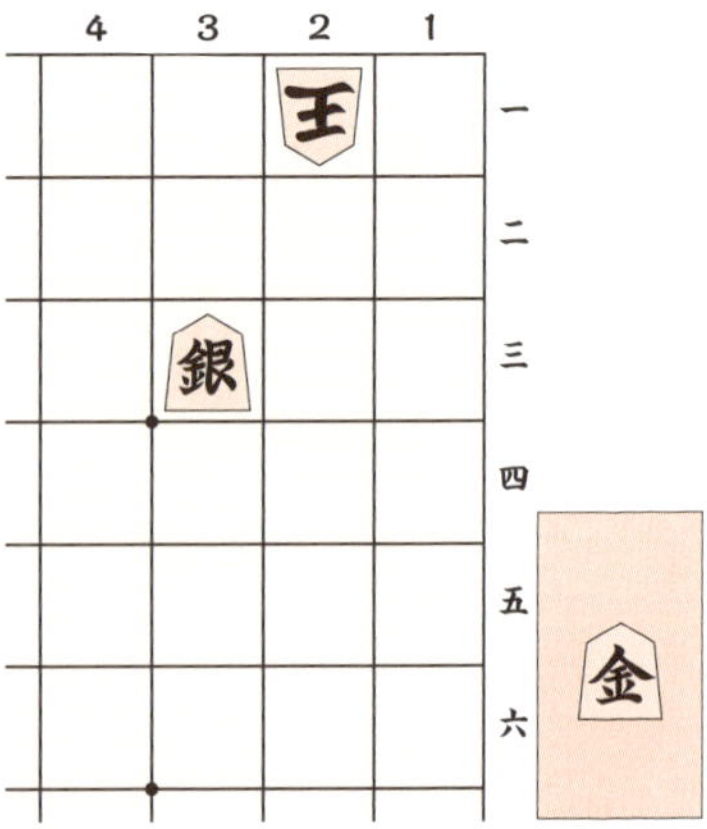


頭金《あたまきん》の詰《つ》み

### 問題《もんだい》❷

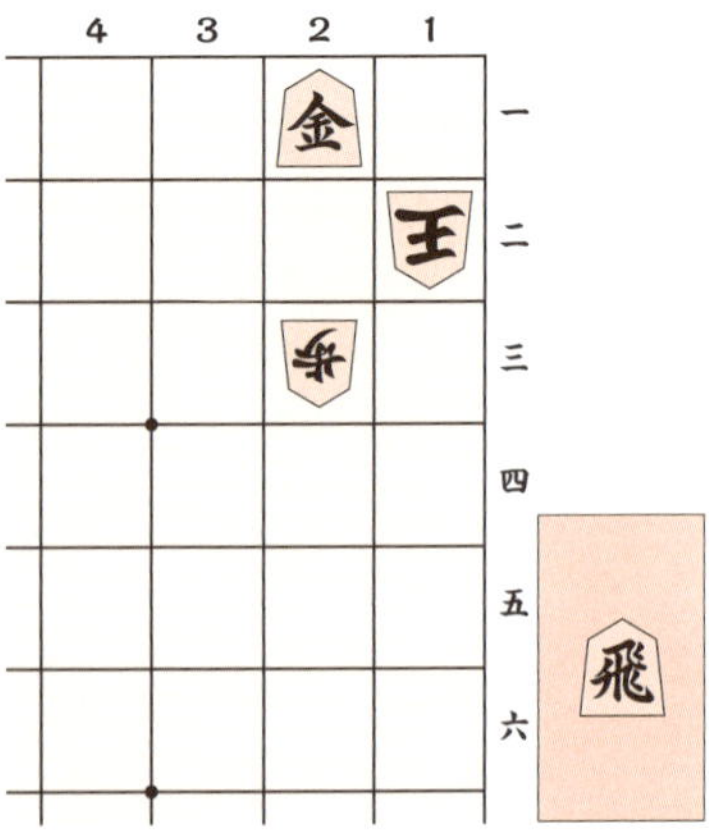


１三《いちさん》に逃《に》がさないように

## 問題《もんだい》❸

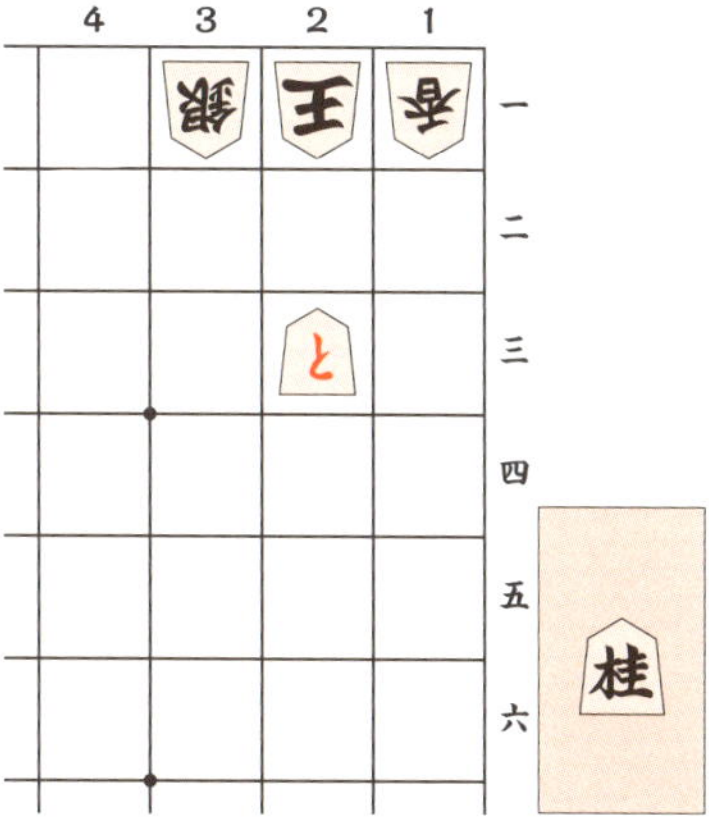


相手《あいて》の駒《こま》にとられないように

## 問題《もんだい》❹

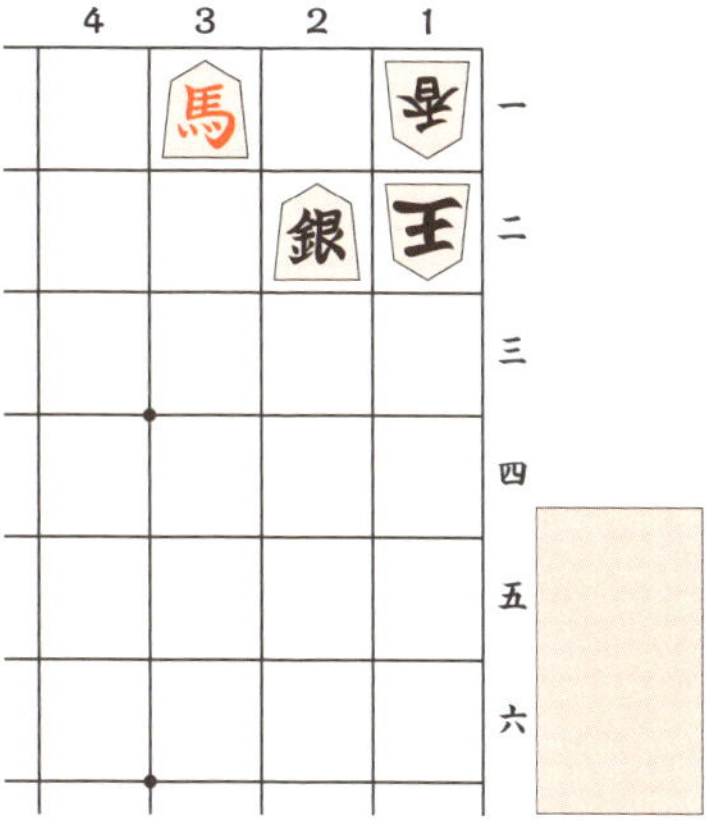


銀《ぎん》の動《うご》かしかた

## 問題《もんだい》❺

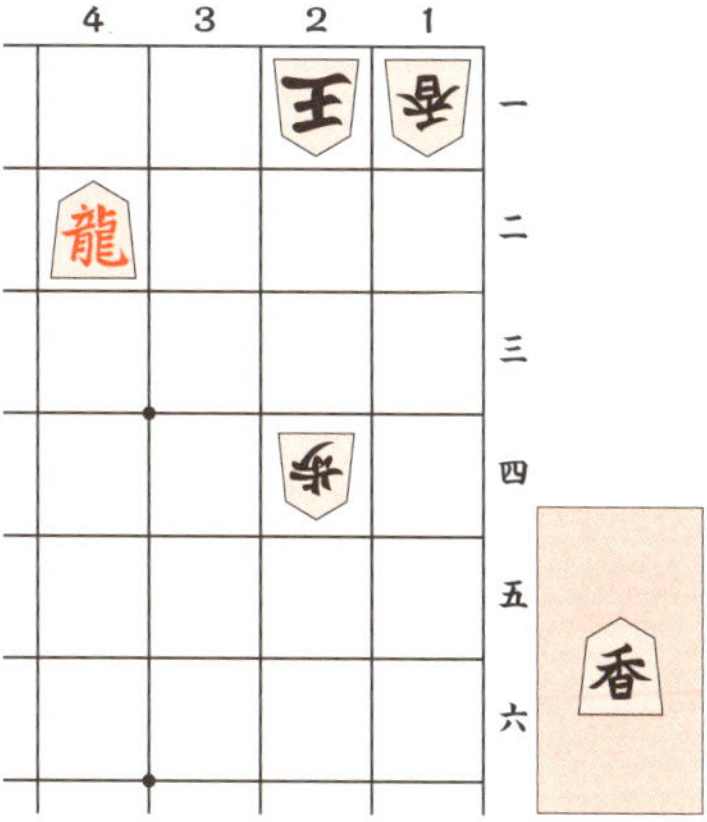


香《きょう》をどこから？

## 問題《もんだい》❻

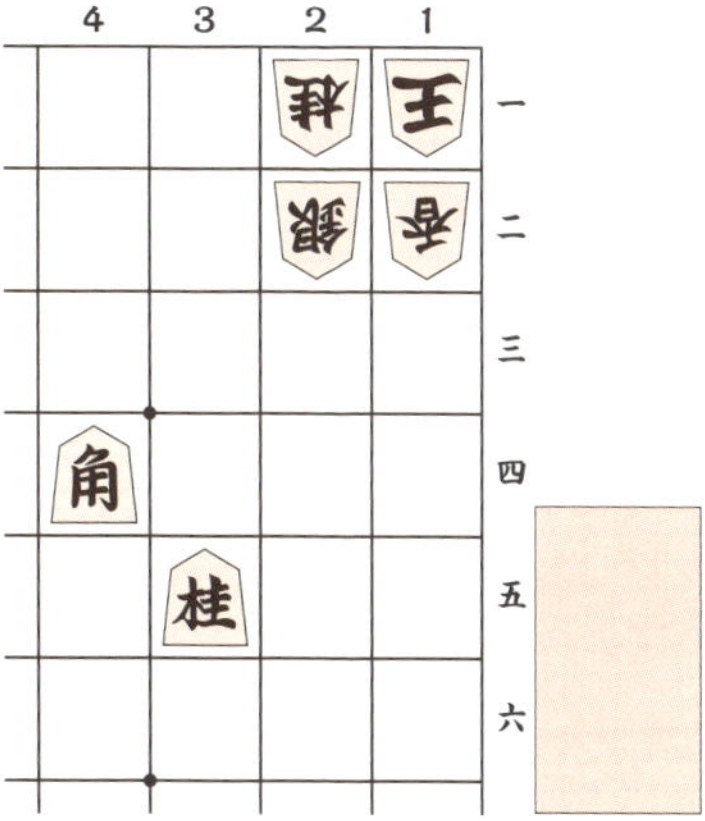


難問《なんもん》です。先《さき》まで読《よ》んで

# 詰将棋《つめしょうぎ》の答《こた》え

## 問題《もんだい》❶の答《こた》え

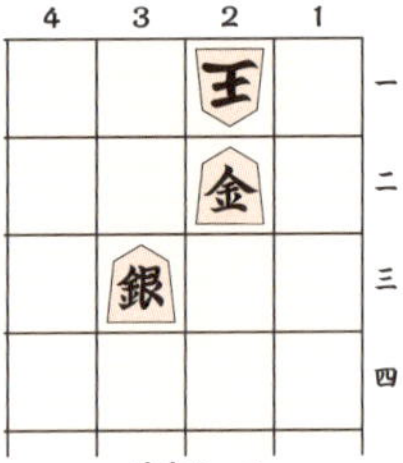

☗2二金《ににきん》

基本《きほん》の頭金《あたまきん》です。

## 問題《もんだい》❷の答《こた》え

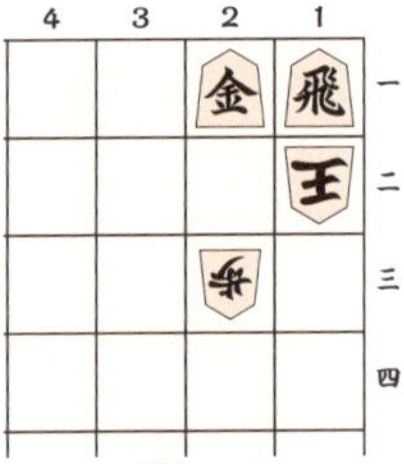

☗1一飛《いちいちひ》

飛《ひ》と金《きん》を守《まも》り合《あ》う形《かたち》。

## 問題《もんだい》❸の答《こた》え

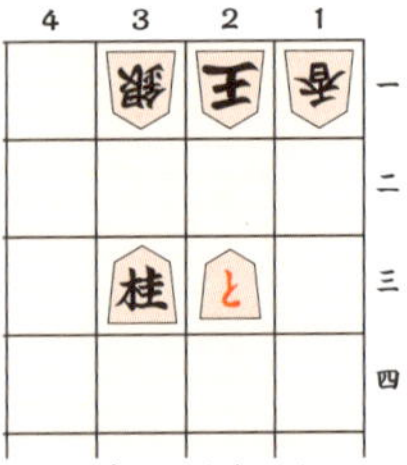

☗3三桂《さんさんけい》

1三《いちさん》に打《う》つと香《きょう》に取《と》られます。

## 問題《もんだい》❹の答《こた》え

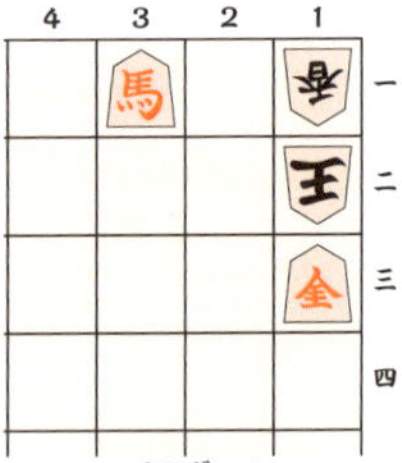

☗1三銀成《いちさんぎんなり》

銀《ぎん》が成《な》るのを忘《わす》れずに！

## 問題《もんだい》❺の答《こた》え

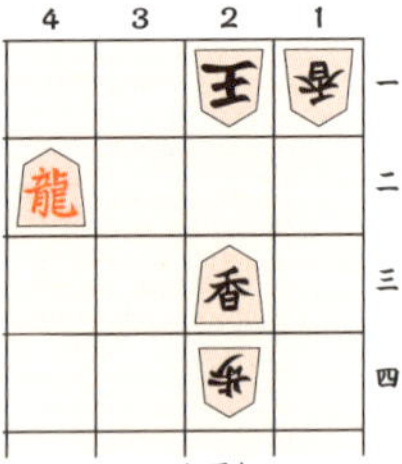

☗2三香《にさんきょう》

近《ちか》くに打《う》つと1二《いちに》に逃《に》げられます。

## 問題《もんだい》❻の答《こた》え

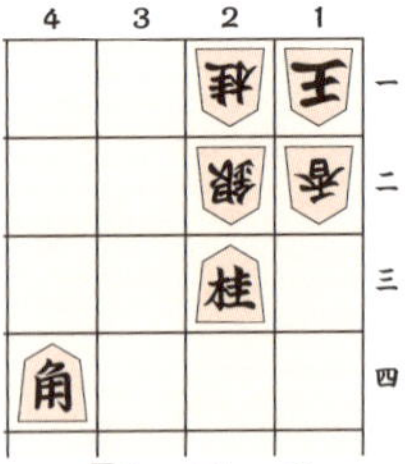

☗2三桂不成《にさんけいならず》

この桂《けい》を取《と》れば角《かく》で王《おう》が取《と》れます。

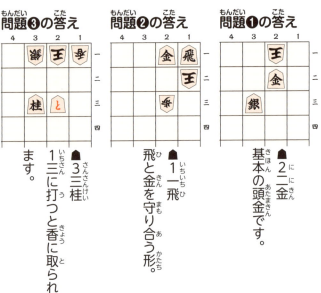

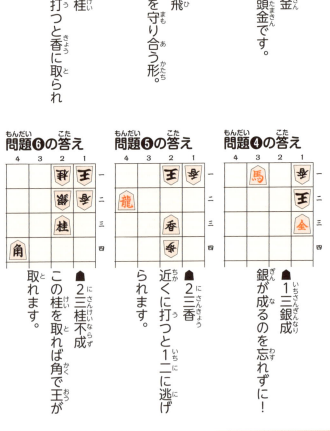

# おうちのかたへ

## 詰将棋《つめしょうぎ》のすすめ

将棋《しょうぎ》の上達法《じょうたつほう》として真《ま》っ先《さき》にあげるのが「詰将棋《つめしょうぎ》」。

勝《か》つためには詰《つ》みがわかることが必須《ひっす》です。途中《とちゅう》でどんなに有利《ゆうり》になっても、詰《つ》みのところで失敗《しっぱい》してしまったら負《ま》け。勝《か》ちの直前《ちょくぜん》の部分《ぶぶん》だけを抽出《ちゅうしゅつ》した詰将棋《つめしょうぎ》はとても重要《じゅうよう》です。

この本《ほん》に載《の》せた1手詰は、10までの足《た》し算《ざん》のようなもの。指《ゆび》折《お》り数《かぞ》えて足《た》していくのではなく「8たす1は9」とすぐに言《い》えるような感覚《かんかく》でパターンを覚《おぼ》えてしまいましょう。

本屋《ほんや》さんで「1手詰《てづめ》」と書《か》かれた本《ほん》を購入《こうにゅう》してください。

はじめのうちは盤《ばん》に問題《もんだい》を並《なら》べて、駒《こま》を動《うご》かしながら詰《つ》みを確認《かくにん》します。おうちのかたは本《ほん》を眺《なが》めながら駒《こま》を並《なら》べるのを手伝《てつだ》ってあげ、配置《はいち》を間違《まちが》えていないか確認《かくにん》してください。

慣《な》れてきたら駒《こま》を並《なら》べずに解《と》けるようになります。頭《あたま》の中《なか》にパターンが記憶《きおく》された状態《じょうたい》です。もし、間違《まちが》えたり数分以上《すうふんいじょう》の時間《じかん》がかかるようなら、また盤《ばん》に並《なら》べましょう。

毎日《まいにち》いくつ、と課題《かだい》を決《き》めて取《と》り組《く》むのも良《よ》い方法《ほうほう》です。

私《わたし》の教室《きょうしつ》では詰将棋《つめしょうぎ》を解《と》くときにタイムを計《はか》っています。集中《しゅうちゅう》して取《と》り組《く》ませるということと、結果《けっか》で上達《じょうたつ》を感《かん》じられる効果《こうか》があります。慣《な》れてくると問題《もんだい》を見《み》た瞬間《しゅんかん》に答《こた》えがひらめき、50問《もん》を5分《ふん》くらいで答《こた》えられるようになります。そこまでできればその問題《もんだい》は卒業《そつぎょう》。

できるだけたくさんの「詰《つ》みのカタチ」＝「勝《か》つカタチ」を頭《あたま》の引《ひ》き出《だ》しに入《い》れてくださいね。

コラム⑥

# 世界《せかい》に広《ひろ》がる将棋《しょうぎ》

日本《にほん》の将棋《しょうぎ》は、いまや世界中《せかいじゅう》に広《ひろ》まっています。中国《ちゅうごく》では学校《がっこう》の授業《じゅぎょう》に取《と》り入《い》れられ、ヨーロッパでは毎年夏《まいとしなつ》に大《おお》きな選手権《せんしゅけん》が開《ひら》かれています。

私《わたし》は将棋《しょうぎ》を世界《せかい》に広《ひろ》めたくて、これまで25カ国《こく》に行《い》って普及活動《ふきゅうかつどう》をしてきました。そのとき入門用《にゅうもんよう》として教《おし》えるのが「どうぶつしょうぎ」。2008年《ねん》に私《わたし》がルールを考《かんが》えたミニ将棋《しょうぎ》です。どうぶつのイラスト駒《こま》なので、名前《なまえ》を新《あら》たにおぼえる必要《ひつよう》がなく、動《うご》きがわかるように印《しるし》がついていて、漢字《かんじ》の読《よ》めない国《くに》のかたでも理解《りかい》しやすいデザインになっています。ポーランドの小学校《しょうがっこう》では大《おお》きなクッション駒《こま》を使《つか》った授業《じゅぎょう》が行《おこな》われ、みんなでルールを習《なら》っています。

私《わたし》の夢《ゆめ》のひとつは、どうぶつしょうぎの世界大会《せかいたいかい》を開《ひら》いていろんな国《くに》のこどもたちに交流《こうりゅう》を楽《たの》しんでもらうこと。

もうひとつの夢《ゆめ》は、世界中《せかいじゅう》の人《ひと》が学《まな》べる将棋《しょうぎ》のメソッドをつくり、将棋《しょうぎ》プレイヤーを増《ふ》やすことです。

この本《ほん》を読《よ》んで将棋《しょうぎ》をおぼえ、たくさんの人《ひと》と将棋《しょうぎ》を指《さ》し、楽《たの》しんでいただけたらうれしいです。

フランスの幼稚園《ようちえん》でどうぶつしょうぎを教《おし》えるようす

## レッスン 7

# 本《ほん》将《しょう》棋《ぎ》で対《たい》局《きょく》しよう

いよいよ最終《さいしゅう》レッスン。相手《あいて》と対等《たいとう》に戦《たたか》う本将棋《ほんしょうぎ》ができるようになります。

「歩《ふ》」　「と金《きん》」

（レッスンが進《すす》むたびに駒《こま》のなかまが増《ふ》えるよ）

ステップ1

# 本将棋《ほんしょうぎ》（平手《ひらて》）で対局《たいきょく》しよう

## 振《ふ》り駒《ごま》をする

最終段階《さいしゅうだんかい》のレッスン7では、いよいよ本将棋《ほんしょうぎ》の「平手《ひらて》」にチャレンジします。平手《ひらて》というのは、お互《たが》いがすべての駒を使《つか》って対等《たいとう》な条件《じょうけん》で対局《たいきょく》をすることです。

駒《こま》を並《なら》べ終《お》えてから、「振《ふ》り駒《ごま》」で先手後手《せんてごて》を決《き》め、「おねがいします」とあいさつをしてから対局《たいきょく》をはじめます。

### 振《ふり》り駒《ごま》のやりかた

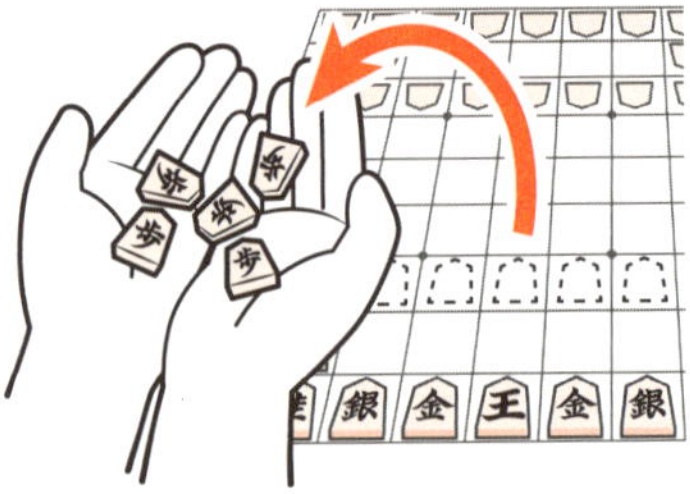

❶上位者《じょういしゃ》が盤上《ばんじょう》から自分《じぶん》の歩《ふ》を５枚《まい》取《と》ります。

❷駒《こま》を両手《りょうて》で包《つつ》んでよく振《ふ》って混《ま》ぜてから、盤《ばん》の上《うえ》に駒《こま》を放《ほう》り出《だ》します。

●歩《ふ》が多《おお》い＝駒《こま》を振《ふ》った人《ひと》が先手《せんて》
●とが多《おお》い＝駒《こま》を振《ふ》った人《ひと》が後手《ごて》
●歩《ふ》・とが同数《どうすう》＝振《ふ》り直《なお》し

立《た》ったり重《かさ》なったりした駒《こま》は数《かぞ》えません。同《どう》レベルの人《ひと》と対局《たいきょく》するときは、どちらが振《ふ》り駒《ごま》をしてもかまいません。

## 対局《たいきょく》の流《なが》れ

対局《たいきょく》の流《なが》れは次《つぎ》のように大《おお》きく3つにわけられます。

**序盤**《じょばん》……対局《たいきょく》のはじまりのころ。作戦《さくせん》を立《た》てながら駒《こま》を進《すす》め、攻《せ》めの形《かたち》と守《まも》りの形《かたち》をつくります。

**中盤**《ちゅうばん》……対局《たいきょく》の真《ま》ん中《なか》のころ。前《まえ》に進《すす》んだお互《たが》いの駒《こま》がぶつかって戦《たたか》いがはじまります。

**終盤**《しゅうばん》……対局《たいきょく》の最後《さいご》のころ。駒《こま》が相手陣《あいてじん》に入《はい》り込《こ》み、王《おう》をねらってスピード勝負《しょうぶ》。

どこの場面《ばめん》にもいろんな作戦《さくせん》や技《わざ》があり、将棋《しょうぎ》はとても奥《おく》の深《ふか》いゲームとなっています。

## 対局開始《たいきょくかいし》

将棋《しょうぎ》の初手《しょて》（はじめの手《て》）は全部《ぜんぶ》で30通《とお》りあります。とはいっても実際《じっさい》に指《さ》されるのは「角道《かくみち》を開《あ》ける」か「飛先《ひさき》を突《つ》く」の2手《て》がほとんどです（❶）。

後手《ごて》も同《おな》じですが、手順《てじゅん》によって作戦《さくせん》が変《か》わります。

そして角道《かくみち》を開《あ》けたままはげしく戦《たたか》うか、☗6六歩《ろくろくふ》や☖4四歩《よんよんふ》と角道《かくみち》を止《と》めておだやかに戦《たたか》うかを決《き》めます（❷）。

❶

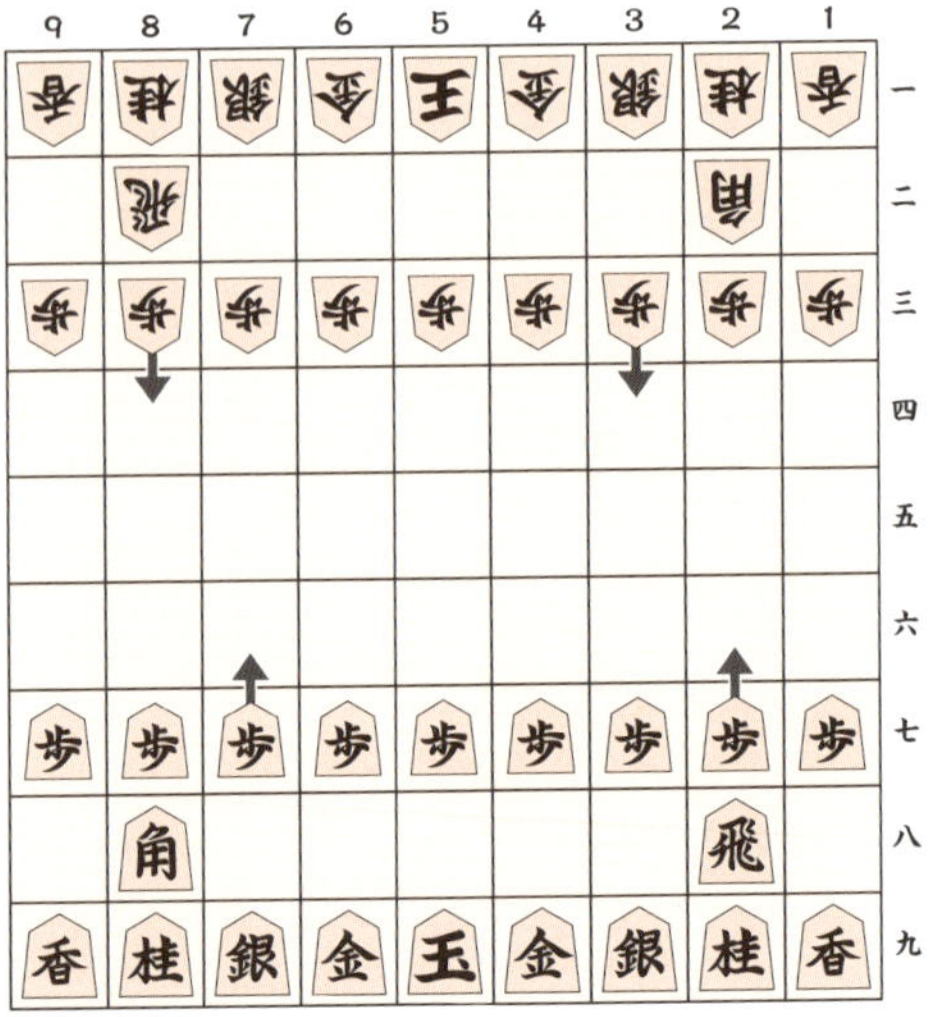

❷

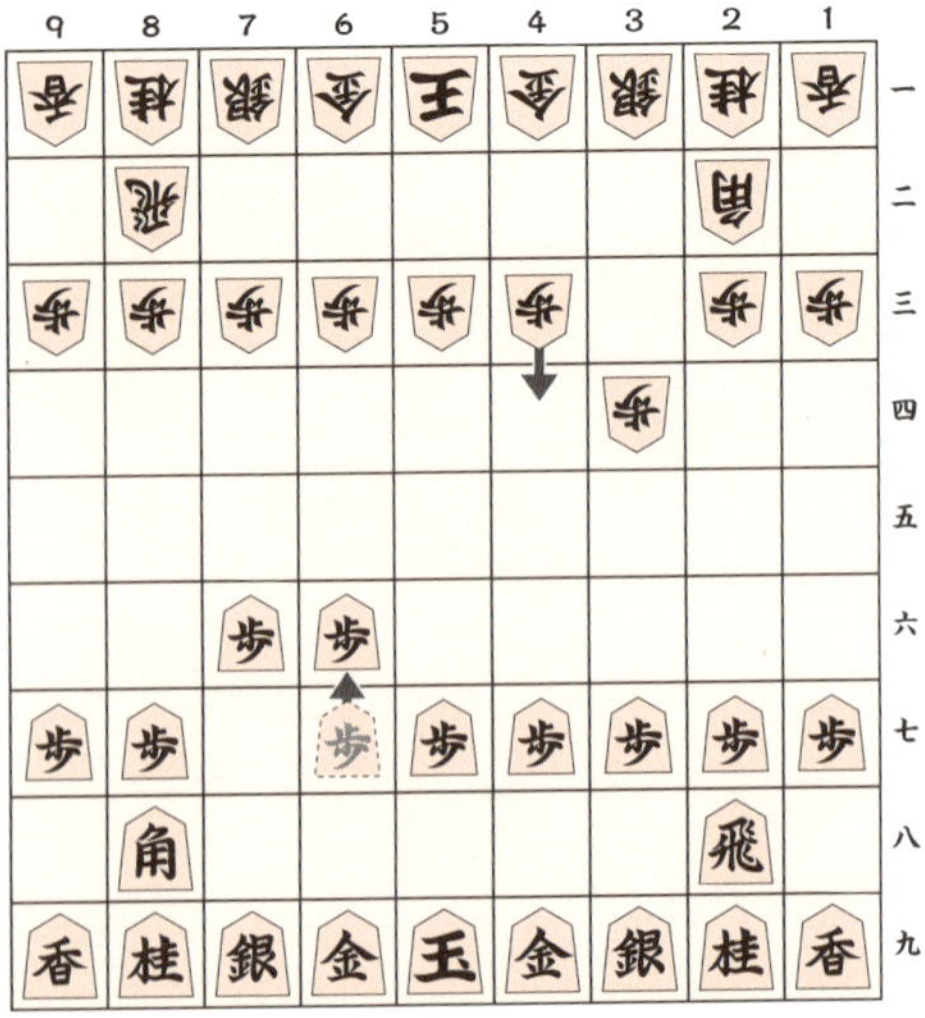

ステップ2

# 序盤《じょばん》の作戦《さくせん》をおぼえよう

## 作戦《さくせん》の立《た》てかた

次《つぎ》に考《かん》えるのは、攻《せ》めの飛《ひ》と、守《まも》るべき王《おう》をどこに置《お》くか、ということです。

考《かん》えるときのコツは、まず将棋盤《しょうぎばん》を頭《あたま》の中《なか》でタテ2つに割《わ》ります。

元々《もともと》飛車《ひしゃ》のいる右側《みぎがわ》にそのまま飛《ひ》を置《お》いた戦《たたか》いかたを「居飛車《いびしゃ》」といいます。元《もと》の位置《いち》と反対《はんたい》の左側《ひだりがわ》に飛《ひ》を移動《いどう》させる戦《たたか》いかたを「振《ふ》り飛車《びしゃ》」といいます。

飛《ひ》の位置《いち》が決《き》まったら、次《つぎ》は玉《ぎょく》の移動《いどう》です。飛《ひ》の近《ちか》くで戦《たたか》いがおこるので、守《まも》らなくてはいけない玉《ぎょく》は飛《ひ》と逆《ぎゃく》の側《がわ》へ行《い》くのが良《よ》い作戦《さくせん》です（③）。

③

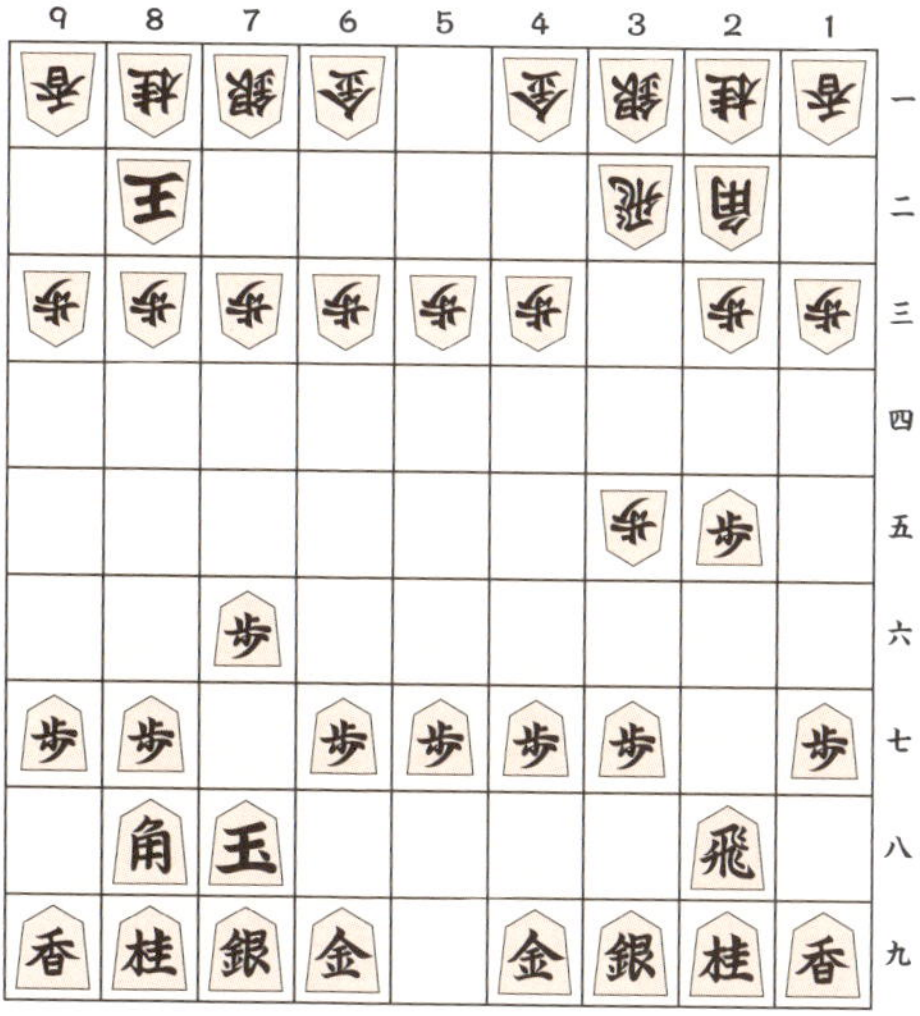

## 相掛《あいが》かり

飛先《ひさき》の歩《ふ》を進《すす》めるおぼえやすい作戦《さくせん》です。

④

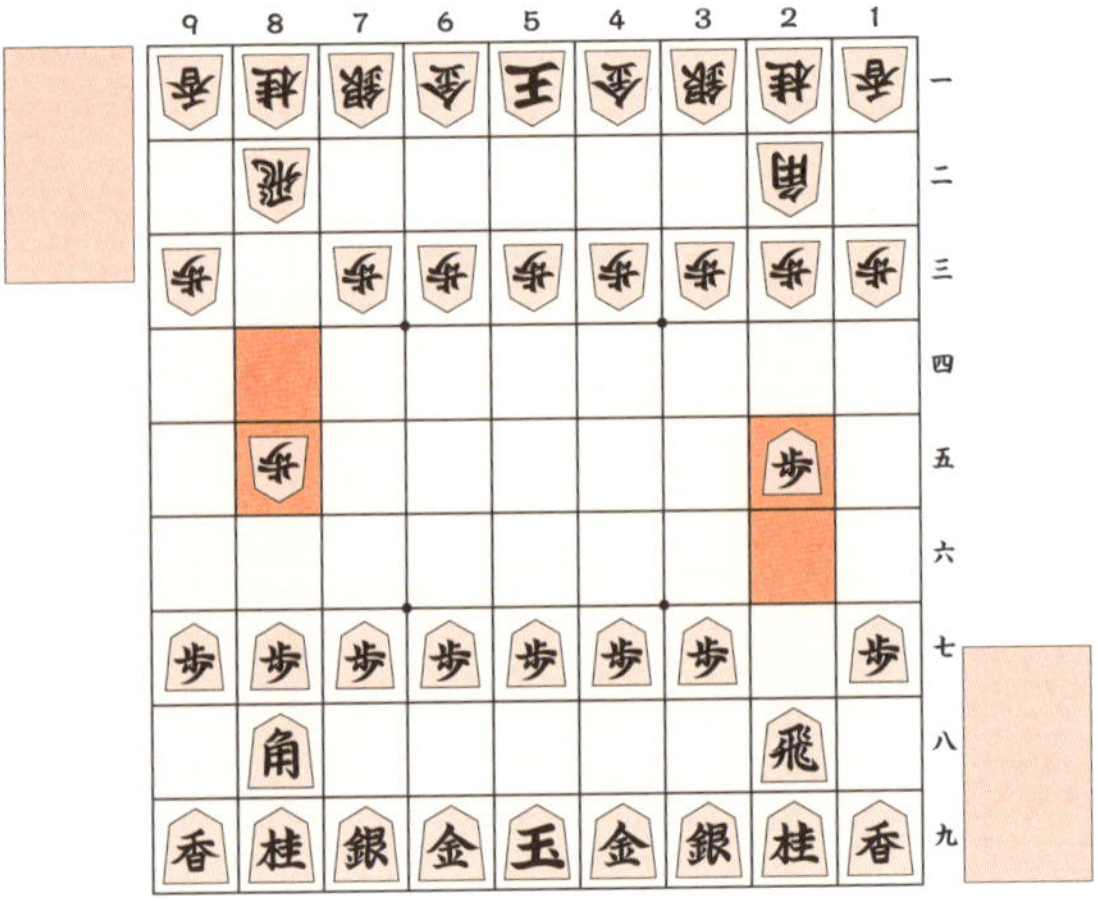

☗2六歩《にろくふ》 ☖8四歩《はちよんふ》 ☗2五歩《にごふ》 ☖8五歩《はちごふ》（④） ☗7八金《ななはちきん》 ☖3二金《さんにきん》（⑤）

すぐに攻《せ》めたいところですが、守《まも》りも大切《たいせつ》。☗7八金《ななはちきん》と上《あ》がって角《かく》の前《まえ》を守《まも》ります。

⑤

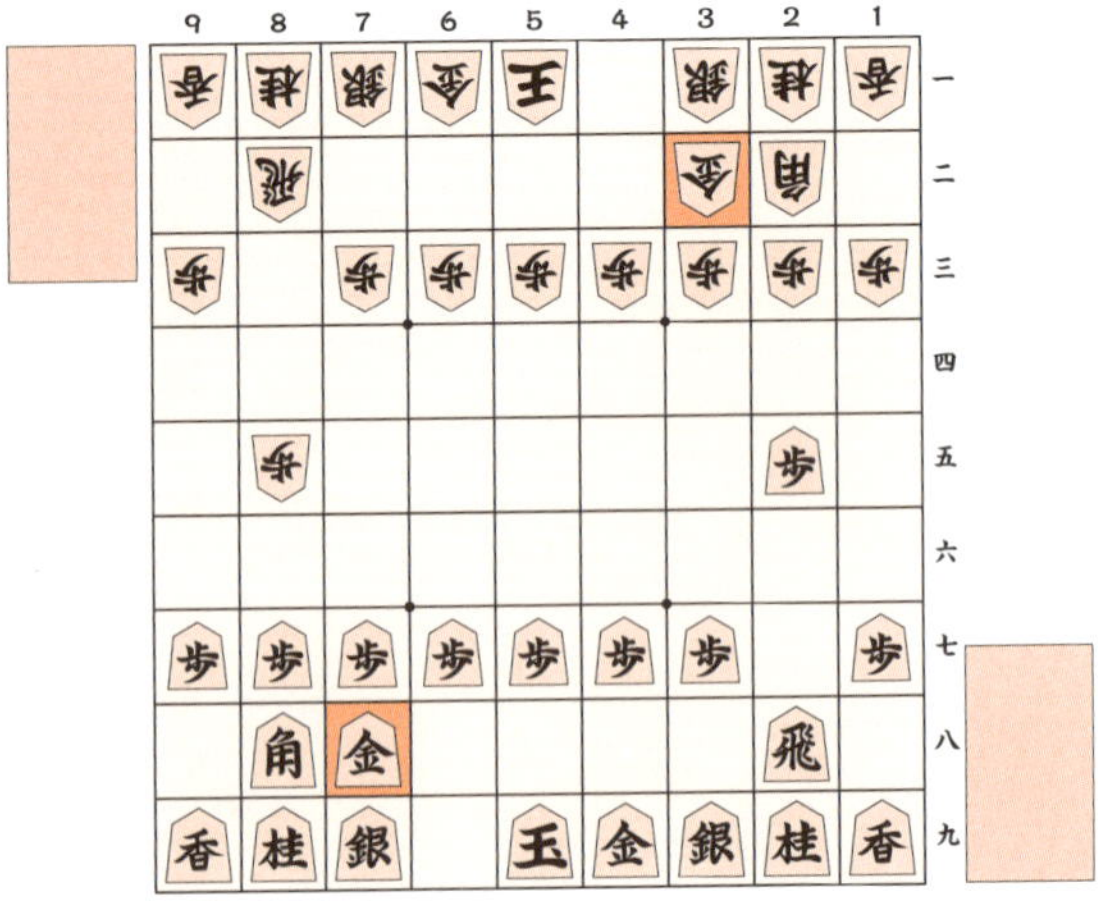

▲2四歩《によんふ》　△同《どう》　歩《ふ》
▲同《どう》　飛《ひ》　△2三歩《にさんふ》（6）
飛先《ひさき》の歩交換《ふこうかん》ができるときは、したほうが得《とく》です。

6

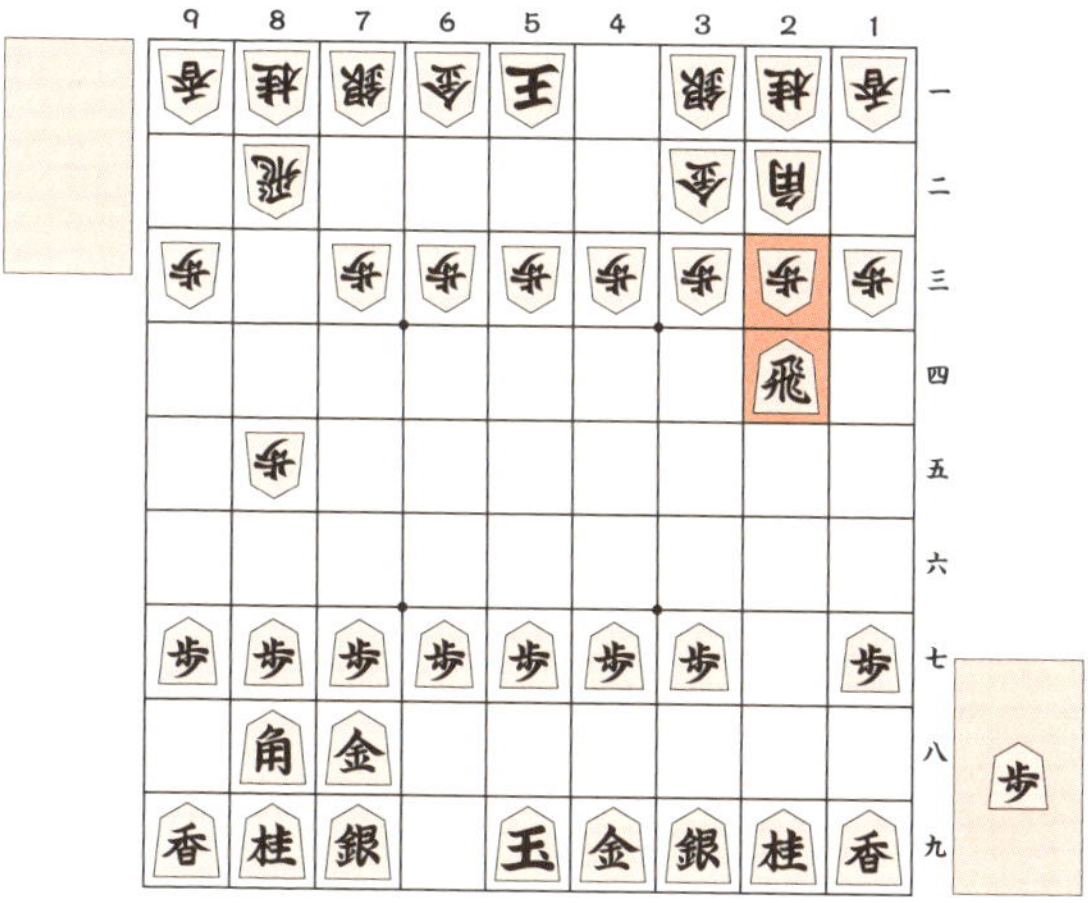

もし相手《あいて》が△3二金《さんにきん》と上《あ》がらず△8六歩《はちろくふ》▲同《どう》歩《ふ》△同飛《どうひ》と飛先《ひさき》の歩交換《ふこうかん》をしてきたら、▲2四《によん》歩《ふ》△同《どう》歩《ふ》▲2三歩《にさんふ》と角《かく》の頭《あたま》に歩《ふ》を打《う》って（7）角《かく》が取《と》れます。

攻《せ》めるときは相手《あいて》にも駒《こま》をわたすことになりますから、攻《せ》める前《まえ》に準備《じゅんび》しましょう。

7（参考図《さんこうず》）

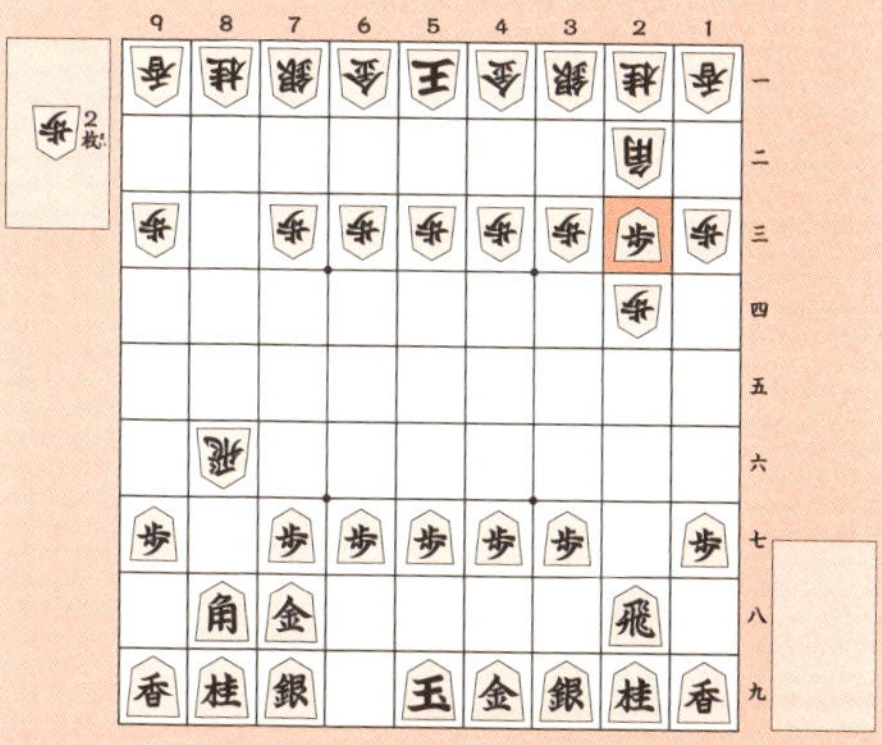

☗2八《にはち》飛《ひ》（8）

飛《ひ》を引《ひ》く場所《ばしょ》は2六《にろく》や2五《にご》もあります。ただし2七《になな》に行《い》くことはあまりありません。横《よこ》に歩《ふ》があって飛《ひ》が動《うご》ける所《ところ》が少《すく》ないからです。

8

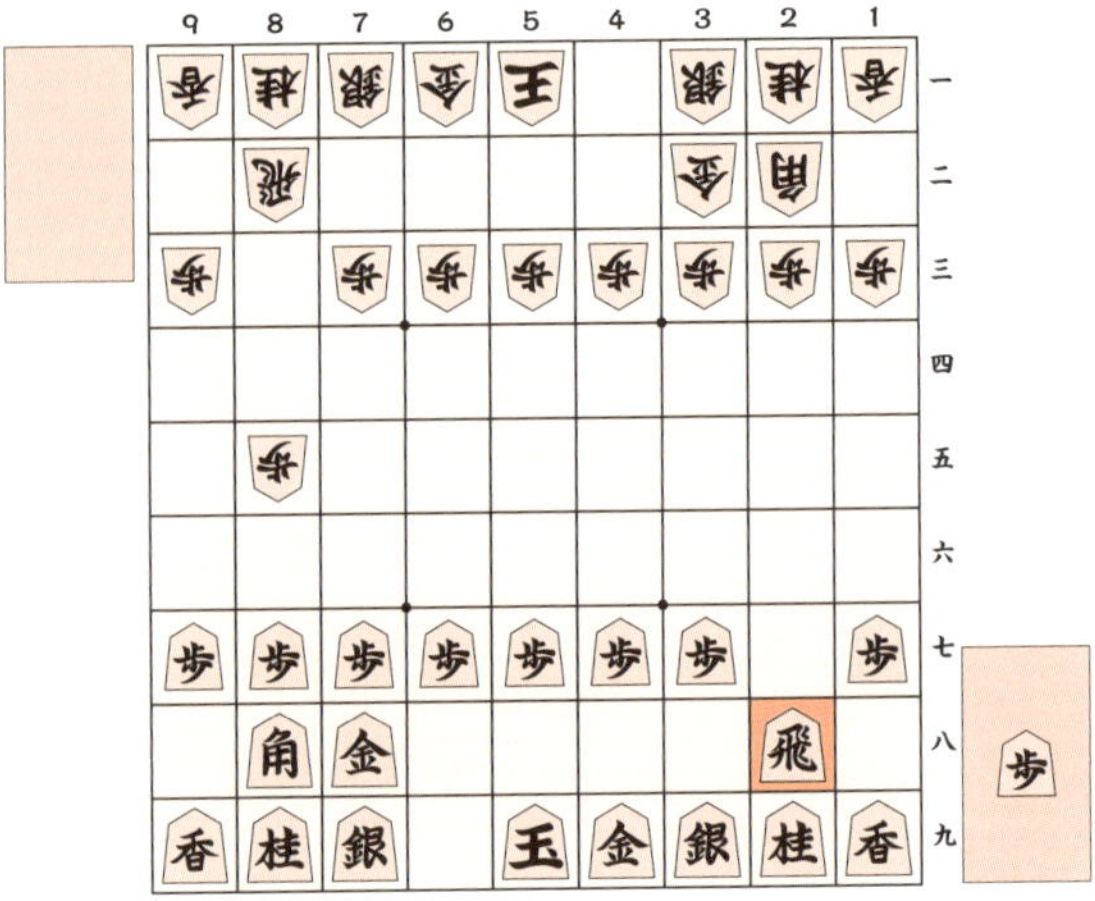


☖8六《はちろく》歩《ふ》　☗同《どう》　歩《ふ》　☖同《どう》　飛《ひ》　☗8七《はちなな》歩《ふ》

☖8二《はちに》飛《ひ》（9）

相手《あいて》も歩交換《ふこうかん》をし、先手《せんて》と後手《ごて》、まったく同《おな》じ形《かたち》です。これを「相掛《あいが》かり」といいます。

9

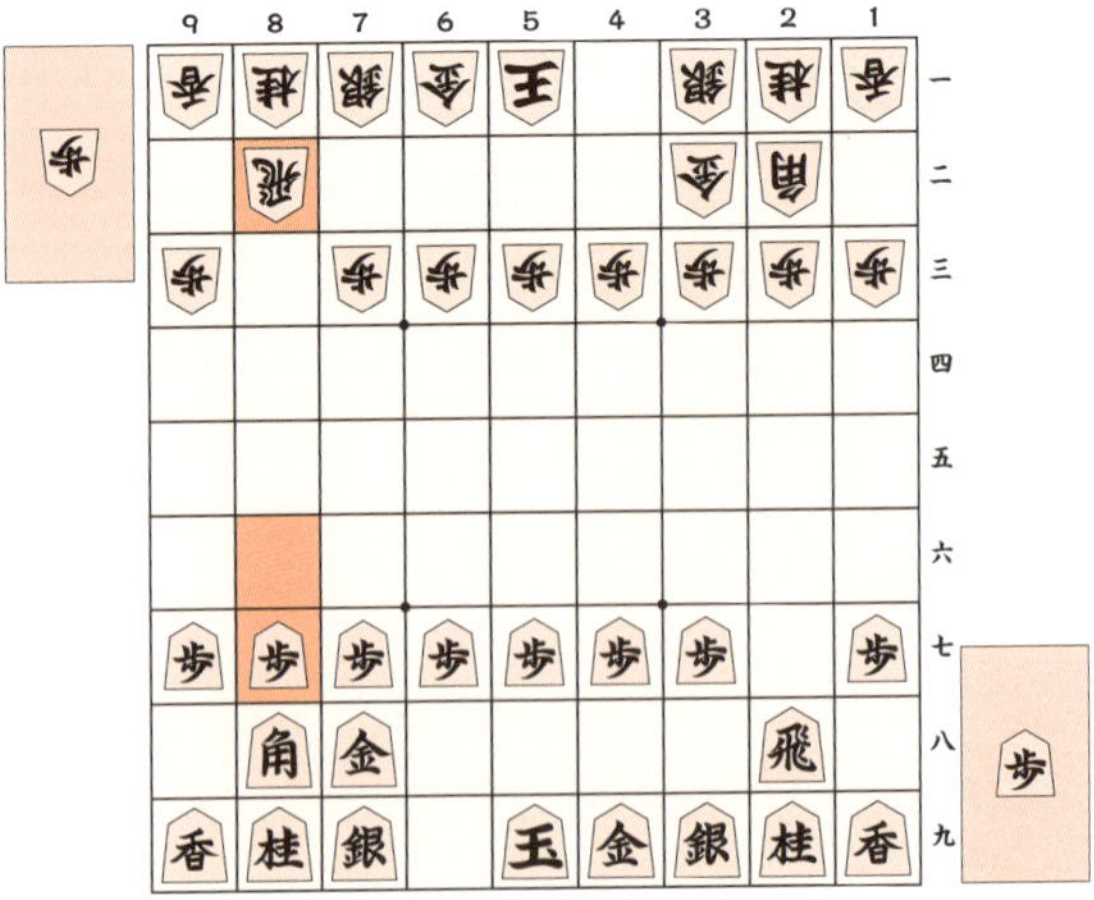

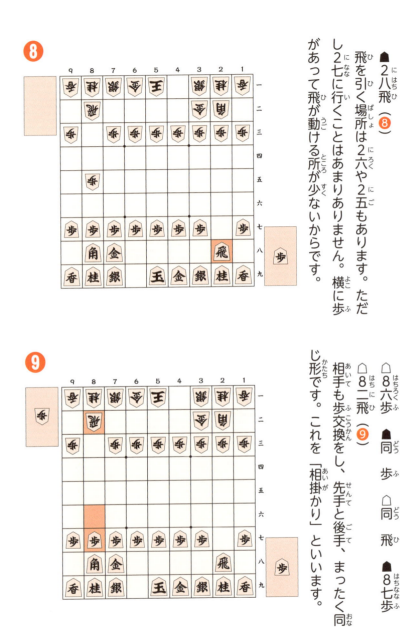

▲3八銀《さんはちぎん》　△6二銀《ろくにぎん》（⑩）

飛《ひ》に近《ちか》いほうの銀《ぎん》は攻《せ》めに使《つか》います。先手《せんて》は銀《ぎん》をまっすぐ上《あ》がり、後手《ごて》はナナメに進《すす》めました。

⑩

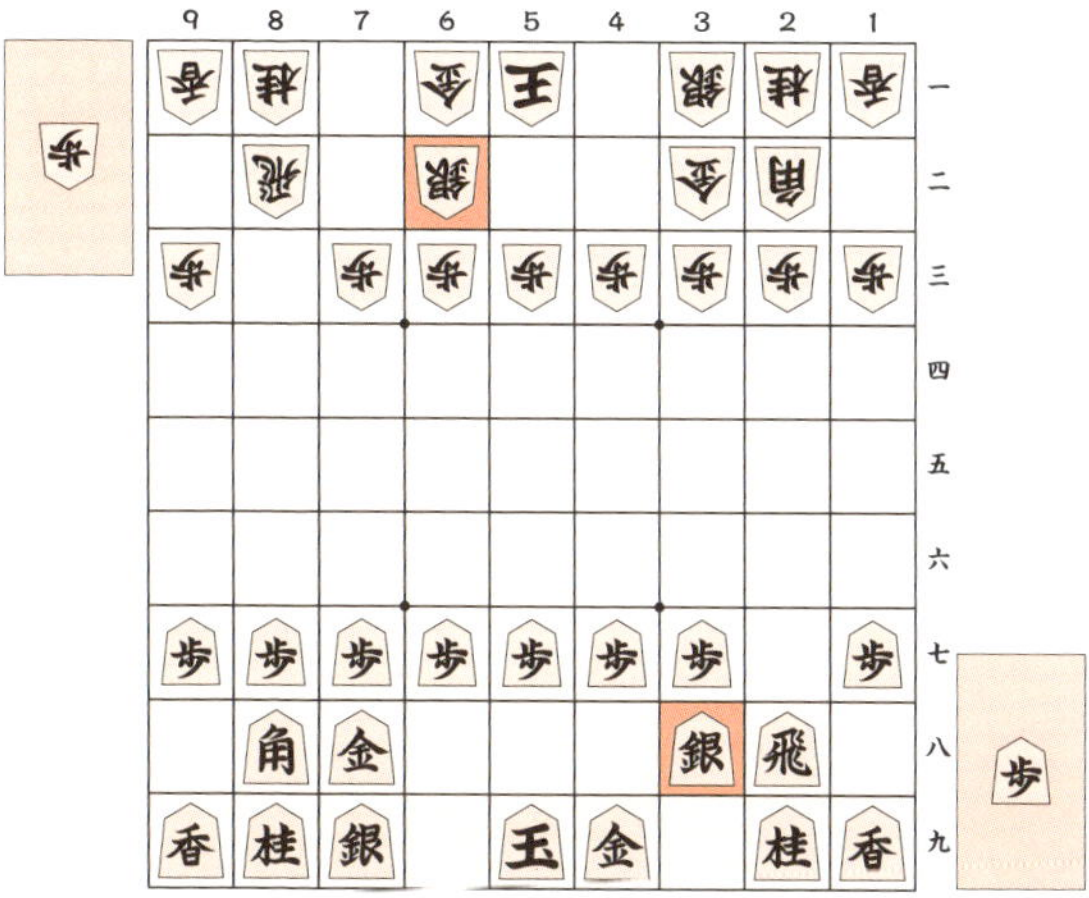

▲2七銀《にななぎん》　△6四歩《ろくよんふ》　▲2六銀《にろくぎん》　△6三銀《ろくさんぎん》（⑪）

「攻《せ》めは飛角銀桂《ひかくぎんけい》」という格言《かくげん》があります。銀《ぎん》を敵陣《てきじん》に向《む》けて進《すす》めていきます。

⑪

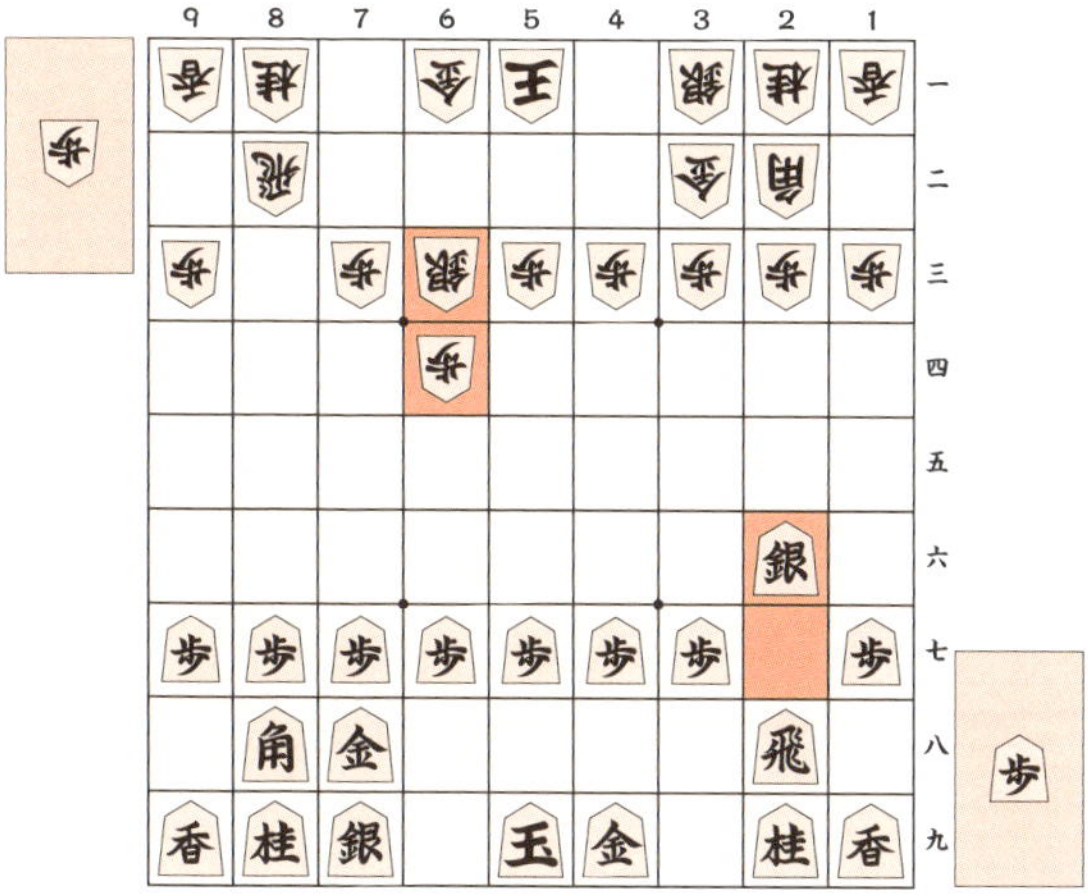

## 棒銀《ぼうぎん》

☗2五銀《にごぎん》　☖5二金《ごにきん》（⑫）

「棒銀《ぼうぎん》」という基本《きほん》の攻《せ》め方《かた》。飛《ひ》の前《まえ》に銀《ぎん》を進《すす》めて、2つの駒《こま》の力《ちから》を合《あ》わせて敵陣《てきじん》を突破《とっぱ》する戦法《せんぽう》です。

☗2四歩《によんふ》（⑬）

⑫

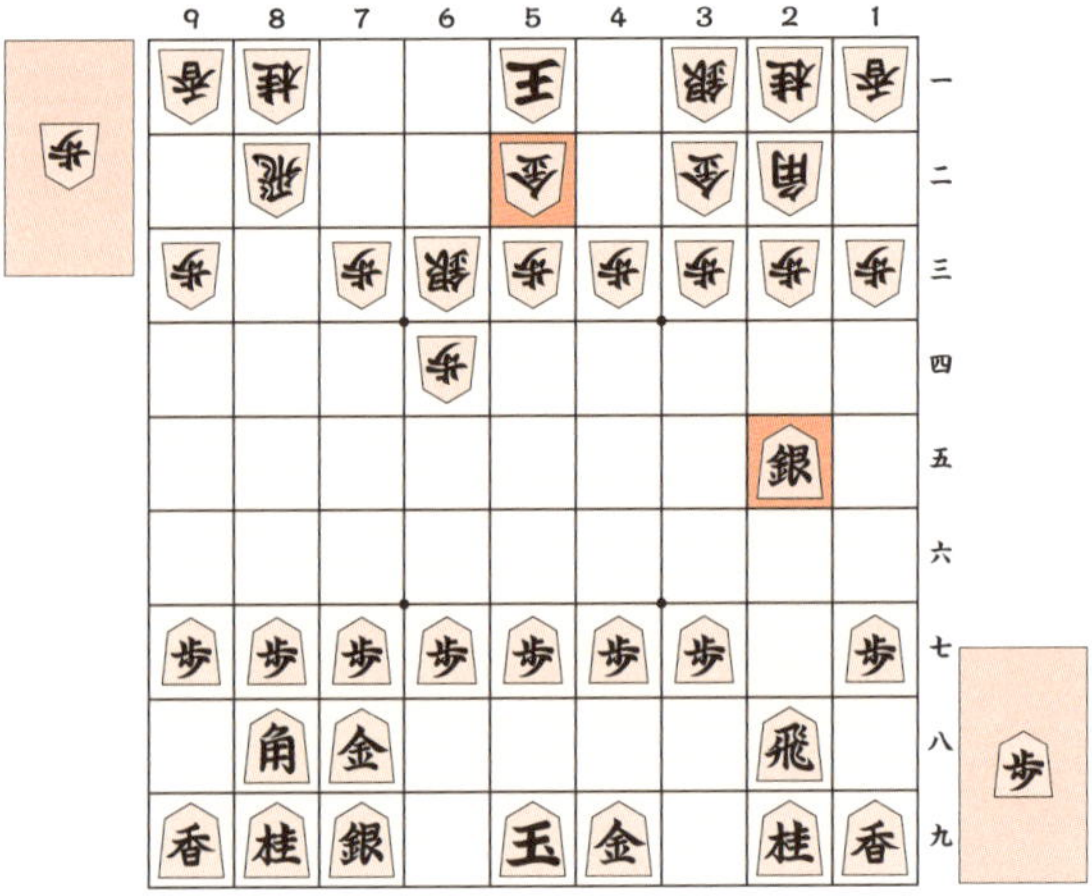

⑬

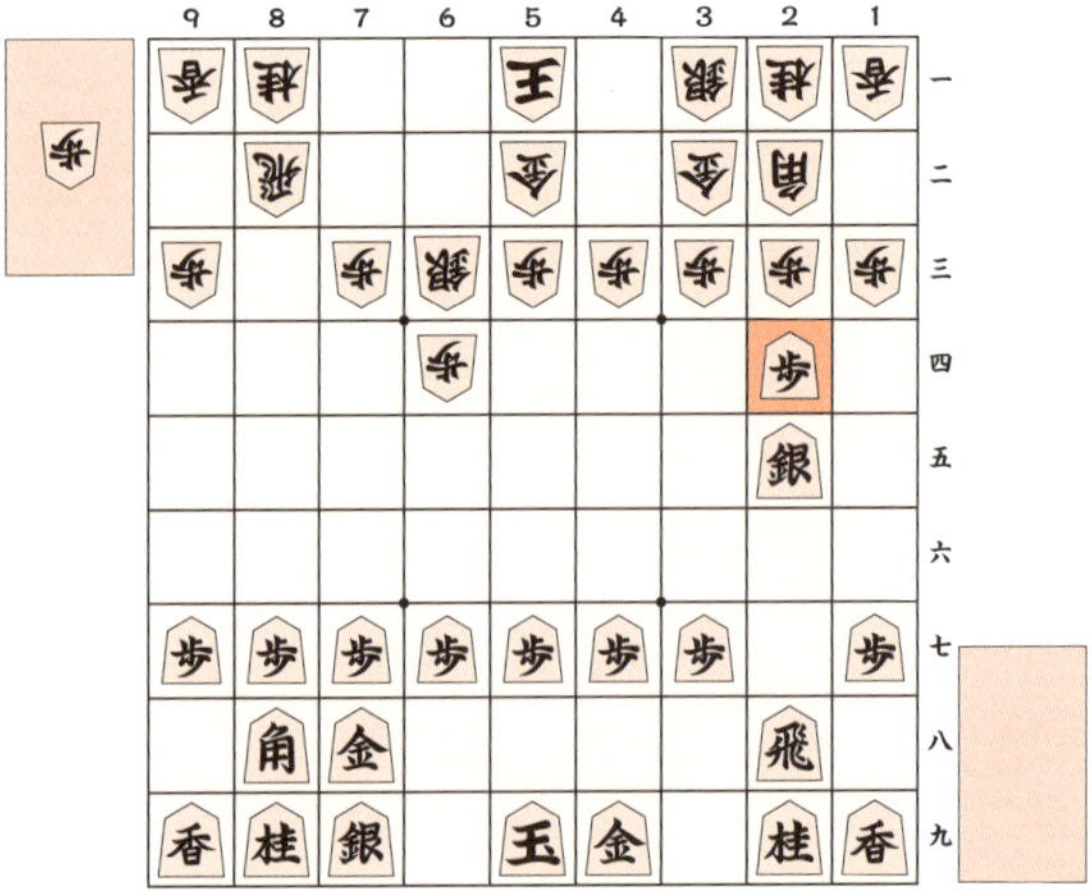

△同《どう》　歩《ふ》　▲同《どう》　銀《ぎん》（⑭）
銀《ぎん》をさらに一歩前《いっぽまえ》に進《すす》めることができました。これが歩《ふ》をもう一度《いちど》打《う》ったねらいです。

もし⑬で相手《あいて》が▲2四歩《によんふ》を取《と》らず△5四歩《ごよんふ》と指《さ》した場合《ばあい》は、▲2三歩成《にさんふなり》△同金《どうきん》▲2四歩《によんふ》（⑮）となり、攻《せ》め続《つづ》けることができます。

この後《あと》は、△同金《どうきん》なら▲同銀《どうぎん》と取《と》り返《かえ》し「駒得《こまどく》」ですし、△同金以外《どうきんいがい》の手《て》を指《さ》せば、▲2三歩成《にさんふなり》と金《きん》を取《と》って歩《ふ》を成《な》ることができ、後手陣《ごてじん》はつぶれてしまいます。

⑭

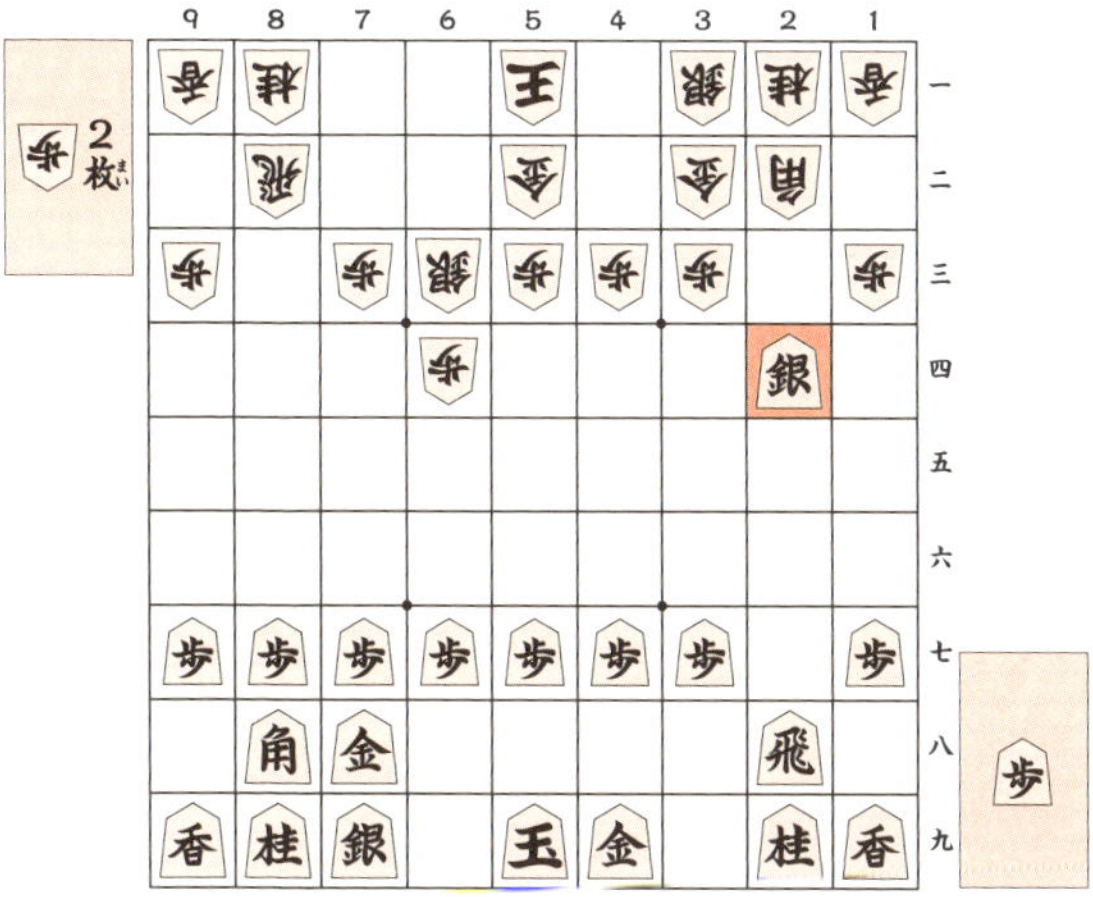

⑮（参考図《さんこうず》）

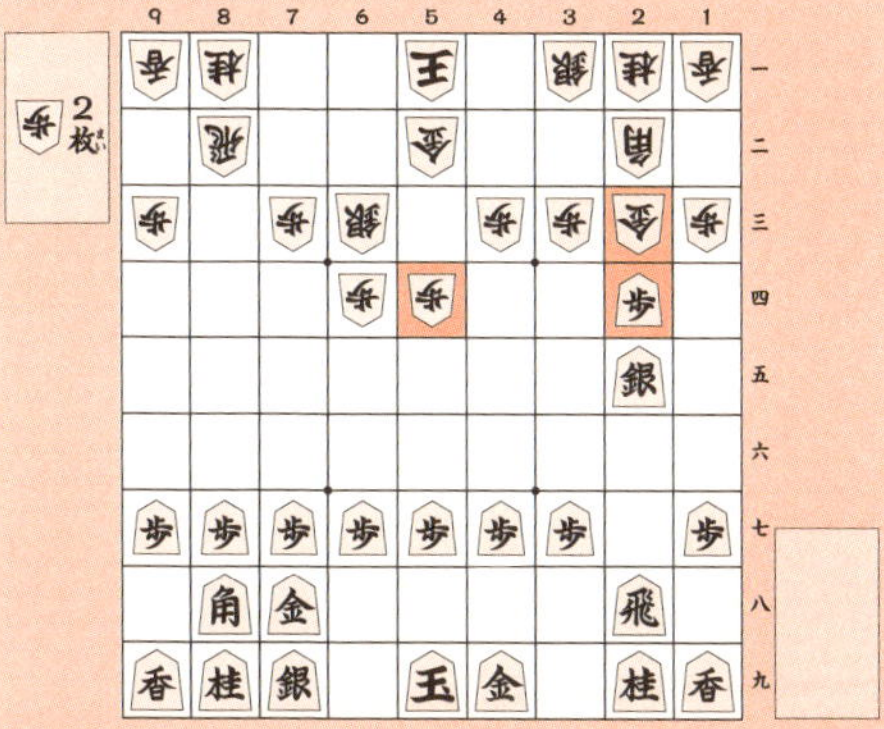

△2三歩《にさんふ》　▲同《どう》　銀成《ぎんなり》（⑯）
△同《どう》　金《きん》　▲同《どう》　飛成《ひなり》（⑰）

相手《あいて》は歩《ふ》を打《う》ってきましたが、銀《ぎん》で取《と》ってしまいましょう。金《きん》に取《と》られたら、さらに飛《ひ》で取《と》り返《かえ》すことができます。

棒銀戦法《ぼうぎんせんぽう》の基本《きほん》の考《かんが》え方《かた》は「数《かず》の攻《せ》め」です。「取《と》って、取《と》られて、取《と》り返《かえ》す」と、相手《あいて》より多《おお》い数《かず》で攻《せ》めて突破《とっぱ》するという攻《せ》め方《かた》です。

⑯

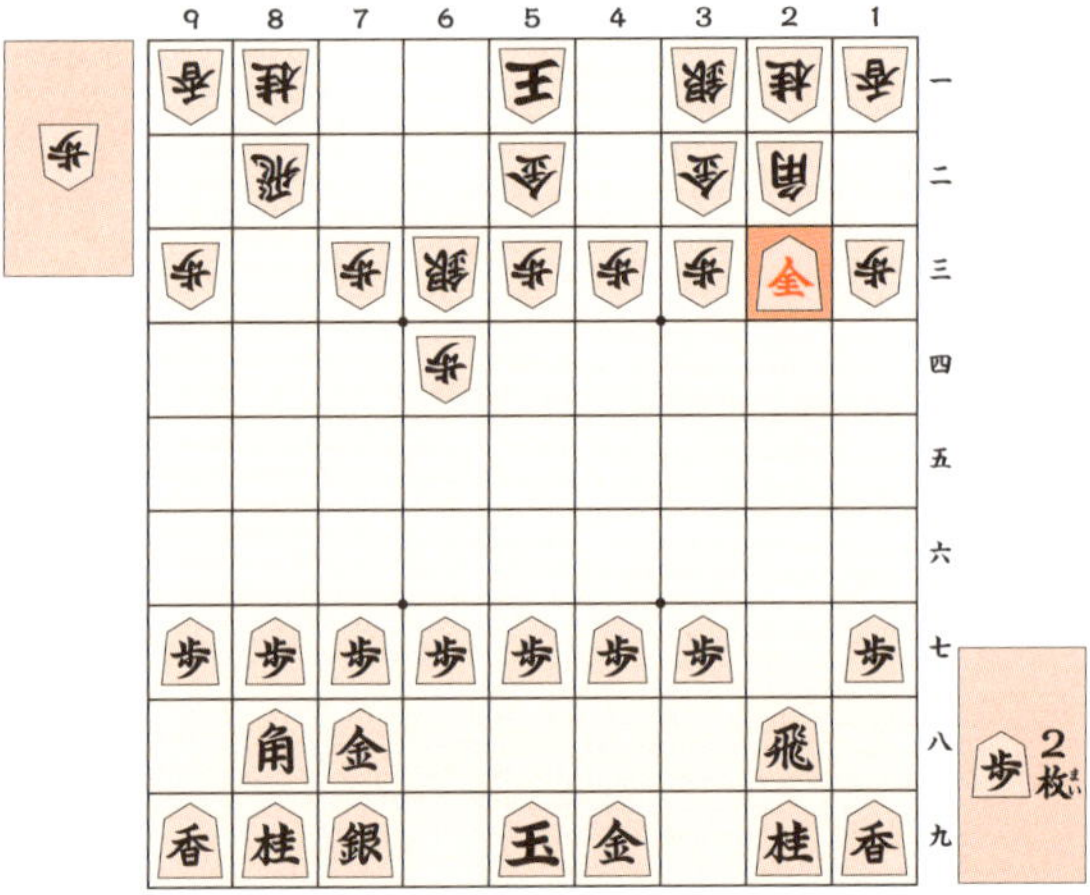

⑰

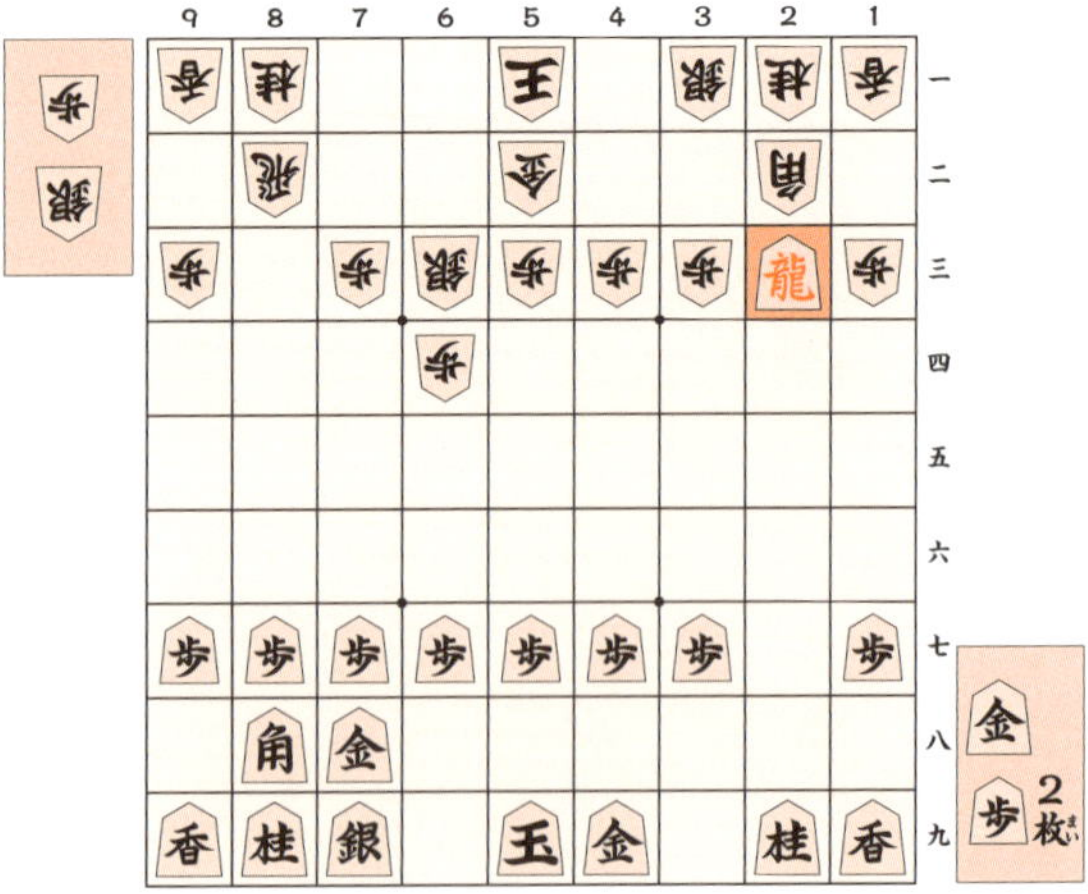

## 守《まも》りの数《かず》のほうが多《おお》い場合《ばあい》

⑭の２三《にさん》のマスは、先手《せんて》が銀《ぎん》と飛《ひ》の２枚《まい》で攻《せ》め、後手《ごて》は金《きん》１枚《まい》だけで守《まも》っていました。そのため数《かず》で勝《まさ》っている先手《せんて》が有利《ゆうり》に攻《せ》めることができました。

もし角《かく》ではなく銀《ぎん》が守《まも》っていたらどうでしょうか（⑲）。

⑱の■のマスは先手《せんて》が銀《ぎん》と飛《ひ》の２枚《まい》、後手《ごて》は金《きん》と銀《ぎん》の２枚《まい》が利《き》いています。

⑯と同《おな》じように、⑲☗２三銀成《にさんぎんなり》と進《すす》めてしまうと☖２三同銀《にさんどうぎん》（⑳）☗同飛成《どうひなり》（㉑）☖同金《どうきん》と、最後《さいご》に取《と》られてしまいます。

攻《せ》め駒《こま》の数《かず》と守《まも》りの駒《こま》の数《かず》をきちんとかぞえて、相手《あいて》より多《おお》い数《かず》で攻《せ》めましょう！

**（参考図《さんこうず》）**

⑱

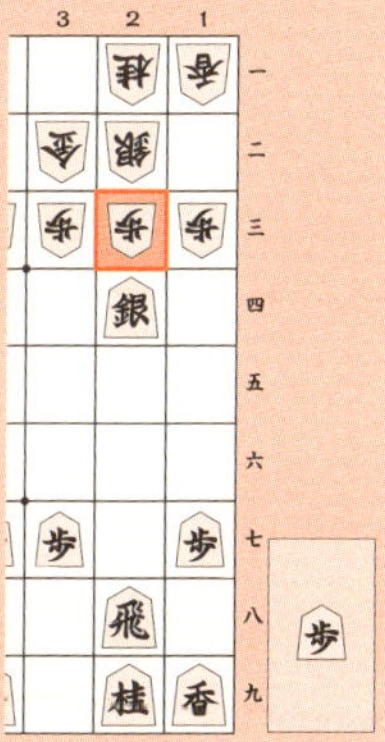

⑲

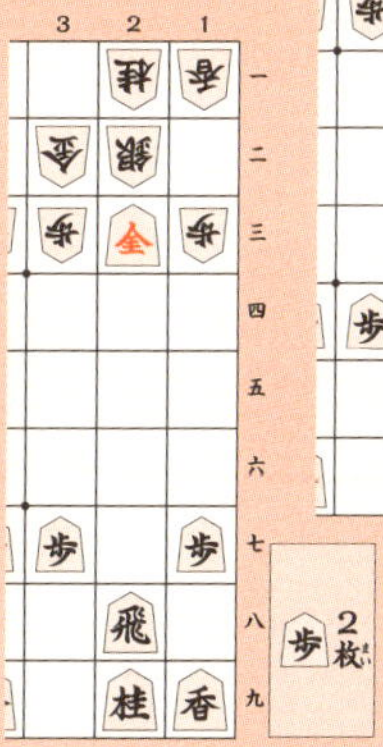


⑳

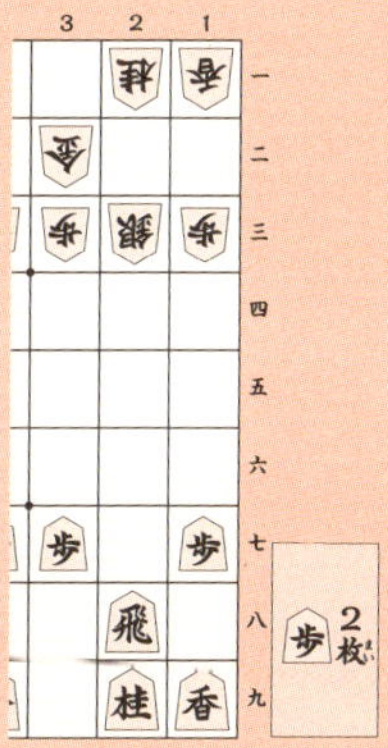


㉑

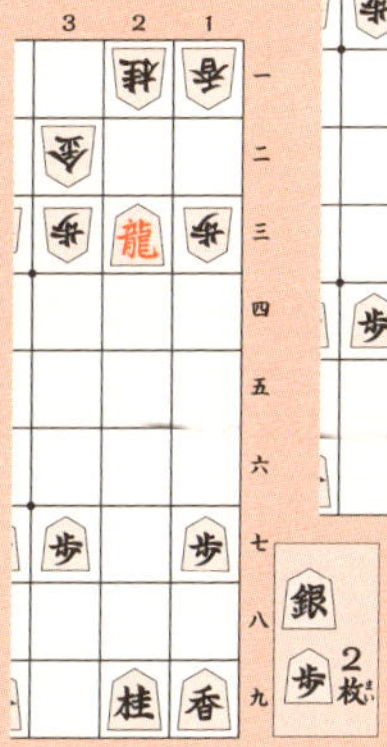

ステップ 3
# 中盤《ちゅうばん》の「手筋《てすじ》」をおぼえよう

将棋《しょうぎ》をよく知《し》らないうちは、歩《ふ》は弱《よわ》くて価値《かち》が低《ひく》い駒《こま》と考《かんが》えがちですが、強《つよ》い人《ひと》は歩《ふ》をとてもじょうずに使《つか》います。

ここでは歩《ふ》の手筋《てすじ》（よく出《で》てくる良《よ》い手《て》・手順《てじゅん》）をいくつかしょうかいします。

## 歩《ふ》をたらす

次《つぎ》に成《な》れるように歩《ふ》を打つことです（22）。

歩《ふ》は成《な》ると「と金《きん》」になり（23）、「金《きん》」と同《おな》じ動《うご》きができるようになります。しかも相手《あいて》にわたったときに「歩《ふ》」に戻《もど》るので、金《きん》で攻《せ》めるより効率《こうりつ》の良《よ》い攻《せ》めとなります。

22

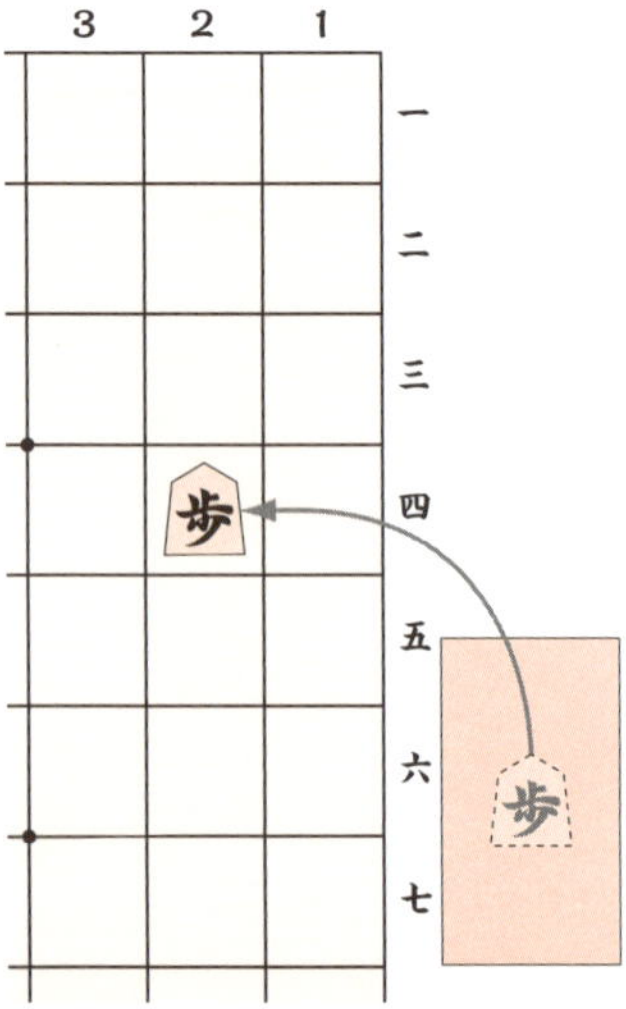


23

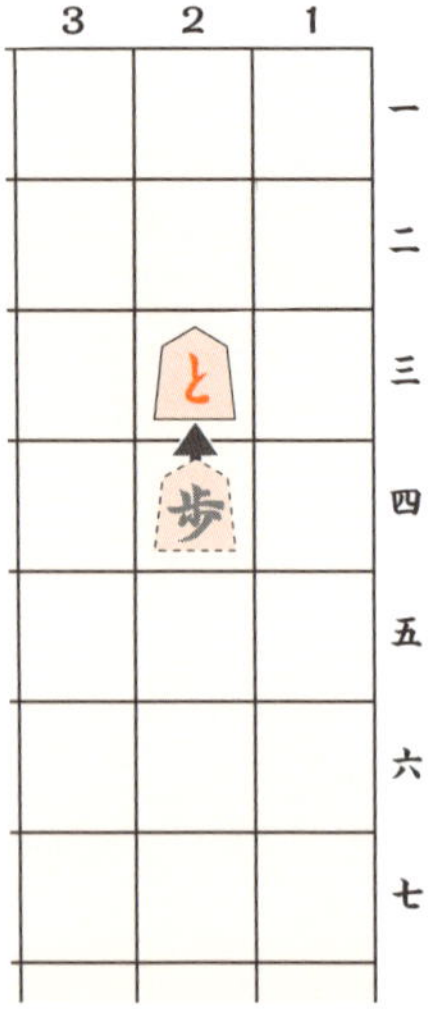

## 歩《ふ》を合《あ》わせる

相手《あいて》の歩《ふ》の利《き》いている所《ところ》に自分《じぶん》の駒《こま》を進《すす》めたい時《とき》に使《つか》います。㉔は歩《ふ》を合《あ》わせ、相手《あいて》に取《と》らせて飛《ひ》で取《と》り返《かえ》したとき、相手《あいて》が歩《ふ》を受《う》けると横《よこ》の歩《ふ》を取《と》ることができます（㉕）。

㉔

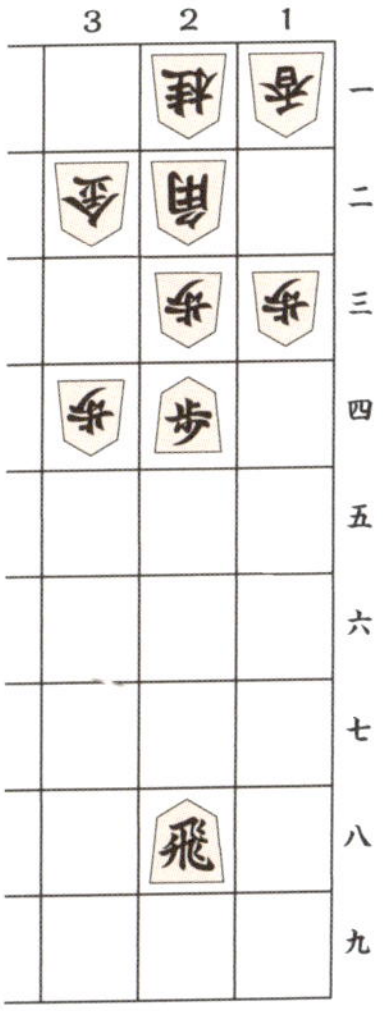

㉕

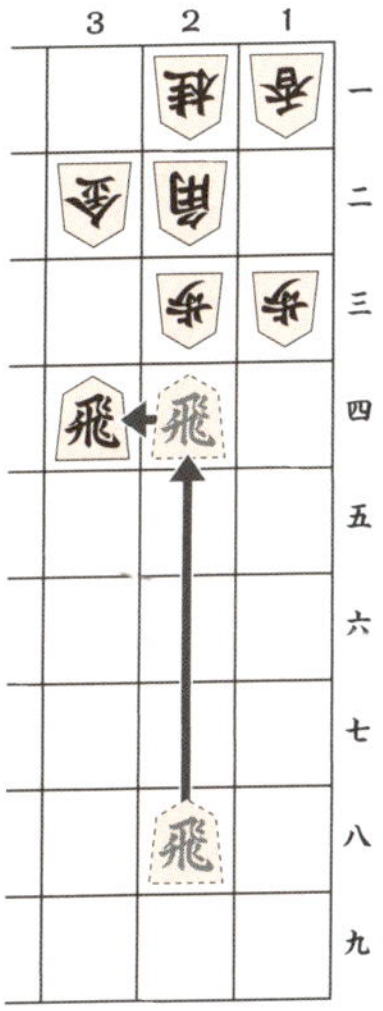

## 歩《ふ》を叩《たた》く

歩《ふ》を捨《す》てる（相手《あいて》の駒《こま》の前《まえ》に打《う》って、わざと取《と》らせる）ことです。

㉖は歩《ふ》を叩《たた》いたところ。相手《あいて》は金《きん》でも銀《ぎん》でも取《と》ることができますが、どちらの場合《ばあい》も飛《ひ》で駒《こま》を取《と》ることができます。

㉖

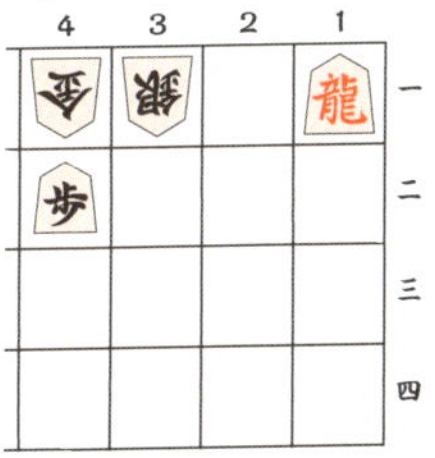

㉗

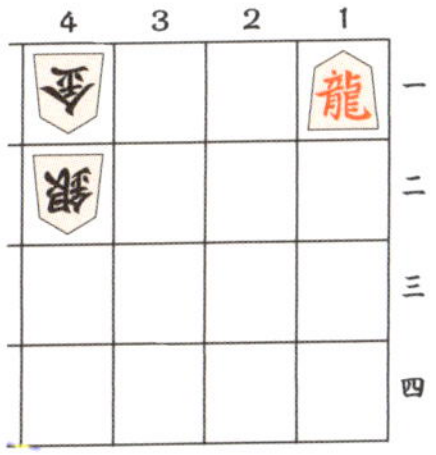

㉘

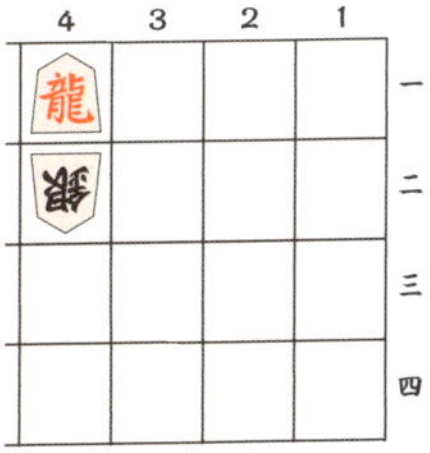

## 歩《ふ》でふせぐ

㉙は相手《あいて》の飛《ひ》が飛《と》んでくるのをふせぐために、歩《ふ》を打《う》ったところ、歩《ふ》は攻《せ》めだけでなく、守《まも》りにもよく使《つか》います。

相手《あいて》の飛《ひ》が進《すす》んでくるのをふせぐために歩《ふ》を打《う》つのはこれまで何度《なんど》も出《で》てきました（㉙）。

㉚のようにお互《たが》いの駒《こま》が向《む》かい合《あ》っているときに歩《ふ》を打《う》って相手《あいて》の駒《こま》を追《お》い返《かえ》すのもよくでてくる手筋《てすじ》です。

先手《せんて》と後手《ごて》とどちらが先《さき》に打《う》つかだいじなところです。もし銀《ぎん》で歩《ふ》を取《と》ると、相手《あいて》の銀《ぎん》に取《と》り返《かえ》されて駒損《こまぞん》になってしまいます。

㉙

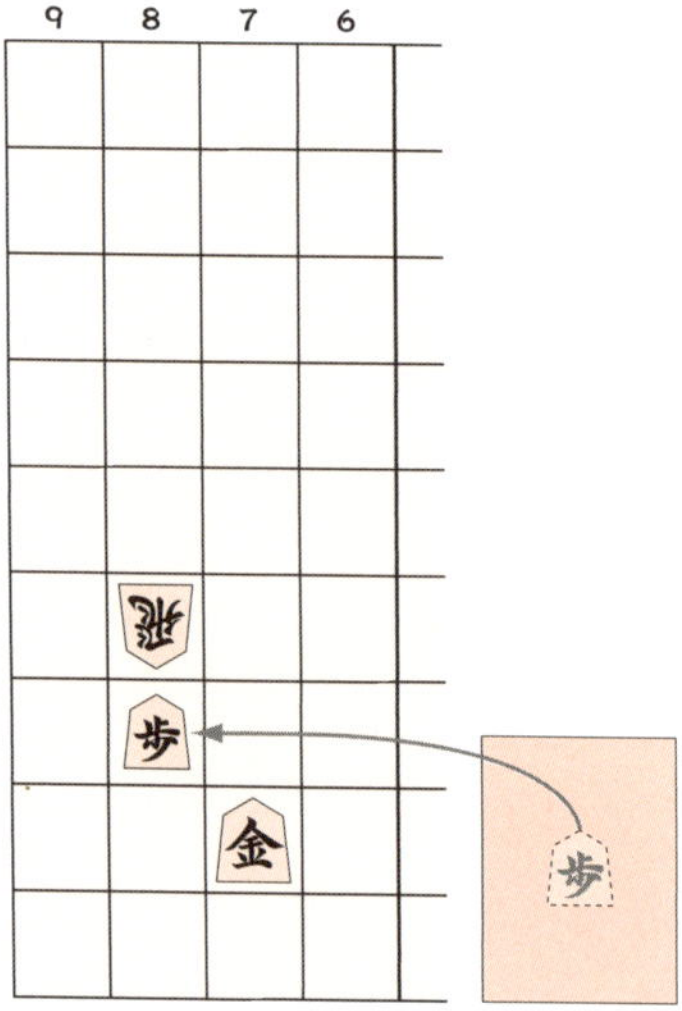


㉚

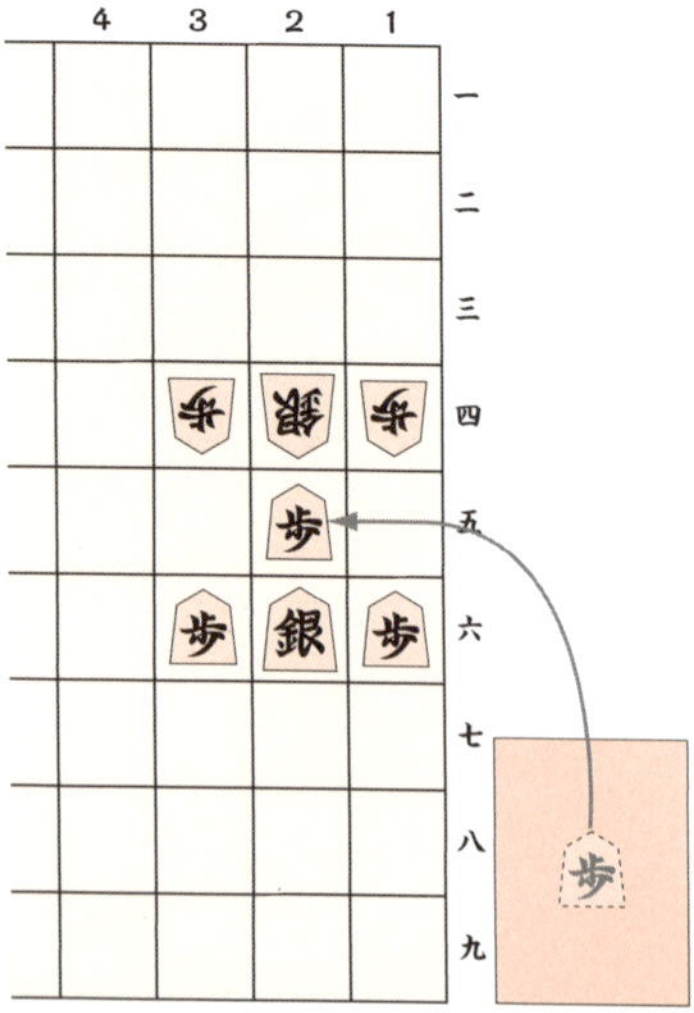

## 歩《ふ》で合駒《あいごま》をする

強《つよ》い駒《こま》をねらわれたときに、弱《よわ》い歩《ふ》を盾《たて》にして守《まも》ります。

香《きょう》で飛《ひ》を取《と》られそうですが、歩《ふ》を打《う》てば大丈夫《だいじょうぶ》。歩《ふ》を取《と》られても香《きょう》を取《と》り返《かえ》せば駒得《こまどく》になります。

31

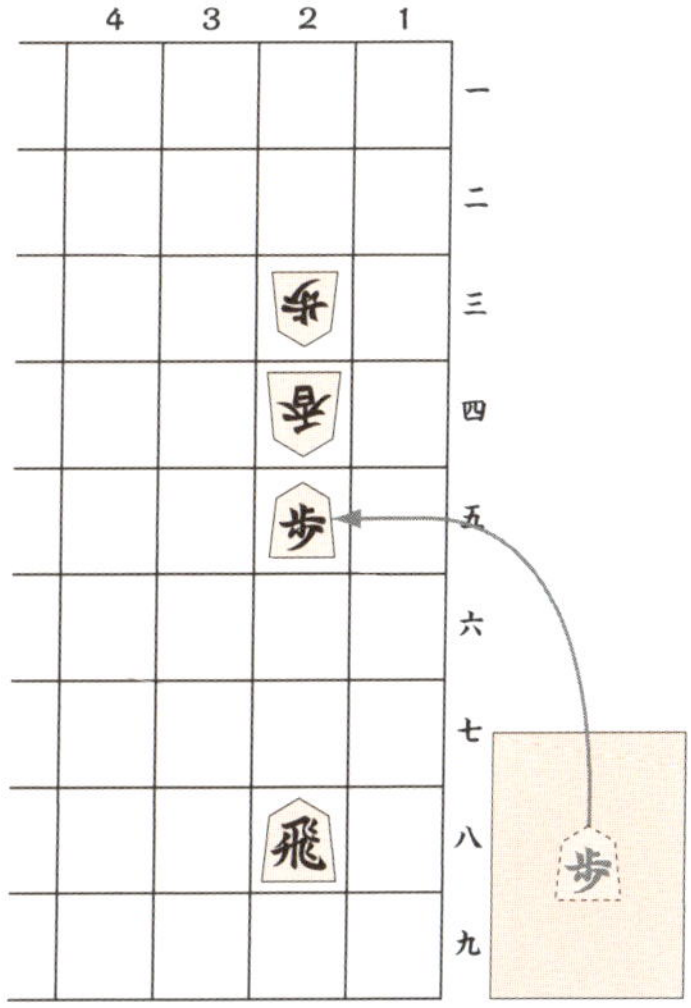


## 底歩《そこふ》

32は龍《りゅう》で王手《おうて》をされたところ。金《きん》の下《した》に歩《ふ》を打《う》って合駒《あいごま》をしました。一番下《いちばんした》の段《だん》に打《う》つ歩《ふ》のことを「底歩《そこふ》」といいます。金《きん》と歩《ふ》がお互《たが》いを守《まも》り合《あ》っています。「金底《きんぞこ》の歩《ふ》、岩《いわ》より堅《かた》し」という格言《かくげん》があるくらい、かたい守《まも》り方《かた》です。

32

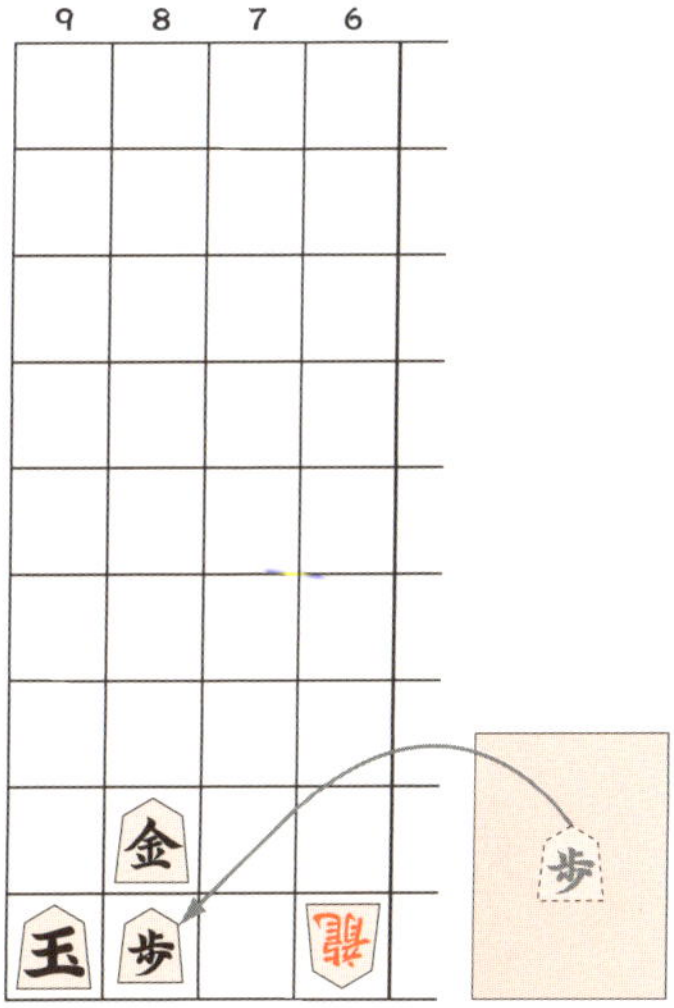

ステップ4

# 終盤《しゅうばん》の寄《よ》せをおぼえよう

## スピードが勝負《しょうぶ》

相手《あいて》の王《おう》に向《む》かって攻《せ》めていくのが終盤戦《しゅうばんせん》。最後《さいご》は相手《あいて》の王《おう》と自分《じぶん》の玉《ぎょく》と、どちらが早《はや》くつかまるのかというスピード勝負《しょうぶ》です。

チャンスがあれば一気《いっき》に決《き》めたいところ。33では龍《りゅう》で金《きん》を取《と》るのが決《き》め手《て》となります（34）。

33

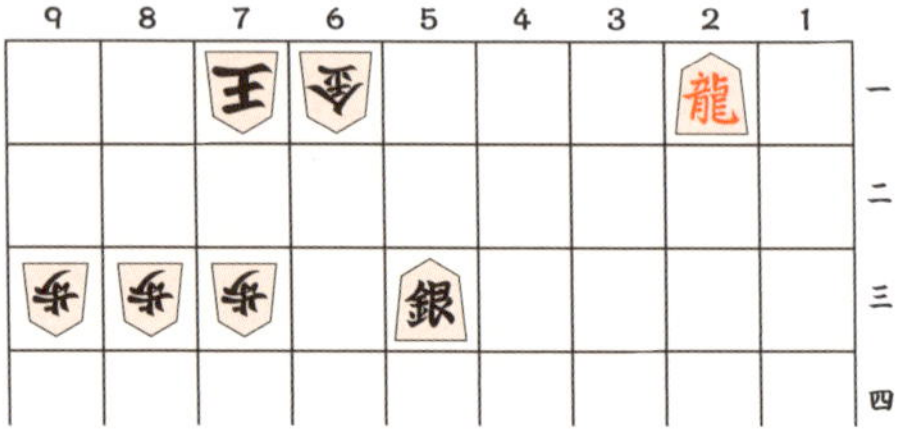

34

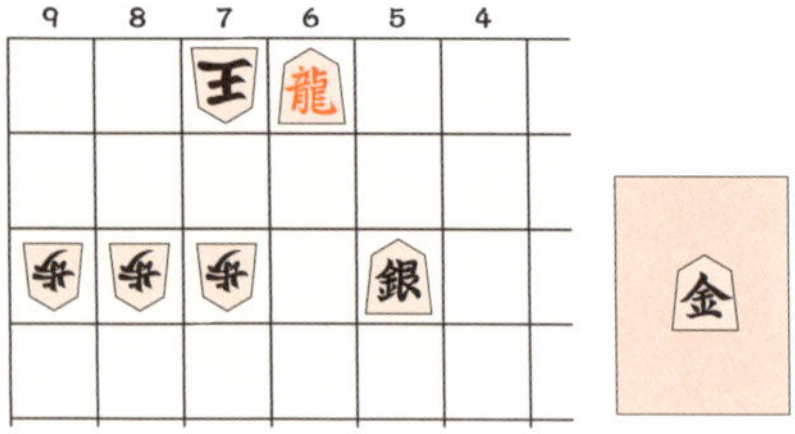

35

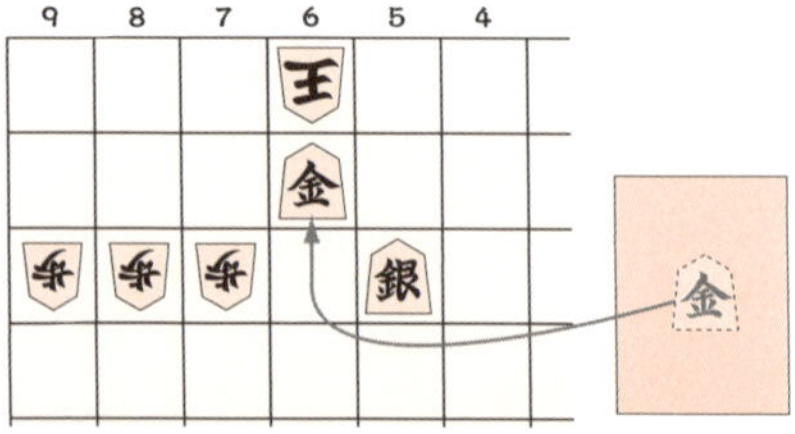

後手《ごて》は王《おう》で龍《りゅう》を取《と》れるのですが、そこで頭金《あたまきん》を打《う》てば詰《つ》み（35）。先手《せんて》の勝《か》ちとなります。

どんなに駒《こま》がたくさんあっても相手《あいて》の王《おう》を詰《つ》まさなければ対局《たいきょく》は終《お》わりません。

この㊱では実《じつ》は詰《つ》みがあります。
まず王手《おうて》で角《かく》を成《な》り（㊲）、もし王《おう》で馬《うま》を取《と》れば頭金《あたまきん》で詰《つ》み（㊳）。
王《おう》が逃《に》げても横《よこ》に金《きん》を打《う》てば詰《つ》み。
王手《おうて》を続《つづ》けて詰《つ》ませることのできる状態《じょうたい》を「即詰《そくづ》み」といいます。

大駒《おおごま》は攻《せ》めのだいじな駒《こま》ですが、王《おう》を詰《つ》ますためには捨《す》てることも考《かんが》えましょう。
上級者向《じょうきゅうしゃむ》けのテクニックをほんの少《すこ》しだけしょうかいしました。ほかにもたくさんの技《わざ》があります。こんな風《ふう》にカッコよく勝《か》てたら気持《きも》ちがいいですね！

㊱

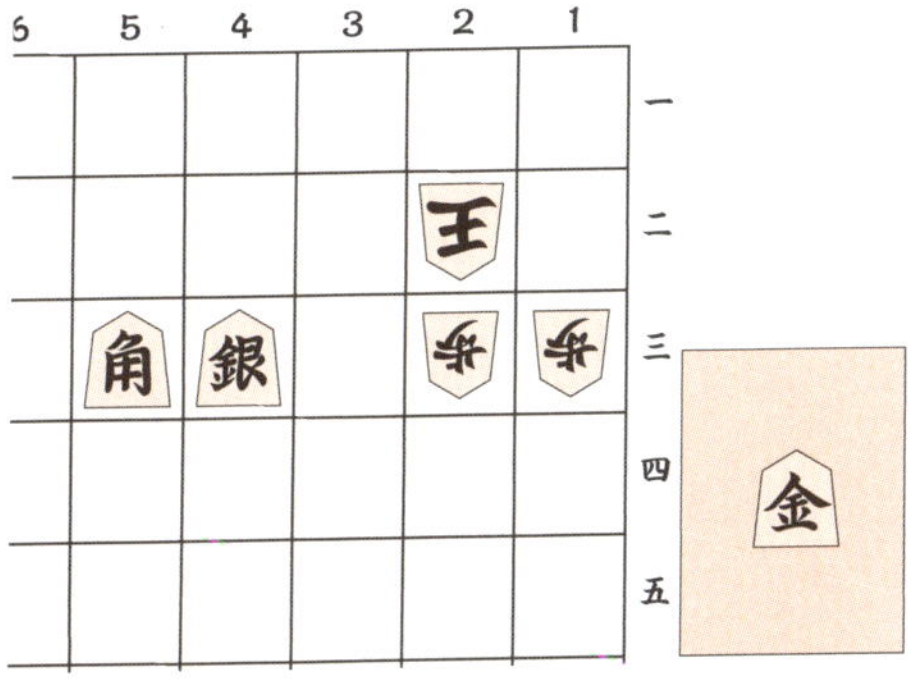


㊲

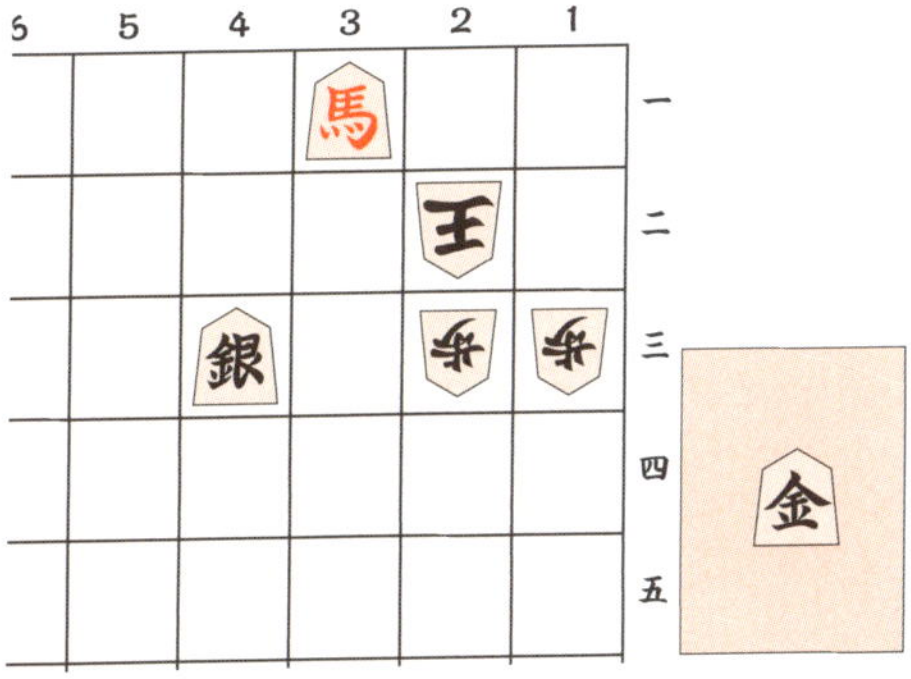


㊳

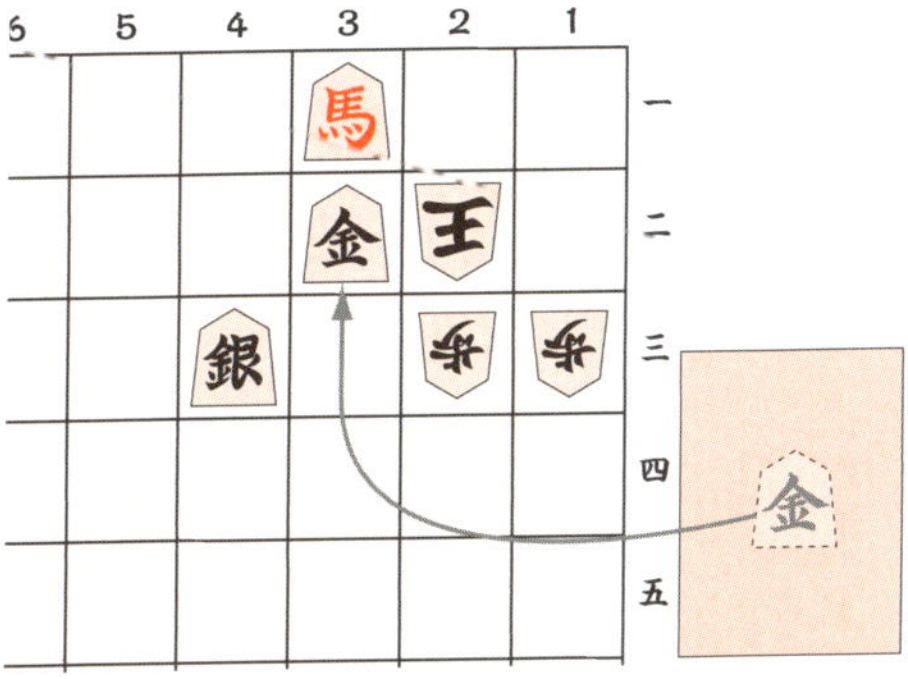

ステップ5

# 入玉《にゅうぎょく》と持将棋《じしょうぎ》

## 王《おう》が敵陣《てきじん》まで進《すす》むと

王《おう》（玉《ぎょく》）が敵陣《てきじん》まで進《すす》むことを「入玉《にゅうぎょく》」（39）といいます。レッスン4までは王《おう》が相手陣《あいてじん》に行《い》けば勝《か》ちでしたが、本将棋《ほんしょうぎ》では片方《かたほう》が入玉《にゅうぎょく》しただけでは対局《たいきょく》は終《お》わりません。

両方《りょうほう》の王《おう》（玉《ぎょく》）が入玉《にゅうぎょく》して「相入玉《あいにゅうぎょく》」になったときに、両者《りょうしゃ》の合意《ごうい》のもとで盤上《ばんじょう》と持《も》ち駒《ごま》を合《あ》わせた得点《とくてん》で決着《けっちゃく》をつけます。得点《とくてん》は、王《おう》（玉《ぎょく》）をのぞき、飛角《ひかく》5点《てん》、小駒《こごま》1点《てん》として計算《けいさん》します。

39 入玉《にゅうぎょく》

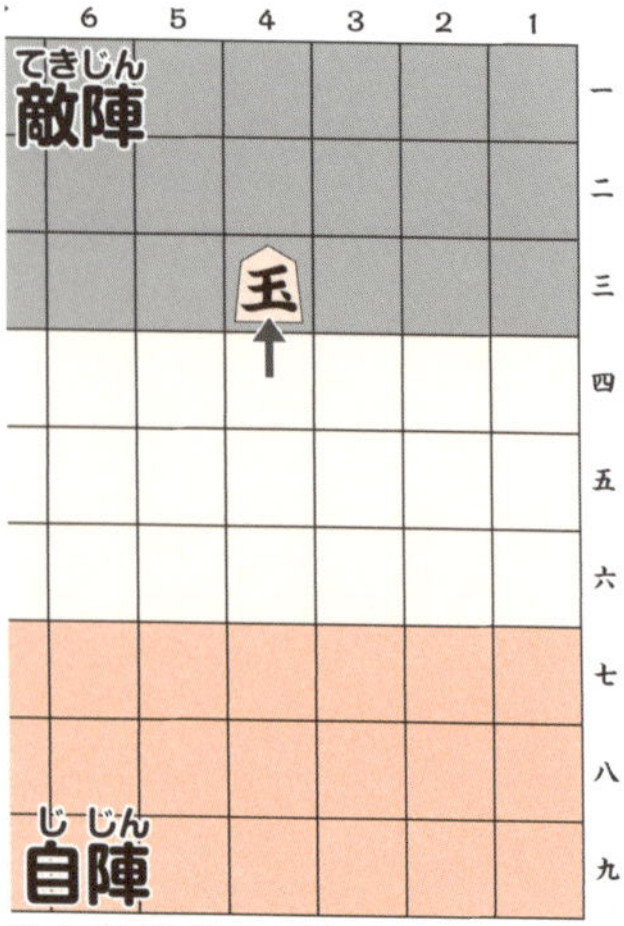


玉《ぎょく》が三段目《さんだんめ》まで進《すす》むこと

40 相入玉《あいにゅうぎょく》

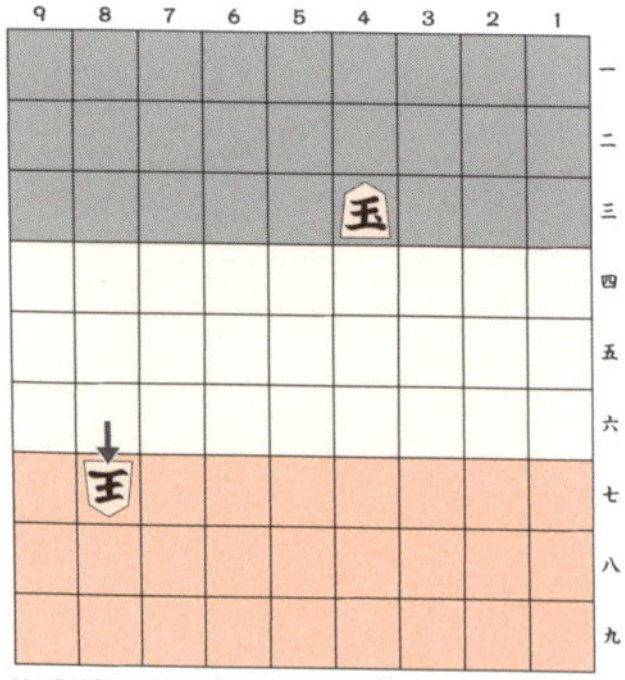


両方《りょうほう》の王《おう》（玉《ぎょく》）が入玉《にゅうぎょく》すること。

## プロとアマでちがう相入玉《あいにゅうぎょく》での勝敗《しょうはい》のつけかた

**24点法《てんほう》**……プロの公式戦《こうしきせん》で採用《さいよう》されています。先手後手《せんてごて》とも24点以上《てんいじょう》あれば引《ひ》き分《わ》けとなります。

41

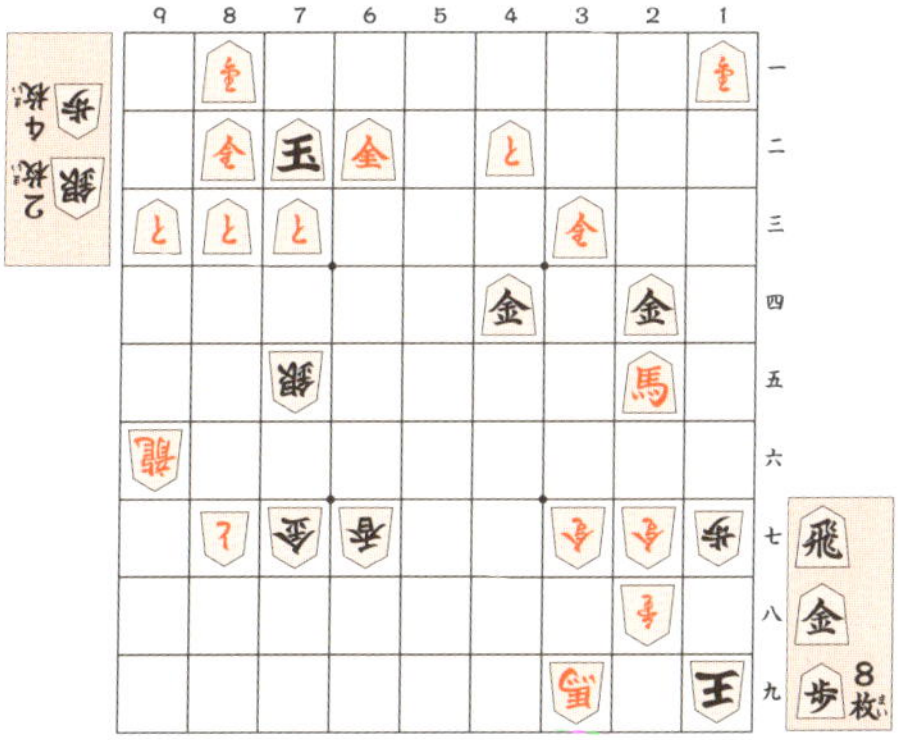

第《だい》31期《き》竜王戦《りゅうおうせん》６組《くみ》
牧野光則五段《まきのみつのりごだん》－中尾敏之五段戦《なかおとしゆきごだんせん》
2018年《ねん》２月《がつ》27日《にち》

**27点法《てんほう》**……アマチュアの大会《たいかい》で採用《さいよう》されています。先手《せんて》は28点以上《てんいじょう》、後手《ごて》は27点以上《てんいじょう》取《と》れば勝《か》ち。

プロの対局《たいきょく》では両方《りょうほう》とも24点《てん》あれば引《ひ》き分《わ》けとなり、「指《さ》し直《なお》し」といって先手後手《せんてごて》を入《い》れかえてもう一局指《いっきょくさ》します。

41は実際《じっさい》にあったプロの対局《たいきょく》です。420手《て》指《さ》したところで両者《りょうしゃ》の合意《ごうい》による「持将棋《じしょうぎ》」で引《ひ》き分《わ》けになりました。先手《せんて》は30点、後手《ごて》は24点《てん》です。終局時間《しゅうきょくじかん》はなんと真夜中《まよなか》の午前《ごぜん》1時《じ》44分《ふん》で、午前《ごぜん》2時《じ》14分《ふん》から指《さ》し直《なお》し局《きょく》が行《おこな》われました。

アマチュアの大会《たいかい》では指《さ》し直《なお》す時間《じかん》がないので、相入玉《あいにゅうぎょく》になった場合《ばあい》は得点《とくてん》の多《おお》いほうが勝《か》ち、同点《どうてん》（27点《てん》）なら後手勝《ごてか》ちで決着《けっちゃく》がつきます。

# 3手詰《さんてづめ》にチャレンジ！

「玉《ぎょく》」

「王《おう》」

（これで全部《ぜんぶ》の駒《こま》がそろったよ）

## 1手《て》詰《づめ》・3手《て》詰《づめ》

どのページともまずは上《うえ》の段《だん》の1手詰《てづめ》を解《と》きましょう。下《した》の段《だん》の3手詰《てづめ》はその2手前《てまえ》の状態《じょうたい》なので、同《おな》じ形《かたち》になるように考《かんが》えましょう。わからなかったら答《こた》えを見《み》てもかまいません。また別《べつ》の日《ひ》にチャレンジしましょう。くりかえし考《かんが》えるうちに必《かなら》ずできるようになります。

【詰将棋《つめしょうぎ》のルール】

・攻《せ》める側《がわ》は必《かなら》ず王手《おうて》をする
・攻《せ》める側《がわ》は最短《さいたん》の手順《てじゅん》になるように攻《せ》める。
・王側《おうがわ》は最長《さいちょう》の手順《てじゅん》になるように逃《に》げる。
・王《おう》が逃《に》げられない「詰《つ》み」にする。
・王側《おうがわ》は問題《もんだい》で使用《しよう》している駒以外《こまいがい》のすべての駒《こま》を使《つか》うことができる。
・他《ほか》のルールは本将棋《ほんしょうぎ》と同《おな》じ。反則《はんそく》はできない。

## 問題《もんだい》❶

**ヒント**

王《おう》が端《はし》にいて逃《に》げる所《ところ》がない状態《じょうたい》です。金《きん》と協力《きょうりょく》しながら銀《ぎん》で王手《おうて》をかけるには、どうしたら良《よ》いでしょう？

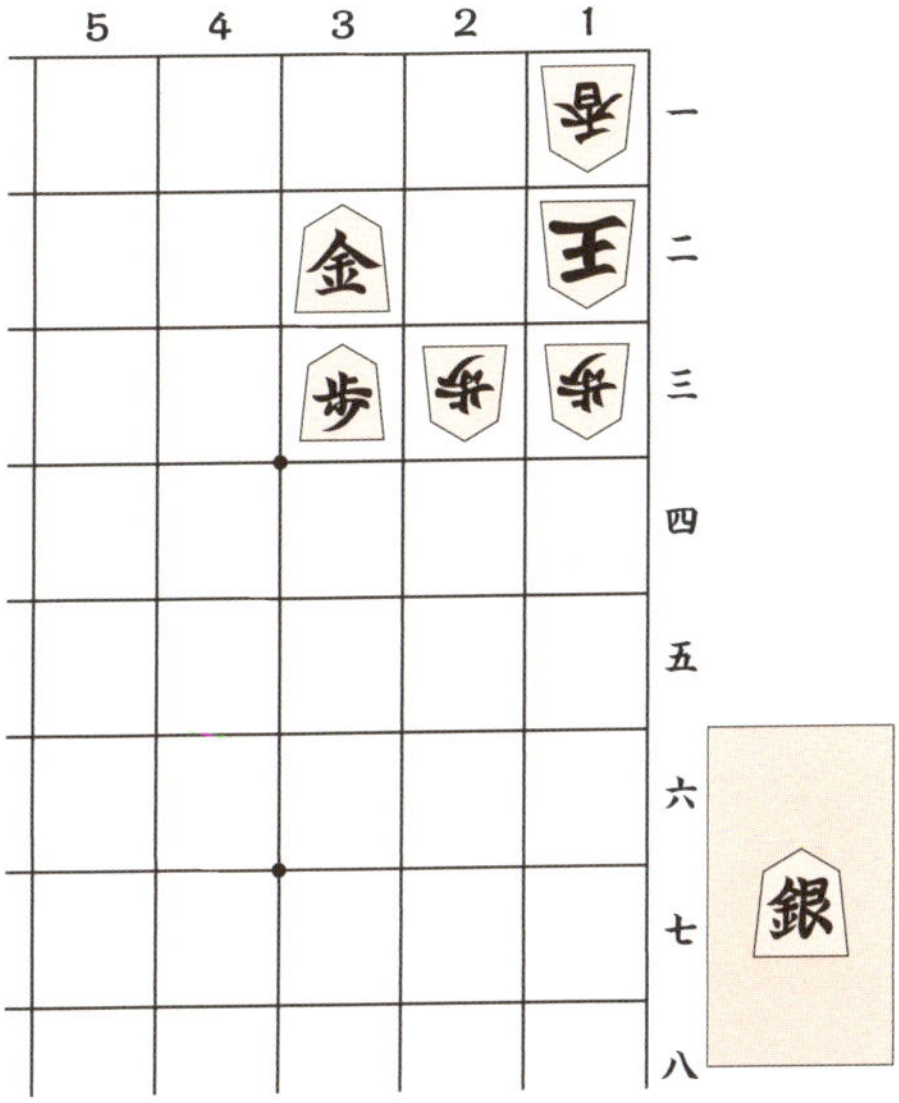


## 問題《もんだい》❷

**ヒント**

問題《もんだい》❶から2手《て》もどった局面《きょくめん》です。歩《ふ》と協力《きょうりょく》しながら王手《おうて》をします。金《きん》と銀《ぎん》のどちらを先《さき》に打《う》ちますか？

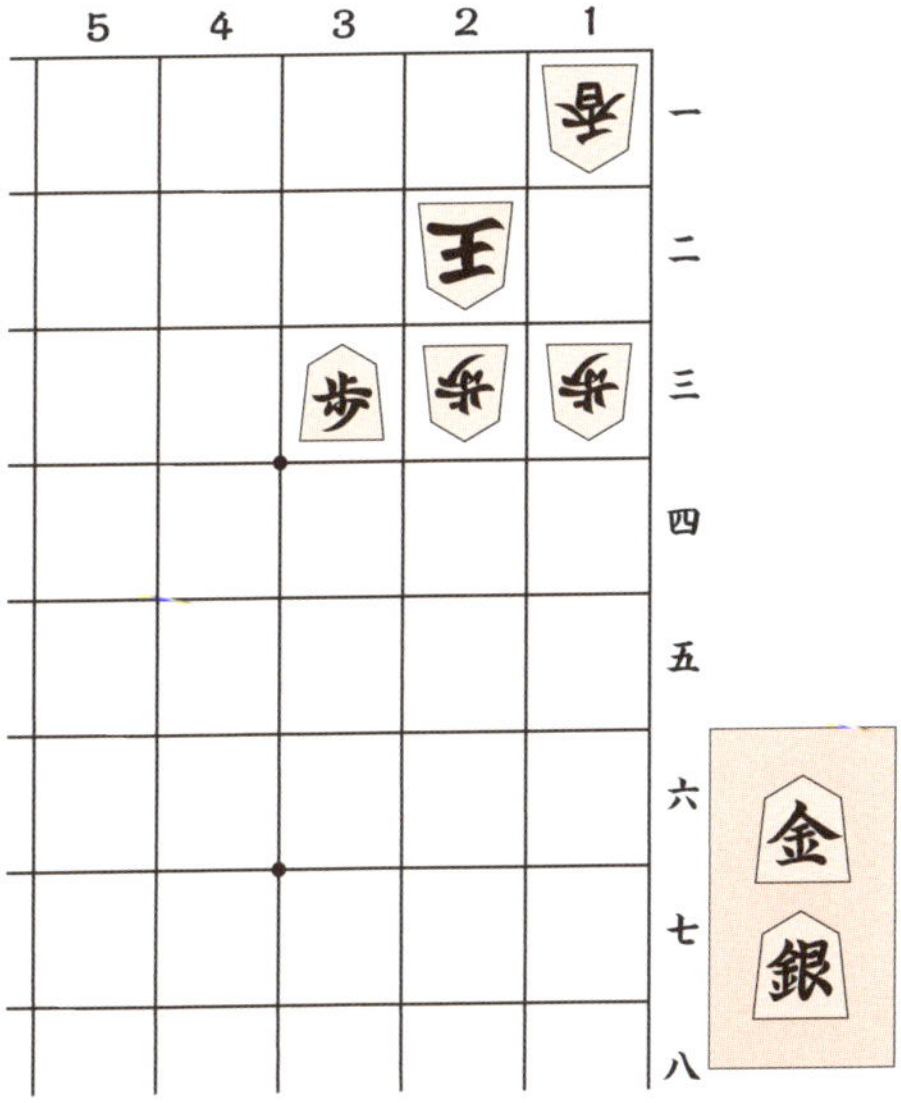

## 問題《もんだい》3

**ヒント**

持駒《もちごま》のない問題《もんだい》です。盤上《ばんじょう》の攻《せ》め駒《ごま》は角《かく》と歩《ふ》、どちらを成《な》るのが良《よ》いでしょう？

正解《せいかい》は、一《ひと》つだけ。

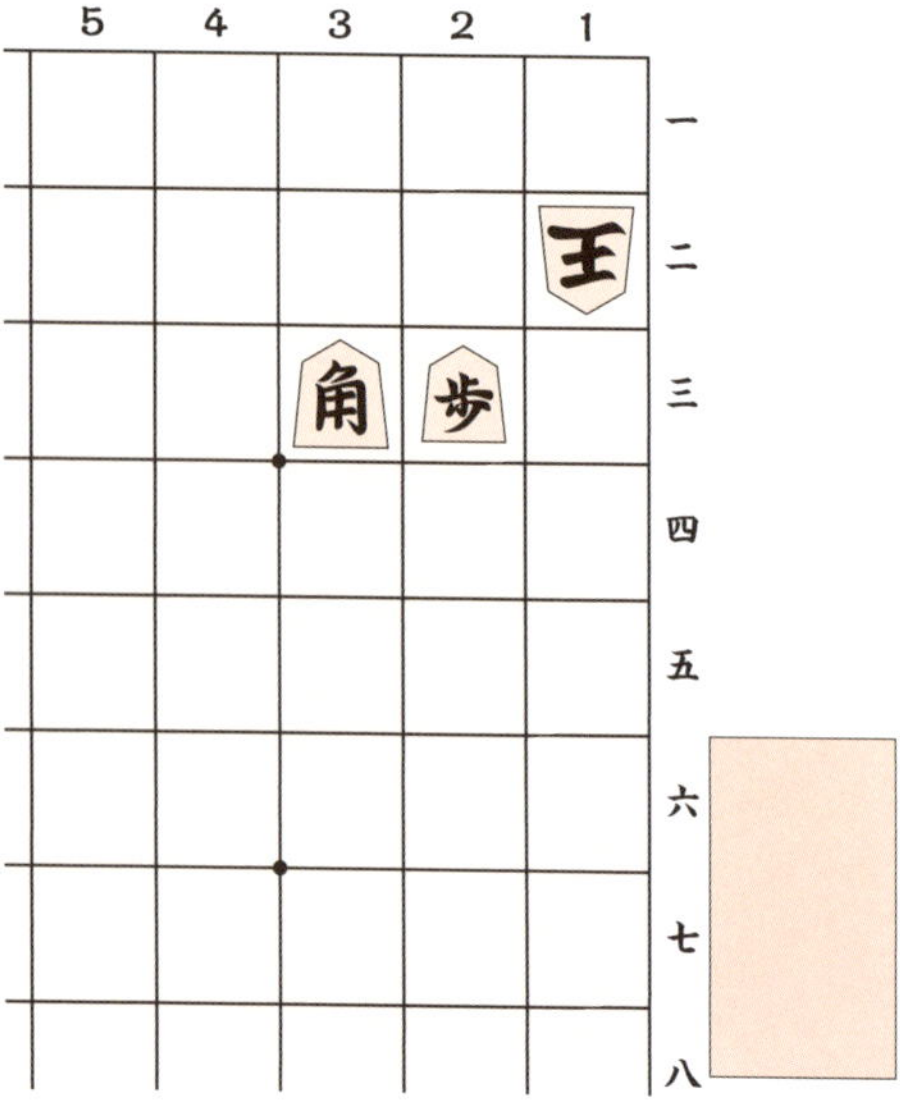


## 問題《もんだい》4

**ヒント**

角《かく》が駒台《こまだい》にあります。打《う》って王手《おうて》をかけましょう。

成《な》るためのスペースを空《あ》けておきましょう。

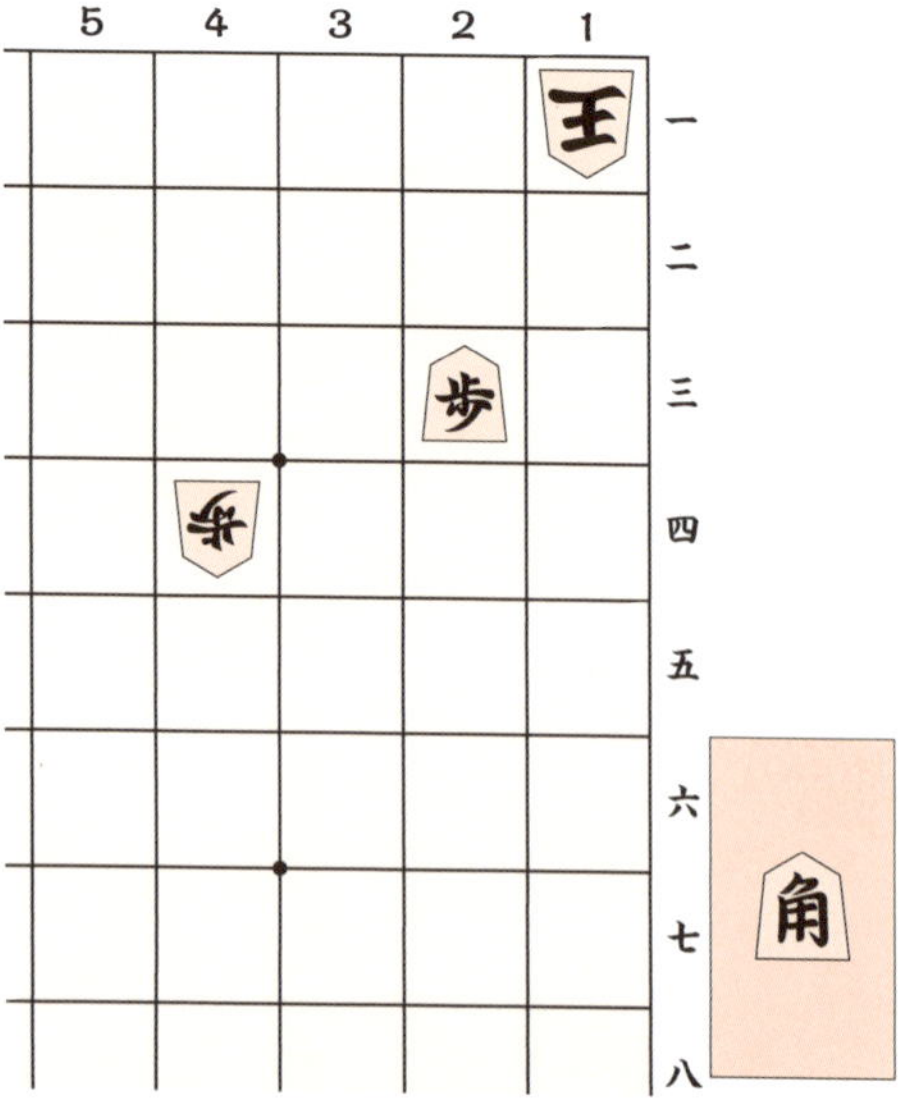

## 問題《もんだい》❺

**ヒント**

王《おう》と一《ひと》つ間《あいだ》を空《あ》けて龍《りゅう》のいる形《かたち》を「一間龍《いっけんりゅう》」といいます。持駒《もちごま》の金《きん》をどこに打《う》てば王手《おうて》になりますか？

## 問題《もんだい》❻

**ヒント**

問題《もんだい》❺とのちがいは、2三《にさん》に歩《ふ》があること。その歩《ふ》を動《うご》かして金《きん》を打《う》つスペースをつくるには？

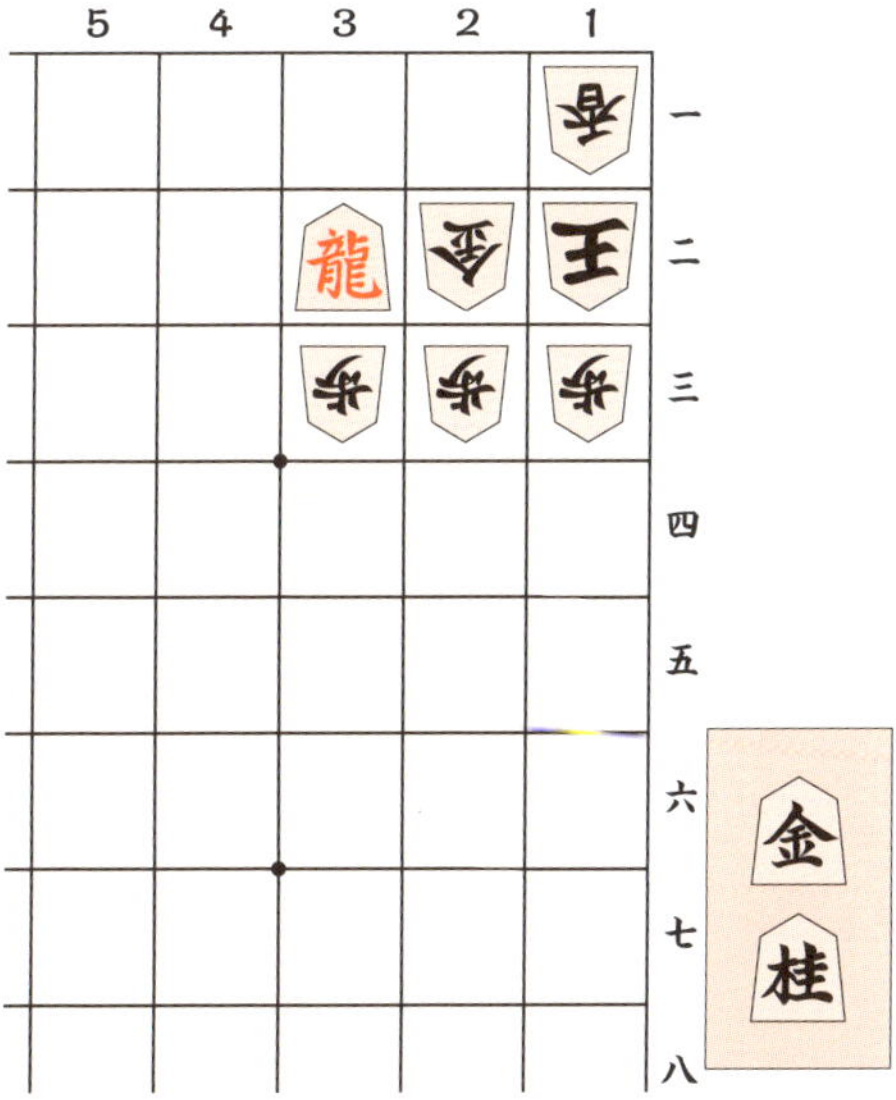

# 3手詰《てづめ》にチャレンジ！の答《こた》え

## 問題《もんだい》❶の答《こた》え

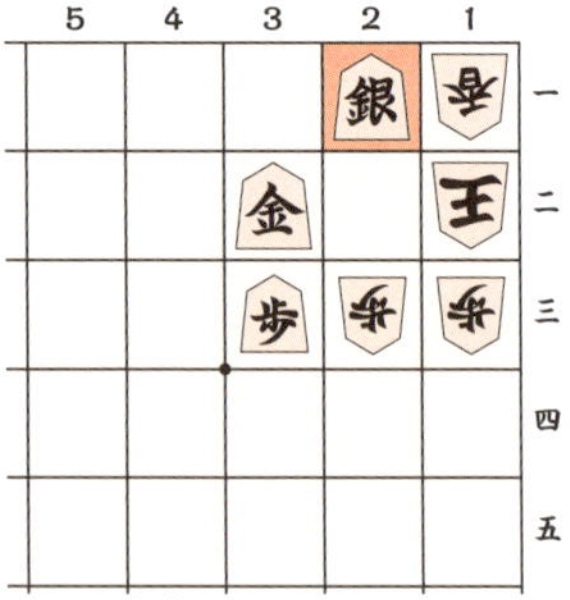

## 問題《もんだい》❷の答《こた》え

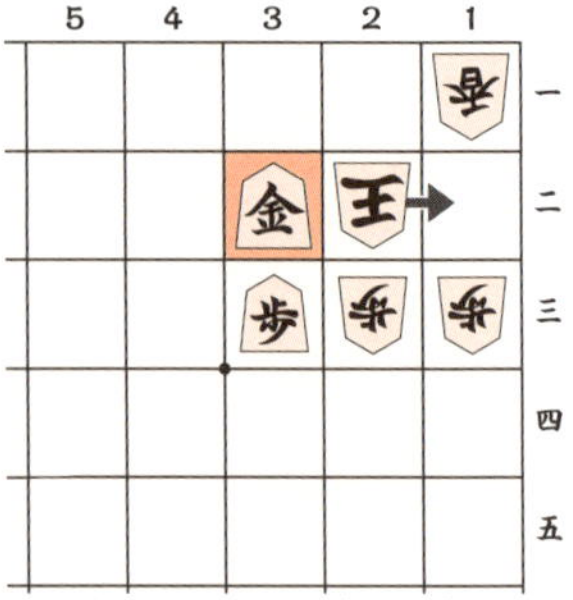

☗3二金《さんにきん》　☖1二王《いちにおう》　→　☗2一銀《にいちぎん》

## 問題《もんだい》❸の答《こた》え

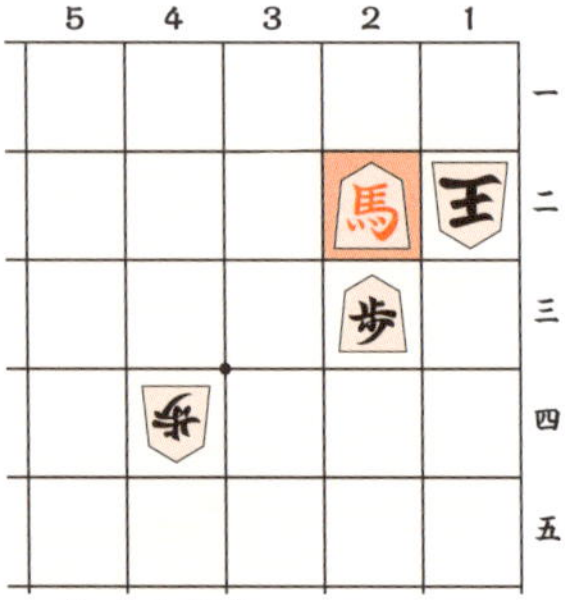

## 問題《もんだい》❹の答《こた》え

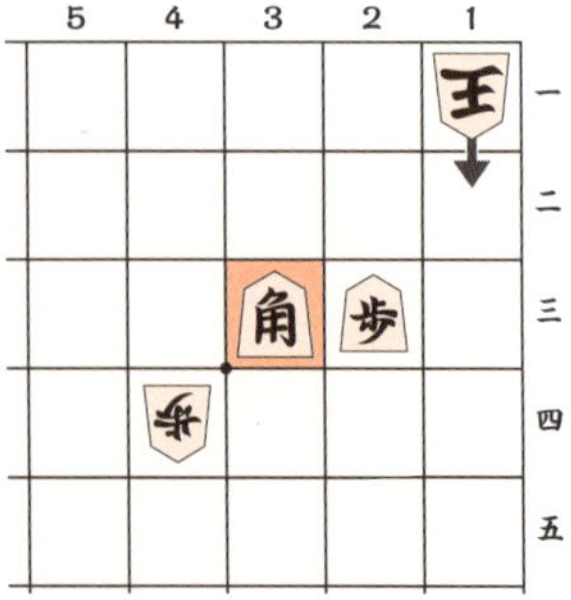

☗3三角《さんさんかく》　☖1二王《いちにおう》　→　☗2二角成《ににかくなり》

## 問題《もんだい》❺の答《こた》え

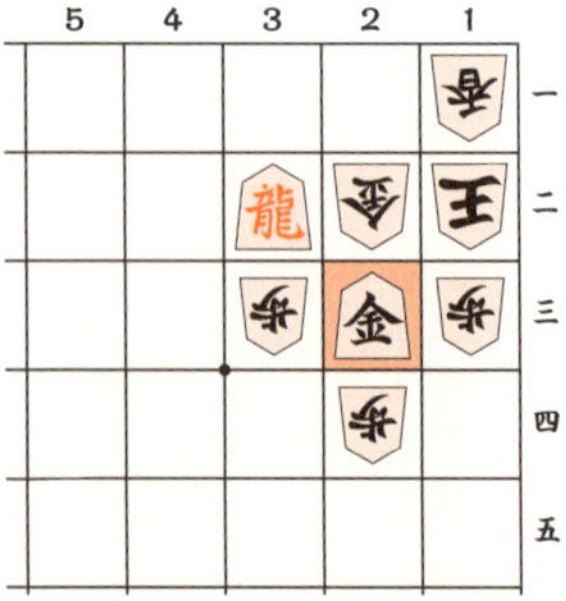

## 問題《もんだい》❻の答《こた》え

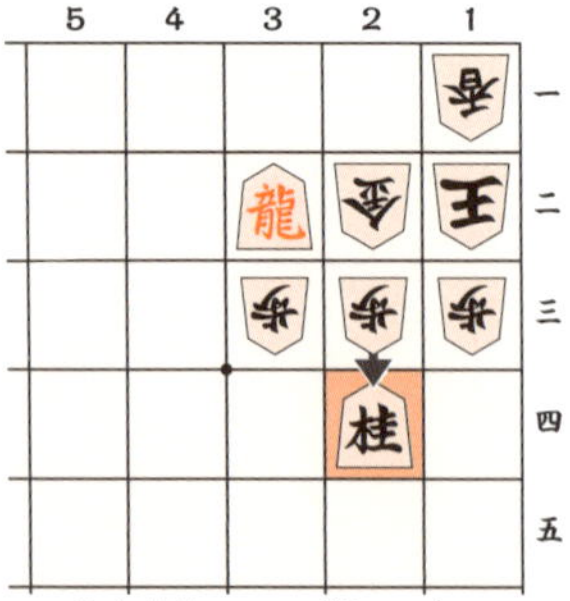

☗2四桂《によんけい》　☖同《どう》　歩《ふ》　→　☗2三金《にさんきん》

# 認定証

あなたはこの本を
最後まで読み
将棋の基本について
よく学びました
よってここに
はじめての将棋レッスンを
修了したことを認めます

ねこまど将棋教室 代表
日本将棋連盟 女流二段
北尾まどか

## おうえんのことば

こどもでも大人《おとな》と対等《たいとう》に向《む》き合《あ》える将棋《しょうぎ》。年齢《ねんれい》に関係《かんけい》なく、相手《あいて》より強《つよ》ければ必《かなら》ず勝《か》てます。

この本《ほん》でルールとマナーをおぼえました。おうちのかたや、おともだちとの対局《たいきょく》になれてきたらもっとたくさんの人《ひと》と対局《たいきょく》するために将棋《しょうぎ》クラブや教室《きょうしつ》、道場《どうじょう》に行《い》ってみましょう！

こどもの将棋大会《しょうぎたいかい》は日本全国《にほんぜんこく》で開《ひら》かれています。はじめてあう人《ひと》とも将棋《しょうぎ》を通《つう》じてつながることができ、どんどんなかまが増《ふ》えていくはず。

さぁ、広《ひろ》い世界《せかい》へ飛《と》び出《だ》そう！

# 駒《こま》の動《うご》き一覧表《いちらんひょう》

駒《こま》の名前《なまえ》と動《うご》きを表《ひょう》にまとめてあります。将棋盤《しょうぎばん》に駒《こま》を置《お》いて動《うご》かしながらおぼえましょう。（くわしい説明《せつめい》は、★のページに）

| | 大駒《おおごま》 | | | |
|---|---|---|---|---|
| | 角《かく》 | 飛《ひ》 | 玉《ぎょく》 | 王《おう》 |
| 駒《こま》の名前《なまえ》 |  ★33ページ |  ★32ページ |  ★30ページ |  |
| 動《うご》き | 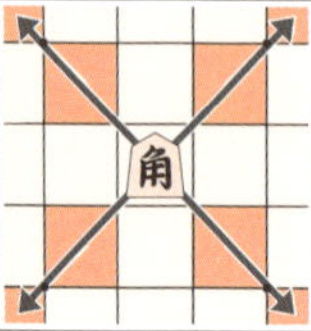 | 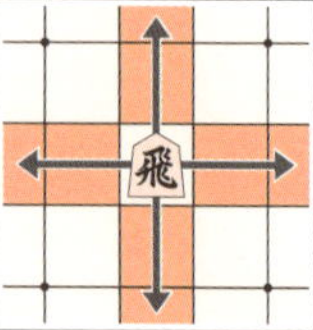 | 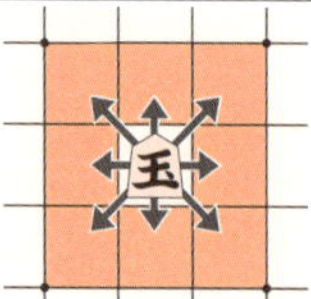 | |
| |  |  |  |  |
| 成《な》ると… | 馬《うま》 | 龍《りゅう》 | 王将《おうしょう》・玉将《ぎょくしょう》は成《な》らない | |
| |  ★35ページ |  ★35ページ | | |
| 動《うご》き | 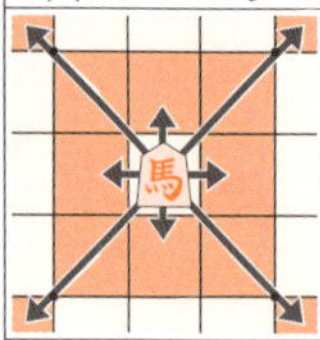 | 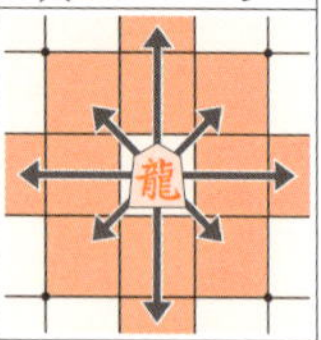 | | |
| |  |  | | |

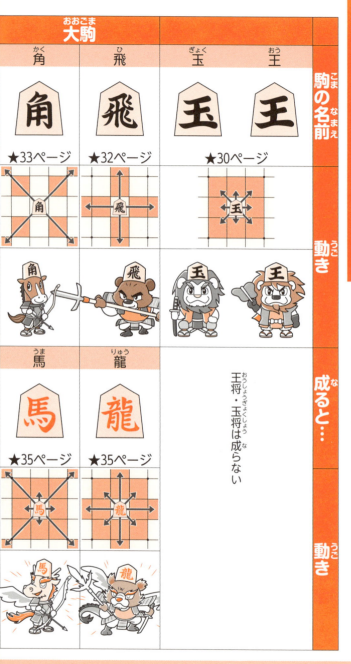

# 小駒《こごま》

| 歩《ふ》 | 香《きょう》 | 桂《けい》 | 銀《ぎん》 | 金《きん》 |
|---|---|---|---|---|
|  |  |  |  |  |
| ★42ページ | ★82ページ | ★83ページ | ★84ページ | ★85ページ |
| 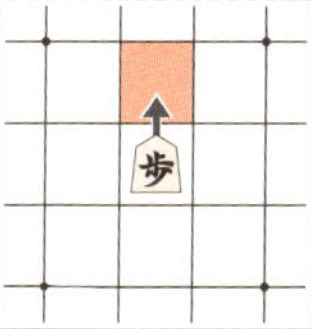 | 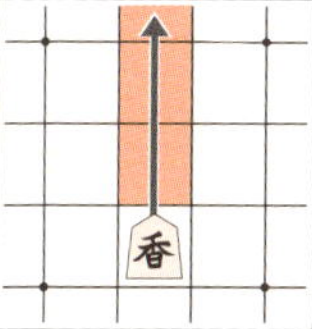 | 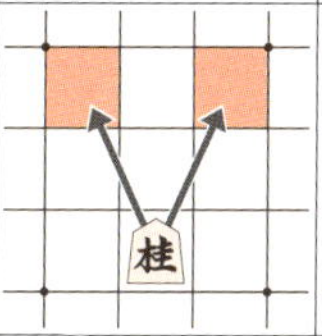 | 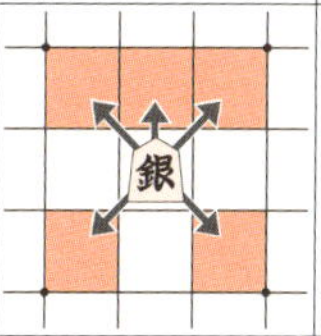 | 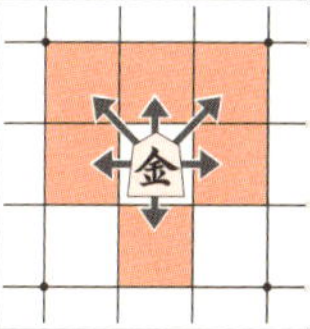 |
|  |  |  |  |  |

| と金《きん》 | 成香《なりきょう》 | 成桂《なりけい》 | 成銀《なりぎん》 | |
|---|---|---|---|---|
| 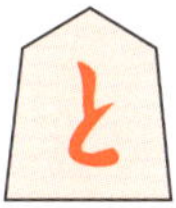 |  |  |  | 敵陣《てきじん》に入《は》っても動《うご》きは変《か》わらない |
| ★44ページ | ★86ページ | ★86ページ | ★86ページ | |
| 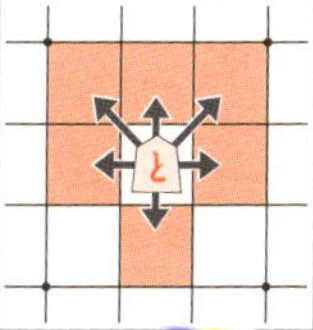 | 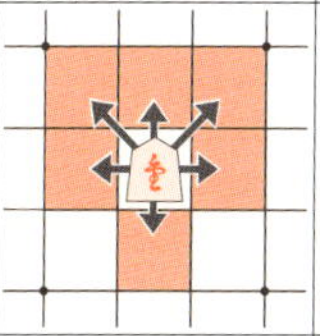 | 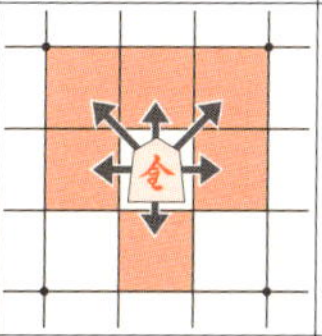 | 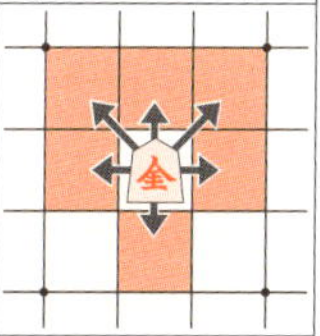 | |
|  |  |  |  | |

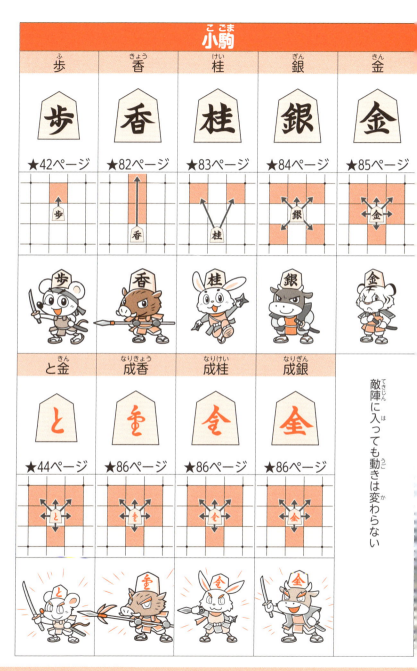

# 将棋《しょうぎ》の用語集《ようごしゅう》

この本《ほん》に出《で》てきた将棋《しょうぎ》のことば（用語《ようご》）を50音順《おんじゅん》にまとめました。

▼相掛《あいが》かり　お互《たが》いに居飛車《いびしゃ》で飛先《ひさき》の歩《ふ》を突《つ》きあう戦《たたか》いかた（134ページ）

▼合駒《あいごま》　飛角香《ひかくきょう》でねらわれたとき間《あいだ》に打《う》つ駒《こま》

▼一手《いって》　一回駒《いっかいこま》を動《うご》かすこと

▼居飛車《いびしゃ》　飛《ひ》を元《もと》の位置《いち》のままで戦《たたか》う指《さ》しかた

▼受《う》け　相手《あいて》の攻《せ》めに対《たい》する守《まも》り

▼打《う》ち歩詰《ふづ》め　歩《ふ》を打《う》って詰《つ》ますこと（反則《はんそく》）

▼打《う》つ　取《と》った駒《こま》を盤《ばん》に戻《もど》すこと

▼上手《うわて》　駒《こま》を落《お》とす側《がわ》

▼王手《おうて》　次《つぎ》に王《おう》を取《と》れる手《て》

▼大駒《おおごま》　飛《ひ》と角《かく》のこと

▼利《き》き　駒《こま》の動《うご》けるはんい

▼棋譜《きふ》　指《さ》し手《て》の記録《きろく》

▼小駒《こごま》　金銀桂香歩《きんぎんけいきょうふ》のこと

▼後手《ごて》　後《あと》から指《さ》す人《ひと》

▼駒落《こまお》ち　平手《ひらて》の状態《じょうたい》から駒《こま》を減《へ》らしてハンデをつけること

▼駒損《こまぞん》　駒《こま》を損《そん》すること

▼駒得《こまどく》　駒《こま》を得《とく》すること

▼指《さ》す　駒《こま》を動《うご》かすこと

▼持将棋《じしょうぎ》　相入玉《あいにゅうぎょく》での引《ひ》き分《わ》け（149ページ）

▼自陣《じじん》　自分《じぶん》から見《み》て手前三段《てまえさんだん》の自分《じぶん》の陣地《じんち》

▼下手《したて》　相手《あいて》に駒《こま》を落《お》とされた側《がわ》

▼終盤《しゅうばん》　対局《たいきょく》の終《お》わりのころ

▼初手《しょて》　最初《さいしょ》の手《て》

▼序盤《じょばん》　対局《たいきょく》のはじめのころ

▼先手《せんて》　先《さき》に指《さ》す人《ひと》

▼千日手《せんにちて》　同《おな》じ局面《きょくめん》が4回《かい》あらわれて引《ひ》き分《わ》けになること
▼対局《たいきょく》　将棋《しょうぎ》の試合《しあい》のこと
▼中盤《ちゅうばん》　駒《こま》がぶつかり合《あ》って戦《たたか》うところ
▼詰《つ》み　王手《おうて》からのがれられない状態《じょうたい》
▼手筋《てすじ》　よく出《で》てくる良《よ》い手《て》・手順《てじゅん》
▼手番《てばん》　指《さ》す番《ばん》
▼投了《とうりょう》　負《ま》けを認《みと》めて降参《こうさん》すること
▼不成《ならず》　成《な》れるときに成《な》らないでいること
▼成《な》る　敵陣《てきじん》に入《はい》り裏返《うらがえ》しになり強《つよ》くなること
▼二歩《にふ》　すでに歩《ふ》の存在《そんざい》する列《れつ》に二枚目《にまいめ》の歩《ふ》を打《う》つこと（反則《はんそく》）
▼平手《ひらて》　対局者《たいきょくしゃ》の両方《りょうほう》とも全部《ぜんぶ》の駒《こま》を使《つか》った対局《たいきょく》
▼振《ふ》り駒《ごま》　歩《ふ》を5枚《まい》振《ふ》って先手《せんて》・後手《ごて》を決《き》める方法《ほうほう》
▼振《ふ》り飛車《びしゃ》　飛《ひ》を真《ま》ん中《なか》から左側《ひだりがわ》へ動《うご》かして戦《たたか》う方法《ほうほう》
▼寄《よ》せ　王《おう》を追《お》いつめること
▼両取《りょうと》り　1回《かい》の指《さ》し手《て》で2つ以上《いじょう》の駒《こま》をねらう手《て》のこと

コラム7

## 用語《ようご》を知《し》ると

ここで紹介《しょうかい》した将棋用語《しょうぎようご》は基本《きほん》的《てき》なもの。ことばや戦法《せんぽう》、囲《かこ》いなどの知識《ちしき》が増《ふ》えると将棋《しょうぎ》がもっと楽《たの》しくなります。

本《ほん》を読《よ》んで将棋《しょうぎ》に詳《くわ》しくなったら、まわりのおともだちにも将棋《しょうぎ》を教《おし》えてあげてくださいね！

**著者《ちょしゃ》　北尾《きたお》まどか**

日本将棋連盟《にほんしょうぎれんめい》　女流棋士二段《じょりゅうきしにだん》／株式会社《かぶしきがいしゃ》ねこまど　代表《だいひょう》

2000年《ねん》に女流棋士《じょりゅうきし》としてプロデビュー。2009年《ねん》にはNHK将棋講座《しょうぎこうざ》にレギュラー出演《しゅつえん》。女流《じょりゅう》プロ公式戦《こうしきせん》の対局《たいきょく》をこなす傍《かたわ》ら、教育機関《きょういくきかん》での出張授業《しゅっちょうじゅぎょう》や、講演《こうえん》など、幅広《はばひろ》く活動《かつどう》している。多《おお》くの子《こ》どもたちに将棋《しょうぎ》を楽《たの》しんでもらおうと「どうぶつしょうぎ」のルールを考案《こうあん》。「将棋《しょうぎ》をもっと楽《たの》しく 親《した》しみやすく 世界《せかい》へ」を理念《りねん》に掲《かか》げ、世界中《せかいじゅう》でイベント出演《しゅつえん》など将棋《しょうぎ》を通《つう》じて国際交流《こくさいこうりゅう》を行《おこな》っている。

●ねこまど　http://nekomado.com/
将棋教室《しょうぎきょうしつ》やイベントのお知《し》らせなど。将棋用品《しょうぎようひん》の販売《はんばい》もしています。

●ねこまど将棋教室《しょうぎきょうしつ》オンライン　https://online.nekomado.com/
入門講座《にゅうもんこうざ》や教室《きょうしつ》で行《おこな》われたプロ棋士《きし》の講座《こうざ》を見《み》ることができます。

# やさしくてよくわかる！
# はじめての将棋《しょうぎ》レッスン

2018年5月20日　第1刷発行

著者　北尾《きたお》まどか
発行者　中村 誠
印刷・製本所　株式会社光邦
発行所　株式会社日本文芸社
〒101-8407
東京都千代田区神田神保町1-7
編集　03-3294-8920
営業　03-3294-8931
URL　https://www.nihonbungeisha.co.jp/


Printed in Japan　112180514-112180514Ⓝ01
ISBN978-4-537-21578-6

編集担当:牧野